语言生活与语言变异研究

——基于新疆奇台县的个案调查

葛爱华 著

山东大学出版社
SHANDONG UNIVERSITY PRESS
·济南·

图书在版编目(CIP)数据

语言生活与语言变异研究:基于新疆奇台县的个案调查/葛爱华著.—济南:山东大学出版社,2021.12
ISBN 978-7-5607-7300-1

Ⅰ.①语… Ⅱ.①葛… Ⅲ.①社会语言学—调查研究—奇台县 Ⅳ.①H1

中国版本图书馆 CIP 数据核字(2021)第 267494 号

责任编辑 张彩芸
封面设计 蓝海文化

语言生活与语言变异研究
YUYANSHENGHUO YU YUYANBIANYI YANJIU
——基于新疆奇台县的个案调查

出版发行 山东大学出版社
社　　址 山东省济南市山大南路 20 号
邮政编码 250100
发行热线 (0531)88363008
经　　销 新华书店
印　　刷 济南乾丰云印刷科技有限公司
规　　格 720 毫米×1000 毫米 1/16
　　　　 19.25 印张 300 千字
版　　次 2021 年 12 月第 1 版
印　　次 2021 年 12 月第 1 次印刷
定　　价 48.00 元

目　录

第一章　绪论

第一节　研究缘起

我们知道:“语言的一个根本特征就是它的社会性,并且,所有被研究过的语言表现出来的一个共同特点就是它们都包含着语言变异。”[①]变异是语言在社会生活中的存在形式,没有一种语言或方言是以整齐划一的面貌呈现的。语言变异是20世纪60年代以来逐渐形成的一个新的语言学研究领域,是社会语言学的一个重要分支。随着社会语言学的兴起,语言变异越来越多地被更多的研究者所接受,有的社会语言学研究者甚至将语言变异看作社会语言学研究的核心内容。城市人口的流动性频繁,语言变异与变化也较快,所以城市是语言变异与变化的发源地,社会语言学家对城市语言的变异研究给予了充分的重视,进行了较为广泛的探索性研究。许多社会语言学家把研究的视点放在城市,像拉波夫、特鲁吉尔、米尔罗伊等人在城市语言调查中取得了累累硕果。

城镇化(又称“城市化”)是一个国家现代化的重要标志。全国第七次人口普查数据显示,截至2020年年末,我国常住人口城镇化率突破63%。数据表明中国已进入城镇化快速发展的阶段。大规模、高速度的城镇化进程是当前中国社会生活的一个特点,也是当前世界范围内的一个重要社会变革过程。长期以来,我国城乡差异泾渭分明。城市化的高速发展使得传统的农业社会面临解体,我国正处在一个由农村型社会向城市型社会、由农业

① 徐大明、陶红印、谢天蔚:《当代社会语言学》,中国社会科学出版社1997年版,第63页。

型社会向工业型社会、从传统型社会向现代型社会过渡的转型期。[①] 城镇化的推进打破了我国长期以来存在的城乡二元结构体制，工业化促使我国城乡进一步结合与融合。

“封闭，是方言形成和保持的重要原因。”[②]城镇化是现代化的必然产物，城镇化的过程不仅仅以人口的流动为明显特征，更以人们的价值观念和生产生活方式的转变为显著特征。随着城乡二元体制被打破，城市文化慢慢浸入乡村，大批农民逐渐融入城市，人们的生产生活方式、身份、思想观念，包括语言生活均发生了巨大变化。在城镇化的过程中，随着普通话与方言的不断接触，方言不可避免地受到影响，最终会发生变异与变化。中国的社会语言学研究者关注城镇化对语言的影响，但多聚焦于发达地区，对西部地区、偏远地区却关注甚少。相对于经济发达地区，西部边远地区的城乡语言变异与变化更应受到关注。新疆奇台县历史悠久，是北疆地区最富庶的地区之一，是历史上著名的商埠，曾与哈密、乌鲁木齐、伊犁并称为“清末民初四大商业都会”。现在的奇台县是昌吉回族自治州经济发展较快的县市之一，也是新疆汉语方言分区中兰银官话北疆片的代表点之一。本书选定新疆奇台县这一西部地区相对闭塞的地域作为研究地点，希望通过研究新疆城镇化进程中的语言变异现象，分析普通话的推广以及社会变迁对西部地区人们的语言生活带来的影响，论证语言与社会的共变关系，预测新疆奇台话未来的发展趋势，并进一步探讨如何处理推广普通话与传承保护方言的关系。

第二节　汉语方言变异的研究现状

语言是“异质有序”的，变异是语言存在的常态，没有一种语言或方言是一成不变的。各种各样的变异形成了正在进行中的变化。语言变异既受语言内部因素的制约，也受语言外部因素的影响。美国著名语言学家爱德华·萨丕尔(Edwar Sapir)就曾说过：“人人都知道语言是变异的。”[③]徐大明等认为：

① 参见付义荣：《言语社区和语言变化研究——基于安徽傅村的社会语言学调查》，北京大学出版社 2011 年版，第 7 页。

② 高莉琴、张新武：《新疆的语言状况及推广普通话方略研究》，北京语言大学出版社 2006 年版，第 6 页。

③ [美]爱德华·萨丕尔：《语言论》，陆卓元译，商务印书馆 1985 年版，第 132 页。

"语言纷繁变异的现象最重要的原因是语言必然存现于纷繁变异的社会结构之中。"[1]

语言的变化与社会的变化密切相关。尤其近年来,中国社会变化日新月异,城市化建设突飞猛进,也促使语言发生了各种变化。中国社会语言学家借鉴西方社会语言学的理论与方法研究中国社会中的语言问题,取得了可喜的研究成果。联系社会变化来研究语言变化是社会发展的必然要求,越来越多的语言研究者关注语言与社会的共变。人口的迁徙是造成语言分化为不同的地域方言的主要原因。方言是语言的一种地域变体,它也有自己的语音体系、词汇体系和语法体系。伴随着中国社会的巨大变迁,汉语方言也发生了急剧的变化。陈章太先生曾指出,汉语方言发展的基本趋势是:"小方言向大方言靠拢,地域方言向地点方言靠拢,乡村的方言向城镇的方言靠拢,城镇方言向大中城市方言或中心城市的方言靠拢,所有方言向民族共同语靠拢;普通话对地域方言或次方言产生了巨大影响,很多方言的自身系统发生了变化,逐渐向普通话靠拢。"[2]可以说,社会语言学与方言学的结合是研究方言变化的一个绝佳途径。语言变异研究在发达地区、繁华的大城市可以开出娇艳的花朵。同样,在欠发达地区、偏僻的城镇也有肥沃的土壤。语音、词汇、语法是构成语言的三要素,也是我们考察语言变异与变化的三个视窗。

一、方言语音变异研究

"在社会语言学对语言系统的变异研究中,音系变异受到的关注最多,取得的成果也最为丰硕。"[3]下面梳理有关汉语方言语音变异中一些典型的研究成果。徐通锵、王洪君较早对山西祁县的方言音系变异进行了研究,进一步得出"音位的渐进转移和条件式音变、词中音类的跳跃性交替和扩散式音变、文白异读和叠置式音变三种类型的音变规律"[4]。李小凡对厦门、苏州、庆元(竹口)的方言声调变异进行研究,得出"这些变异都是由连调系统和单字调系统的互动造成的,引起这种互动作用的因素是中和型连读变

---

① 徐大明、陶红印、谢天蔚:《当代社会语言学》,第63页。

② 陈章太:《语言规划研究》,商务印书馆2005年版,第48～51页。

③ 徐大明、蔡冰:《语言变异与变化》,上海教育出版社2006年版,第93页。

④ 徐通锵、王洪军:《说"变异"——山西祁县方言音系的特点及其对音变理论研究的启示》,《语言研究》1986年第1期。

调”[①]的结论。王宇枫调查集宁老年人和青年人的声调系统发现,“以 45 岁为界(其中 36 至 50 岁属于过渡性质),集宁方言的声调格局大致可以分为新、老两派”[②]。邢向东考察秦晋两省黄河沿岸方言词汇中语音变异的原因,将其归纳为“语音历史层次不同,不同时期古音的遗留、方言音韵关系不同,音译词与其他词语互相感染”[③]。亓海峰通过调查得出“莱芜方言清入声的调类归派在不同年龄阶段的发音人口中以离散式音变的方式正在逐渐地发生变化,其原因主要是受到了普通话的影响,是一种它变型音变”[④]。王立曾对老汉口话 64 个[ŋ]声母字读音进行了考察,得出汉口话“[ɤ]音字的出现标志着普通话语音成分开始进入汉口话”[⑤]的结论。郭骏以溧水“街上话”为研究对象对其典型语音变异做了一系列考察。[⑥] 曹晓燕通过对影响无锡方言精组尖音字的变化相关的语言因素的考察,揭示出方言向普通话靠拢的趋势。[⑦] 刘英、徐大明对包头市昆都仑区鼻韵尾变异进行了定量分析。[⑧] 孙德平以江汉油田话卷舌音声母变异为例,对引起语音变异的语言内外因素的制约力进行定量比较。[⑨] 丁存越对南京方言儿化音正发生着的变异进行了研究。[⑩] 顾黔分析了“宕江两摄入声韵的语音层次,探讨普通话渗透、嵌入南京方言的方式和步骤,讨论南京方言入声韵的演变轨迹和发展趋势”[⑪]。马睿颖研究得出“建瓯

① 李小凡:《释厦门、苏州、庆元(竹口)方言的声调变异》,《陕西师范大学学报》(哲学社会科学版)2004 年第 5 期。

② 王宇枫:《从内蒙古集宁方言新老两派声调系统的变异看声调的演变》,《中国语文》2006 年第 1 期。

③ 邢向东:《秦晋两省黄河沿岸方言词汇中的语音变异》,《方言》2009 年第 1 期。

④ 亓海峰:《莱芜方言清入声归派的变化——一种正在进行中的声调变异现象》,《山东师范大学学报》(人文社会科学版)2009 年第 4 期。

⑤ 王立:《汉口话[ŋ]声母字读音变异及其原因探析》,《语言文字应用》2004 年第 1 期。

⑥ 郭骏:《系统内部调整:方言向普通话靠拢的演变模式——以溧水“街上话”语音变异为例》,《语言科学》2009 年第 8 期;《方言语音变异特征分析》,《南京社会科学》2009 年第 12 期;《词汇类型对语音变异的制约——以江苏溧水“街上话”为例》,《语言文字应用》2011 年第 3 期。

⑦ 曹晓燕:《以尖团分混考察影响方言变异的语言因素》,《苏州大学学报》(哲学社会科学版)2011 年第 2 期。

⑧ 刘英、徐大明:《移民城市语言变异本土化——以包头昆都仑区鼻韵尾变异为例》,《语言研究》2012 年第 1 期。

⑨ 孙德平:《外部因素主导的语音变异——以江汉油田话卷舌音声母变异为例》,《语言文字应用》2013 年第 3 期。

⑩ 丁存越:《南京城市方言儿化音变异的实证研究》,《语言文字应用》2015 年第 3 期。

⑪ 顾黔:《南京方言宕江两摄入声韵的共时变异及历时演变研究》,《语言科学》2015 年第 4 期。

方言入声字变异的原因是内部演变和外部语言接触”[①]。王非凡以“新派上海市区方言匣母细音字为例,针对这种方言和普通话的接触所引发的变异,重点考察汉字与主观词频对变异的影响”[②]。夏俐萍研究了韶山方言近半个世纪的声母演变,得出“从结构变迁来看,韶山方言体现了声母系统上的延续性和稳定性。从音值变异来看,韶山不同方言音值在地理上的细微差异,可以反映语音渐变的特点,并为湘语语音演变提供了中间过渡环节”[③]的结论。

二、方言词汇变异研究

相较于语音、语法,词汇能够最先反映出社会生活变迁,词汇变异是语言变异与变化中最敏感的部分,词汇变异研究也是语言变异研究的一个重要关注点。但与方言语音变异研究相比,方言词汇变异的研究成果并不多。称谓语是词汇中最活跃的一部分,称谓语变异研究也就自然而然地成为当前方言词汇变异研究最热门的内容之一。万献初分析了一组典型的咸宁本土称谓词受武汉话影响而变异的例子,梳理其历时演变轨迹和接触变异的理据。[④] 袁庆珍“从社会语言学的角度观察桐城方言中的亲属称谓词,透过语言的共时变异寻找正在进行中的语言变化”[⑤]。付义荣“通过安徽省无为县傅村‘父亲’称谓的变化,发现其在语言变异的性质、语言扩散的极限以及语言变化的社会基础等方面与拉波夫的语言变化机制存在着明显的差异”[⑥]。谢红、李素琼研究得出衡阳花园村“母亲”称谓呈现出向“妈妈”化演变的趋势。[⑦] 董洪杰对西安回民称谓语变体选择进行了量化分析。[⑧]

除此之外,也有不少研究者关注其他类别的方言词汇变异。王立通过调查指出“汉口话表人体动作词语变异表现为接受并借用普通话表人体动

---

① 马睿颖:《方言接触与闽北建瓯方言入声调字的变异——清代中西两种闽北建瓯方言文献入声调字研究》,《汉语学报》2018 年第 3 期。

② 王非凡:《汉字和主观词频对接触引发语音变异的影响——以新派上海市区方言匣母细音字为例》,《中国语文》2019 年第 4 期。

③ 夏俐萍:《结构变迁与音值变异——湖南韶山方言声母的演变》,《方言》2019 年第 2 期。

④ 万献初:《咸宁—武汉方言亲属称谓词的接触与变异——以“女称男化”的消变为例》,《长江学术》2009 年第 3 期。

⑤ 袁庆珍:《桐城方言中的亲属称谓词特点》,《池州学院学报》2013 年第 10 期。

⑥ 付义荣:《论拉波夫的语言变化机制——以安徽无为县傅村父亲称谓变化为例》,《集美大学学报》(哲学社会科学版)2014 年第 1 期。

⑦ 谢红、李素琼:《衡阳花园村“母亲”称谓的变异与变化现象》,《孩子天地》2016 年第 3 期。

⑧ 董洪杰:《西安坊上回民亲属称谓语变异及身份认同》,《陕西师范大学学报》2017 年第 4 期。

作的词语，接受原因与调查对象的性别、年龄、受教育程度等因素有一定关系"[①]。杨天慧通过对扬州方言核心词新老派变化情况的考察，得出"老派向新派的变化出现向普通话靠拢趋势，以及词义缩小和色彩变化等特征"[②]。白永对陕北清涧话部分词汇变异情况进行了考察。[③] 吕颖培探究了城市化进程中农村方言词汇使用出现的新变化，并分析引起变异的社会因素。[④] 陈凡凡通过对不同年龄层汕头方言母语者的实地调查，系统分析改革开放以来汕头方言词汇呈现出的新变化。[⑤]

三、方言语法变异研究

相对于语音、词汇，语法是最为稳定的因素。方言中的语法变异研究成果与语音、词汇变异相比就稍显薄弱。杨秀明"着重分析了普通话中'有没有句'在闽南方言区的结构变异，进而探讨新兴问句'有没有＋VP'的产生依据"[⑥]。赖先刚"重点分析四川方言中'之＋A/V'格式的形成，并以四川方言为例说明'脱落'也是语法化的一种诱因"[⑦]。单韵鸣调查分析了广州话短暂体的变异，证实"'VV'式在广州话中的持续渗透是方言语法向共同语靠拢的一个实证"[⑧]。

四、学位论文与著作中的方言变异研究

还有一些学位论文对方言变异进行了研究，具有代表性的有：郭凤岚《宣化方言变异与变化研究》(2005)、吴芳《湖南省湘乡市金石镇亲属称谓的社会语言学研究》(2011)、李洁《城市化进程中的农村语言变异研究——以山东省乐陵市李村为个案》(2013)、刘雅兰《伊川方言变异研究》(2018)、吴

① 王立：《汉口话表人体动作词语变异及其走向探析》，《语言文字应用》2007年第2期。

② 杨天慧：《扬州方言核心词的新老变化》，《常熟理工学院学报》2012年第11期。

③ 白永：《语言接触视域下陕北清涧话词汇变异》，《牡丹江师范学院学报》(哲学社会科学版)2013年第2期。

④ 吕颖培：《城市化进程中的农村方言词汇的变化研究——以叶县权印村为例》，《语文学刊》2015年第20期。

⑤ 陈凡凡：《改革开放以来汕头方言词汇的变化》，《汕头大学学报》(人文社会科学版)2017年第12期。

⑥ 杨秀明：《"有没有句"在闽南方言区的结构变异——关于新兴问句"有没有＋VP"产生依据的探析》，《漳州师范学院学报》(哲学社会科学版)2003年第3期。

⑦ 赖先刚：《引致语法变异的一种诱因"脱落"——以四川方言中的语言事实为例》，《西南科技大学学报》(哲学社会科学版)2013年第3期。

⑧ 单韵明：《进行中的方言语法变异实证研究——以广州话短暂体的变异为例》，《语言文字应用》2014年第2期。

伟《大麦屿方言词汇变异研究》(2019)、郭迪迪《濉溪方言变异研究》(2020)等。另外，李琼的《西安市城中村语言使用状况调查研究——以北山门口村为例》(2015)、盖青的《河北石家庄市城中村语言使用状况调查研究》(2018)等论文将微观语言变异结合宏观语言生活进行了研究。何巍的《新疆生产建设兵团农八师一四七团语言变异的分析研究》(2011)是有关新疆汉语方言变异与变化研究的有益尝试。

此外，还有一些学术著作为我们研究方言变异提供了有价值的借鉴与参考，如付义荣的《言语社区和语言变化研究——基于安徽傅村的社会语言学调查》、郭骏的《方言变异与变化：溧水街上话的调查研究》、谢俊英的《语言生活与语言变异——河间方言的社会语言学研究》、李伟的《汉语阳泉方言语音变异研究》等。

从上述有关方言变异与变化的研究成果的归纳总结情况可以看出：语音变异的研究成果最多，词汇变异次之，最少的是语法变异。研究者大多从微观角度对方言中的变异与变化进行了研究。总体来看，将语言变异这一微观语言现象置于宏观语言生活的大背景下进行研究的成果还不太多，有关新疆汉语方言变异的研究成果更是屈指可数，这一方面还有较大的研究空间。

第三节　新疆汉语方言的研究现状

一、新疆汉语方言本体研究

新疆汉语方言的研究历程可以总结为："从个别人的、零星的研究，到进行大规模的方言调查，撰写调查报告，绘制方言地图，再到对各方言点的语音、词汇、语法特点的描写过程。"[①]有关新疆汉语方言的研究以方言本体研究居多，兼有其他视角的研究。一些学者的论文、专著中对新疆汉语方言的语音、词汇、语法等方面的整体特点做了研究。

语音方面的代表成果有：刘俐李、周磊《新疆汉语方言的分区》(《方言》1986 年第 3 期)、林端《新疆汉语的声调特点》(《新疆大学学报》1987 年第 1 期)、林端《新疆汉语的音韵特征》(《新疆大学学报》1988 年第 2 期)、刘俐李《新疆汉语方言语音特点的扩散》(《新疆大学学报》1995 年第 1 期)、马克章《新疆汉语方言音系概况》(《乌鲁木齐成人教育学院学报》1999 年第 1 期)、

① 董印其：《新疆汉语方言研究》，新疆人民出版社 2016 年版，第 45 页。

彭嬿《新疆汉语方言声调减少之成因探析》(《喀什师范学院学报》2005 年第 5 期)、马克章《新疆汉语方言兰银官话北疆片的代表话刍议》(《乌鲁木齐成人教育学院学报》2006 年第 1 期)、董印其《新疆汉语方言语音系统研究》(《语言与翻译》2013 年第 4 期)等。

词汇方面的代表成果有：周昰武《新疆汉语方言词汇和语法的特点》(《丝路学刊》1996 年第 1 期)，孟毅《伊犁汉语方言词语特性探析》(《伊犁师范学院学报》1997 年第 2 期)，张洋《论新疆汉语方言的维吾尔语借词》(《新疆师范大学学报》1998 年第 2 期)，刘俐李《焉耆话的借词系统和人文背景》(《民族语文》2000 年第 1 期)，董印其《新疆汉语方言词汇与新疆地域民俗文化》(《新疆师范大学学报》2001 年第 2 期)，周磊《乌鲁木齐方言借词研究》(《方言》2004 年第 4 期)，廖冬梅《新疆汉语方言中维吾尔语借词的读音》(《民族语文》2005 年第 1 期)，廖冬梅《新疆汉语方言中维吾尔语借词所体现的语言文化交流》(《新疆大学学报》2005 年第 6 期)，张洋、王玲《新疆汉语方言构词法》(《新疆社科论坛》2006 年第 3 期)，董印其《从语言特征看文化现象——奇台汉语文化透视》(《新疆教育学院学报》2006 年第 4 期)，董印其《试论新疆地名中的地域文化因素》(《乌鲁木齐成人教育学院学报》2008 年第 1 期)，李志忠《新疆汉语方言词语拾遗》(《语言与翻译》2010 年第 1 期)，何春香《新疆汉语方言词汇中的借词与文化意蕴》(《佳木斯职业学院学报》2016 年第 10 期)，吴若愚、陈如铁《新疆汉语方言词汇本字小考》(《伊犁师范学院学报》2017 年第 2 期)，吴若愚、陈如铁《刘亮程作品中的新疆汉语方言语用特点与审美意蕴》(《昌吉学院学报》2020 年第 4 期)，刘永华《新疆汉语方言特征词研究》(华中师范大学硕士学位论文，2007 年)，白如银《昌吉汉语方言谚语研究》(新疆师范大学硕士学位论文，2007 年)等。

语法方面的代表研究成果最多，主要有：陈汝立《新疆汉语方言语法述要》(《新疆师范大学学报》1992 年第 2 期)，刘斌《浅议新疆汉语方言中的形容词重叠及叠音后缀》(《新疆社科论坛》1999 年第 3 期)，王景荣《新疆汉语方言的“把”字句》(《新疆大学学报》2002 年第 2 期)，王景荣《新疆汉语方言“把＋人＋VP”结构中“人”的指称研究》(《语言与翻译》2002 年第 3 期)，王景荣《乌鲁木齐方言起始体貌助词“开”浅谈》(《语言与翻译》2003 年第 4 期)，董印其《新疆汉语方言虚词特点分析》(《语言与翻译》2004 年第 1 期)，彭嬿《新疆汉语方言中的“把”字句——兼论阿尔泰语对西北汉语方言的影响》(《新疆大学学报》2005 年第 4 期)，周磊《乌鲁木齐方言的体貌标记“底”的语法功用》(《方言》2006 年第 3 期)，郭玮、董印其《新疆汉语方言形容词结构方式特点分析》(《新疆大学学报》2007 年第 1 期)，王玲《新疆汉语方言偏正复句类型》(《新疆大学学报》2011 年第 5 期),王玲《新疆汉语方言联合复句类型》(《新疆大学学报》2012 年第 6 期),马敏《新疆汉语方言“把”字结构中的“过”》(《伊犁师范学院学报》2013 年第 1 期)等。

除此之外,还陆续出版了多部有关新疆汉语方言研究的专著,如:陈汝立、周磊、王燕《新疆汉语方言词典》(新疆人民出版社 1991 年版),李荣、周磊《乌鲁木齐方言词典》(江苏教育出版社 1995 年版),林端《新疆汉语方言语法拾零》(《汉语方言语法类编》,青岛出版社 1996 年版),徐思益《语言的接触与影响》(新疆人民出版社 1997 年版),董印其《语言专题研究》(新疆人民出版社 2003 年版),高莉琴、张新武《新疆的语言状况及推广普通话方略研究》)(北京语言大学出版社 2006 年版),董印其《新疆汉语方言研究》(新疆人民出版社 2016 年版)等。

二、奇台话的研究

奇台县位于天山以北,是新疆最早有汉族居住的地区之一。这里的居民主要来自甘肃、陕西、山西以及河北等地,其中以甘肃移民最多。奇台话是典型的以兰银官话为基础的老新疆话。目前来看,有关奇台话的专门研究成果并不多。《奇台县志》《奇台文史》中的方言部分也只对奇台话的语音、词汇、语法方面的总体特点进行了简单概括与零星提及。此外,还有一些论文或学位论文针对奇台话做了专门研究。

(一)语音角度

李霞详细比较了奇台话与普通话在声、韵、调方面的差异。① 曾缇从声、韵、调三方面将奇台话与普通话的音系进行比较,归纳总结出二者之间的异同点。② 曾缇的硕士学位论文以静态的描写为主,以纵横两方面的比较为辅,深入细致地描述奇台汉语方言的语音系统及特点,概括它们的基本规律。③ 曾缇论述了奇台方言中的文白异读以及新老异读现象。④ 何菲菲、何苗苗从声、韵、调三个方面对奇台总场汉语方言进行描写,揭示其语音特点。⑤ 何菲菲、赵亚伟“以奇台县半截沟话为调查对象,得出半截沟话两字组连读变调中存在‘中和调’的结论”⑥。

① 李霞:《奇台话与普通话的声、韵、调比较》,《乌鲁木齐成人教育学院学报》2005 年第 2 期。

② 曾缇:《奇台方言音系与普通话音系的比较》,《昌吉学院学报》2014 年第 5 期。

③ 曾缇:《奇台方言语音研究》,山东大学硕士学位论文,2011 年。

④ 曾缇:《奇台方言中的文白异读及新老异读》,《昌吉学院学报》2016 年第 2 期。

⑤ 何菲菲、何苗苗:《新疆奇台总场话语音特点探析》,《语言与翻译》2017 年第 2 期。

⑥ 何菲菲、赵亚伟:《新疆奇台县半截沟话的两字组连读变调》,《新疆职业大学学报》2018 年第 1 期。

（二）词汇角度

董印其“从奇台汉语方言、新疆曲子剧、民间口头俗语、谚语、地名词特点、地方特殊词语和商业名称等方面进行语言现象分析”[①]，从而解析出奇台地域文化中的内涵。柴青清通过对带“子”缀的词汇的整理、归类、分析，展现出奇台汉语方言词汇“子”缀丰富的鲜明地方特色。[②] 何菲菲解析了奇台总场汉语方言词汇的来源及特点。[③] 曾缇的博士学位论文以奇台方言词汇为研究对象，从词汇学的角度对方言词汇进行了纵、横两个方面的对比研究，试图探求方言词汇的系统性和规律性。[④]

（三）社会语言学角度

刘萱调查了奇台青少年对奇台话和普通话的语言态度和语言使用情况。[⑤] 杨琪对奇台话的变异情况进行了综合考察。[⑥]

综上所述，有关奇台话的研究成果主要集中在对语音系统的描述上，同时也兼有词汇来源、词汇构成的例举。从社会语言学视角展开研究的成果较少，也鲜有考察语音、语法、词汇变异的研究成果。笔者将尝试从语言变异的视角切入，运用社会语言学结合方言学的方法来研究奇台话变异，将宏观的语言生活状况研究与微观的语言变异研究结合起来，了解奇台居民的语言生活现状，进一步考察奇台话在语音、词汇、语法方面的变异情况，归纳其变异特点，分析影响奇台话变异的内部语言因素和外部社会因素，从而进一步揭示奇台话变异以及变化的趋势和规律。

第四节　研究对象、研究内容、研究重点

一、研究对象

本书将宏观语言生活研究与微观语言变异研究相结合，将方言区的语言生活与语言变异置于城镇化背景下，关注新疆奇台县正在发生的社会变

---

① 董印其：《从语言特征看文化现象——奇台汉语言文化透视》，《新疆教育学院学报》2006 年第 4 期。

② 柴青清：《浅析奇台汉语方言中的后缀“子”》，《语文学刊》2014 年第 22 期。

③ 何菲菲：《新疆奇台总场汉语方言词汇浅论》，《名作欣赏》2017 年第 9 期。

④ 曾缇：《奇台方言词汇研究》，山东大学博士学位论文，2015 年。

⑤ 刘萱：《奇台青少年对奇台方言和普通话的语言态度和语言使用情况研究》，新疆师范大学硕士学位论文，2017 年。

⑥ 杨琪：《奇台话的变异研究》，新疆大学硕士学位论文，2019 年。

迁与语言变异以及二者之间的关系,探寻方言区居民的语言习得、语言能力、语言使用、语言态度情况,以及方言在语音、词汇、语法方面的变异及变化情况,描绘语言生活图景,分析引起变异及变化的原因,预测方言发展的趋势及方向。

二、研究内容

本书的主要研究内容如下:

(一)语言生活研究

编制《奇台县语言生活调查问卷》,选取调查对象,考察奇台县居民的语言习得、语言能力、语言使用、语言态度等现状。利用 SPSS26.0 软件对调查结果进行统计,并对相关社会因素进行分析。

(二)语音变异研究

根据《方言调查字表》和《汉语方言地图集·语音卷》,选取奇台话中典型的声母、韵母作为调查内容。其中,声母部分考察不送气音与送气音的变异、零声母开口字加 ng[ŋ]的变异以及声母 n[n]、x[ɕ]、j[tɕ]、q[tɕʻ]所属字的变异。韵母部分考察韵母 e[ɤ]所属字的变异、韵母 ai[ai]所属字的变异、韵母 ei[ei]与 l 相拼的变异。我们利用 SPSS26.0 软件对所调查的语音结果进行统计,并分析影响这些语音变异的社会因素。

(三)词汇变异与语法变异研究

根据《汉语方言词汇调查手册》,以《新疆汉语方言词典》《新疆汉语方言研究》《奇台方言词汇》等文献资料中的方言词汇作为语料来源,选取奇台话中的天文词汇、地理词汇、农事词汇、动物词汇、植物词汇、时间和时令词汇、器具用品词汇、称谓词汇、身体词汇、衣服穿戴词汇、日常生活词汇共计 11 类方言词汇作为调查内容,选取合适的发音合作人,考察其知晓与使用方言词汇的情况,利用 SPSS26.0 软件对所调查的结果进行统计分析,并分析影响这些词汇知晓及使用的社会因素。

参考《语法调查研究手册》,选取奇台话中较有特色的介词"赶"、连词"连"、连词"带……带……"作为调查内容,选取合适的发音合作人,考察语法使用情况,利用 SPSS26.0 软件对所调查的语法结果进行统计分析。

(四)影响奇台话变异的因素分析

从内部与外部对影响奇台话变异的因素进行分析。

(五)启示与思考

总结语言生活与语言变异的特点与方言变异及变化趋势,预测奇台话未来的发展趋势,通过研究启发思考与认识。

三、研究重点

本书秉持社会语言学"异致有序"的语言观，将奇台话变异研究作为研究的重点，全面细致考察奇台话语音、词汇、语法方面的变异情况，考察奇台话在不同人群中的使用情况，利用社会学的统计方法，分析语言变项与社会变项之间的关系，探究影响语言变异及变化的社会因素。

第五节　理论基础、研究意义及创新点

一、理论基础

(一)语言变异与语言变化理论

一般认为以索绪尔为代表的结构主义语言学派奠定了现代语言学的基础。"共时"状态与"历时"状态是索绪尔提出的两种语言状态。索绪尔认为:"语言是一个纯粹的价值系统，除了它的各项要素的暂时状态以外，并不决定于任何东西。有关语言的静态方面的都是共时的，有关变化的一切都是历时的。历时的变化指影响语言系统中个别的要素，不会影响到系统，只能在系统之外进行研究。"①

1. 进行中的变化

在社会语言学之前的语言学家大都认为语言变异以及变化的过程是不可能被直接观察到的，但是我们可以通过比较一种语言在不同历史时期的不同状态，进而发现到底是语言中的哪一部分发生了变化。社会语言学家则认为语言自始至终是处于不断发展变化之中的，以拉波夫为先驱的社会语言学家用"进行中的变化"研究来检验语言使用过程中发生的一个又一个变异，将其直接作用于语言变化过程之中，从而了解与把握语言变化的机制。

2. 真实时间与显象时间

研究"进行中的变化"就必须要提到两个重要概念:一是"真实时间"，二是"显象时间"。"从语言表现的年龄差异中推导出的语言变化的研究，叫做'显象时间'的研究，它反映的是体现在几代人身上的言语特点的变化趋势。假设人们习得的语言是比较固定的，现在四十岁人群和二十岁人群的话语代表了二十年前二十多岁的人群的话语情况，因此比较现在四十岁群体和

① ［瑞］费尔迪南·德·索绪尔:《普通语言学教程》，高明凯译，商务印书馆 1980 年版，第 145 页。

二十岁群体的话语相当于比较二十年前和现在两个时间段的二十多岁人群的话语。"[①]从不同时间中获取语料的研究叫做"真实时间"的研究，但这往往意味着要对以前已经调查过的言语社区重新进行调查。[②]

3. 年龄级差

"同一代人在成长的过程中在语言使用上所产生的变化叫做'年龄级差'。"[③]在一个人习得和掌握某种语言的过程中，他的语言始终会处于不断变化的状态之中。同时，在某个特定的言语社区之中，对不同年龄段的对象说话时在言语规范上也会表现出不同之处。[④] 譬如幼童说话时往往习惯于把双音节词或单音节词表述成单音节词的重复，如：把"鞋子"说成"鞋鞋"，"花"说成"花花"，"糖"说成"糖糖"等。但有趣的是，等他们长到一定年龄段时就会自动放弃这种曾经习惯的说法，这就是我们说的"年龄级差"现象，它与"显像时间"现象显然有别。例如：钱伯斯（Chambers）曾就加拿大的安大略省南部对于"zee/zed"这个英语字母的变异情况所做的调查就是有关"年龄级差"的一个典型例子。[⑤]

（二）语言接触理论

人们在交际过程中必须直接或间接使用语言这个工具相互进行交流，"语言接触就是指使用不同语言或方言的人之间的相互直接接触或间接接触"[⑥]。社会语言学家和接触语言学家从历时与共时角度对语言接触所引起的语言演变的结果以及变化的轨迹进行了研究。国外许多语言学家都对语言接触的理论有所论述，如洪堡特、施莱赫尔、舒哈特、保罗、萨丕尔、布龙菲尔德等。在我国语言学界，严学窘、高名凯、傅懋绩、马学良、喻世长等老一辈语言学家从不同角度研究语言接触现象。尤其是近几十年，语言接触研究成为语言学研究的一个分支。研究者们从关注语言内部转向探讨语言间接触对语音、词汇、语法所产生的影响的研究。

（三）语言生态理论

"语言生态"这个术语是豪根在 1971 年最先提出的，他所说的"语言生态"是指"特定语言与环境之间的相互关系"[⑦]。"语言生态学的研究对象是

---

① 徐大明：《社会语言学实验教程》，北京大学出版社 2010 年版，第 29 页。

② 参见徐大明：《社会语言学实验教程》，第 29 页。

③ 徐大明：《社会语言学实验教程》，第 30 页。

④ 参见徐大明：《社会语言学实验教程》，第 30 页。

⑤ Chambers, J. K., *Sociolinguistic Theory: Linguistic Variation and its Social Significance*, Oxford &Cambridge: Basil Blackwell, 1995/2003.

⑥ 张兴权：《接触语言学》，商务印书馆 2012 年版，第 2 页。

⑦ 冯广艺：《语言生态学引论》，人民出版社 2013 年版，第 5 页。

语言生态，其基本任务是运用语言生态学的理论与方法，研究语言生态系统中的一系列问题，探讨构建良好的语言生态环境的一般规律，为人类形成和谐健康的语言生活和人类社会的生存与发展提供一定的理论和实践参考。"[①]语言生态学最基本的任务是探索语言的变化以及规律，研究与之相对应的生态对策，诸如如何保持语言多样性的问题，坚持语言的平等性、语言的统一性等问题。[②]

二、研究意义

（一）理论意义

本研究的理论意义表现在以下两个方面：

第一，探寻城镇化进程中生活环境、生产方式、生活方式等的改变所引起的奇台农村和城镇居民在语言使用、语言能力、语言态度等方面的一系列变化，探讨方言区的居民在传统与现代碰撞过程中产生的语言变异及变化，探寻语言变化与社会变化的共变关系，从而为社会语言学语言变异研究提供有价值的理论参考。

第二，自20世纪60年代以来语言变异理论已经成为社会语言学研究的一个重要组成部分。语言变异有其内在制约因素，也有其外在社会影响因素，所以通过分析新疆奇台话语音、词汇、语法的变异情况，可以更好地揭示制约汉语方言变异的内部因素和外在社会因素，为汉语方言变异研究提供典型个案。

（二）现实意义

第一，结合方言学研究社会语言学，可以了解方言区的语言现状，可以摸清新疆农村和城镇普通话普及以及方言的使用现状，及时记录方言变异情况，掌握方言的变化趋势，把握普通话普及的动态与规律，预测未来的发展趋势，为做好语言规划提供现实依据。

第二，方言是记录乡音的符号，"是维系乡情的纽带，是乡土文化的重要表现形式，也是历史文化信息传递的重要载体，一旦方言消失，其承载的语言文化就不复存在，与之紧密相依的地域文化就会被割断"[③]。方言的变异与变化能够帮助我们了解某一地区的历史文化的变迁。通过考察奇台话的变异与变化，能够帮助我们进一步了解奇台地域文化的变迁。

第三，新疆奇台县位于新疆东北部，历史悠久，是北疆最富庶的地区之

① 冯广艺：《语言生态学引论》，第44页。

② 参见冯广艺：《语言生态学引论》，第46页。

③ 葛爱华：《城镇化背景下农村方言变异探究——以新疆木垒县一家祖孙三代为例》，《宜宾学院学报》2020年第9期。

一，是新疆最早有汉族人居住的地区之一，也是古丝绸之路上的重要交通枢纽。这个特殊的地理位置，使得它的方言颇具特色，从而具有较大的研究价值。随着城镇化步伐的加快、普通话教育的不断普及和奇台经济的不断发展，作为典型的以兰银官话为基础的老新疆话的代表之一的奇台话也出现了前所未有的变化。结合城镇化进程研究奇台话，可以更好地揭示方言演变规律，为进一步论证大力推广普通话与更好地传承与保护方言文化提供有价值的研究佐证。

三、创新点

（一）研究地域新

以往有关汉语方言变异的研究成果中有关新疆汉语方言变异及变化的研究成果较为单薄。新疆汉语方言是杂糅四方的各地方言的融合体，奇台县是兰银官话北疆片的代表点，选择其作为研究地点有鲜明的地域代表性。

（二）研究视角新

城镇化对城乡居民生活的影响体现在方方面面。研究者进行研究时多从社会学、经济学等视角切入。本书将城镇与农村的语言生活、语言变化同时置于城镇化的大背景下，探求城镇化对城乡居民语言生活产生的影响，这是一个全新的视角。

（三）研究方法新

本书尝试将宏观方面的语言生活现状研究与微观方面的语言变异研究结合起来，采用社会语言学结合方言学、定性研究结合定量研究的方法，宏观方面考察奇台方言区农村和城镇居民语言生活方面的异同，微观方面考察城乡居民在语音、词汇、语法中正在出现的变异与变化，进而分析影响这些变异与变化产生的社会因素，探究语言与社会的共变关系，这是有关语言变异研究的一个有意义的尝试。

第二章　研究概述及研究方案

第一节　奇台县概况

一、地理位置、人口

奇台县位于新疆维吾尔自治区东北部、昌吉回族自治州东部、天山东段博格达峰北麓、准葛尔盆地东南缘，东经 89°13′～91°22′，北纬 43°25′～49°29′。边境线长 131.47 公里，境内有对蒙古国开放的国家级一类口岸——乌拉斯台口岸。东邻木垒哈萨克自治县，南隔天山与吐鲁番、鄯善县相望，西连吉木萨尔县，北接阿勒泰地区的富蕴县、青河县，东北部与蒙古国接壤，是新疆的边境县之一。县城西距乌鲁木齐市 195 公里。全县地域东西宽 45～150 公里，南北长 250 公里，总面积 1.93 万平方公里。奇台县下辖 9 镇（奇台镇、老奇台镇、西地镇、半截沟镇、吉布库镇、东湾镇、碧流河镇、三个庄子镇、西北湾镇）、6 乡（古城乡、七户乡、坎尔孜乡、五马场哈萨克族乡、乔仁哈萨克族乡、大泉塔塔尔族乡），共有 15 个社区居委会、60 个村民委员会。境内有生产建设兵团农六师奇台中心团场（辖 6 个社区：一〇八、一〇九、一一〇、留守办、八道滩、开垦庙）和新疆生产建设兵团第六师北塔山牧场。截至 2019 年 1 月，县域总人口 30.05 万人，有汉、维、回、哈等 22 个民族，其中少数民族占总人口的 24%。奇台县有全国唯一的塔塔尔族乡。[①]

二、地形地貌、历史、文化、旅游资源

奇台素有“两山夹一盆”之说，地势南北高，中间低，呈马鞍形分布。南

① 参见《奇台县自然地理》，奇台县人民政府网，2021 年 5 月 4 日，http://www.xjqt.gov.cn/zjas/zrdl/182750.htm。

部是巍峨挺立的天山，北部是挺拔的北塔山，中部为宽阔的冲积扇平原，北部是一望无际的沙漠戈壁，将军戈壁横卧其间。

奇台曾是历史上兵家必争的战略重镇，更是古丝绸之路新北道上一颗耀眼的明珠，素有“金奇台”“旱码头”之美誉。在新石器时代已形成原始村落，县内陆续出土过红陶、石坊轮、石磨、石锄等新石器文物。西汉时期，属西域三十六国之一的车师后国，归西域都护府管辖，曾建有疏勒城（奇台县半截沟镇石城子遗址）。唐长安二年（702），设蒲类县，归北庭都护府管辖。宋、元属别失八里帅府，直隶中央。清乾隆三十八年（1773）建县，名曰“靖宁城”（今老奇台镇）。乾隆四十年（1775），清政府在今奇台镇驻兵设防，建孚远城（即老满城）。光绪十五年（1889）由“靖宁城”迁入现址，因境内有唐朝墩古城，复得名“古城子”。“远树千堆合，平沙万井开，山通南北套，地接上中台。”清末民初，古城计有大小商号 690 家，迎来送往的驼队多达 4 万余峰，“千峰骆驼走奇台，百辆大车进古城”“进了古城子，跌倒拾银子”是其历史上繁华盛景的真实写照。奇台县文化底蕴深厚，有史前文化、农耕文化、商贸文化、餐饮文化、民俗民间文化等地域特色文化，是新疆汉文化发源地之一，2014 年成功申报自治区历史文化名城。①

奇台县旅游资源独特。南部高山草甸自然景观风光秀美，有国家级森林公园、江布拉克国家 5A 级景区和世界最长的怪坡；中部人文景观丰富，处于古丝绸之路必经之处，文化积淀深厚，庙宇会馆人文景观历史悠久，有国家级工业旅游示范点——古城酒史馆，现存汉疏勒城、唐朝墩古城、清东地大庙、将军庙等多处遗址，是中原文化和西域文化交流荟萃之地；北部戈壁大漠史前文化景观雄浑奇特，分布有亿万年前的海相地层生物化石和陆相地层生物化石，被专家们誉为“准东翰海博物园”“史前博物馆”。将军戈壁诺敏风城俗称“魔鬼城”，是目前西北地区已发现的最大的雅丹地貌。硅化木·恐龙国家地质公园中的恐龙化石和硅化木园堪称世界之最，被誉为“恐龙之乡”。②

第二节　奇台话概况

奇台的居民主要来自甘肃、陕西、山西以及河北等地，其中甘肃移民最

---

① 参见《奇台概况》，奇台县人民政府网，2021 年 6 月 19 日，http://www.xjqt.gov.cn/zjas/gk/846785.htm。

② 参见《奇台概况》，奇台县人民政府网，2021 年 6 月 19 日，http://www.xjqt.gov.cn/zjas/gk/846785.htm。

多。奇台话属于西北方言，而西北方言又从属于北方方言，所以奇台方言与北方方言为基础形成的普通话是比较接近的，但两者在声、韵、调以及词汇和语法方面还是存在一定的差异。[①]

一、语音

自汉代起，东天山北麓就是历朝历代的屯垦重地，新疆历史上曾有过三次浓墨重彩的大规模移民潮：第一次在清代乾隆年间，第二次在清代光绪九年(1883)，第三次在 20 世纪 40～60 年代。奇台话就是在陕甘等地移民方言的基础上形成的。

周磊先生 2007 年将原来新疆汉语方言分为北京官话片、兰银官话北疆片和中原官话南疆片三个部分的旧说法，修订为将新疆汉语方言分为兰银官话北疆片和中原官话南疆片的新说法。在这两片中，北疆片以奇台、巴里坤、玛纳斯为代表点，南疆片以焉耆、轮台、伊犁为代表点。奇台话是典型的以兰银官话为基础的老新疆话。[②]

(一)声母

奇台话中共有 23 个辅音声母，除了 h[X]之外的 20 个辅音声母都包括在奇台话中。此外，还多出了 v[v]、ng[ŋ]、[χ]三个声母。[③] 奇台话辅音声母及发音情况如表 2-1 所示。

表 2-1　　奇台话声母表[④]

			唇音		舌尖前音	舌尖中音	舌尖后音	舌面音	舌根音	小舌音
			双唇音	唇齿音						
塞音	清音	不送气音	b[b]			d[t]			g[k]	
		送气音	p[pʻ]			t[tʻ]			k[kʻ]	

① 参见董印其：《新疆汉语方言研究》，第 91 页。

② 参见董印其：《新疆汉语方言研究》，第 62～66 页。

③ 参见董印其：《新疆汉语方言研究》，第 91 页。

④ 本表引自董印其：《新疆汉语方言研究》，第 91 页。

续表

			唇音		舌尖前音	舌尖中音	舌尖后音	舌面音	舌根音	小舌音
			双唇音	唇齿音						
塞擦音	清音	不送气音			z[ts]		zh[tʂ]	j[tɕ]		
		送气音			c[tsʻ]		ch[tʂʻ]	q[tɕʻ]		
擦音	清音			f[f]	s[s]		sh[ʂ]	x[ɕ]		[χ]
	浊音			v[v]			r[ʐ]			
鼻音	浊音		m[m]			n[n]			ng[ŋ]	
边音						l[l]				

(二)韵母

普通话有 39 个韵母,而奇台话中共有 32 个韵母(见表 2-2)。

表 2-2　　奇台话韵母表[①]

	开口呼	齐齿呼	合口呼	撮口呼
单元音韵母	-i[ʅ][ɿ]	i[i]	u[u]	ü[y]
	a[A]	ia[iA]	ua[ua]	
			uo[uo]	
	e[ɤ]	ie[iɤ]	ue[uɤ]	üe[yɤ]
	er[ɚ]			
复元音韵母	ai[ai]		uai[uai]	
	ei[ei]		uei[uei]	
	ao[au]	iao[iau]		
	ou[ou]	iou[iou]		

① 本表引自董印其:《新疆汉语方言研究》,第 94 页。

续表

	开口呼	齐齿呼	合口呼	撮口呼
鼻音韵母	an[an]	ian[iɛn]	uan[uan]	üan[yɛn]
	ang[aŋ]	iang[iaŋ]	uang[uaŋ]	
	eng[əŋ]	ing[iŋ]		
			ong[uŋ]	iong[yŋ]

(三)声调

与普通话相比奇台话只有阴平、阳平上、去声三个调类(见表 2-3)。其发音的一个特点是以降调为多。

表 2-3　　奇台话声调与普通话声调对比表[①]

奇台话声调	普通话声调	例字
阴平 44	阴平 55	刚、春、开、安
阳平上 51(52)	阳平 35	童、文、陈、平
	上声 214	好、草、短、五
去声 213	阴平 55	出、瞎、哭、桌
	上声 214	笔、百、北、铁
	去声 51	叶、客、木、近

二、词汇

词汇是汉语方言系统中的一个重要组成部分。由于新疆汉语方言是在陕、甘、宁、青等西北各方言基础上形成的,四方杂糅是它的一个明显特点。作为新疆汉语方言的一个重要代表点,奇台话中的方言词汇的形成同样也离不开陕、甘、宁、青方言的影响。奇台方言词汇中既有来自北方方言的词汇,也有受西北方言影响的词汇,还有来自新疆少数民族语言中的借词,以及在形成过程中自创的一些本土词汇。奇台方言词汇表现出了如下特点:

(一)子缀丰富

"子缀"是奇台方言词汇的一大特色。带"子"缀的词汇比比皆是,给人"无'子'不成词"的感觉。许多普通话的词汇在奇台话中必须加"子"才能成

① 本表引自董印其:《新疆汉语方言研究》,第 96 页。

词，如“卷子”（一种蒸熟吃的面食）、“冷子”（冰雹）、“围脖子”（围巾）、“电把子”（手电筒）、“围围子”（刘海）等。

还可以在名词词根后加“子”，使其具有特殊的意义，如：

表微、小：腿腿子、瓶瓶子、罐罐子、娃娃子、本本子

表厌恶、不喜欢：子子子、溜溜子、赖赖子

以重叠形式强调某种动作或状态，相当于“……着”：竖竖子、歪歪子、偏偏子、斜斜子、直直子、反反子

（二）借词丰富

由于地处多民族地区，奇台方言词汇中吸收与借用了不少少数民族语言中的词汇。借词分布于社会生活的方方面面，其中尤以维吾尔语借词为多，如：

笆篱子：警察局，监狱（俄语）

白卡儿：徒劳，白白地（维吾尔语）

皮芽子：洋葱（维吾尔语）

儿子娃娃：男子汉（维吾尔语）

（三）有大量传承下来的古语词

老新疆话是受中原汉语文化影响的，是北方方言的分支，是汉民族共同语普通话的地域变体。[①] 奇台方言词汇中也有数量相当可观的古语词，如泞[naŋ51]（泥泞）、濽[zan213]（溅）、垧痂（身上的污垢）、乏（疲倦）、主腰子（棉衣）、恶水（污水、脏水）、该（欠）、喋（吃）等。这些频繁使用于奇台话中的方言词汇都是从古语词中传承下来并且一直沿用至今的。

（四）有从其他方言中借用的词汇

奇台话是在各地移民语言的基础上形成的，其方言词汇中构成移民主要来源的西北各省的方言词汇可以在奇台话里寻见踪迹。例如：

个家（自己）、仰尘（顶棚）、务习（干、做、弄）——兰州话

嚷仗（吵架）、言传（说）、相端（思考、掂量）——陕西话

（五）有新疆汉语方言中独有的方言特征词

方言特征词是表现该方言词汇特征的最重要的方言词，它是“不同方言之间的词汇上的区别特征，即一定批量的本区方言共有的而在外区方言少见的方言词”[②]。在奇台话中有典型的新疆汉语方言特征词，如巴郎子（孩子）、谝达拉子（闲聊）、盲道（对自流人员的戏称）、望嘴（看着别人吃东西而露出馋意）、白卡儿（徒劳，白白的）等。

---

① 参见董印其：《新疆汉语方言研究》，第 177 页。

② 李如龙主编：《汉语方言特征词研究》，厦门大学出版社 2002 年版，第 1 页。

三、语法

奇台话的语法与普通话的语法总体是一致的,但也有个别的差异。在此简单举例说明如下:

(一)词法

1. 介词“赶”

奇台话中介词“赶”的意思相当于普通话中的“比”,如:

①我赶你大。(奇台话)

②我比你大。(普通话)

2. 连词“连”

奇台话中连词“连”的意思相当于普通话中的“和、跟、同”,如:

①我妈连我哥去昌吉了。(奇台话)

②我妈和/跟我哥去昌吉了。(普通话)

(二)句法

1. 状语+否定副词+谓语

由于长期的语言接触,奇台话受新疆少数民族语言影响较大,句式中否定副词后置的句式很多,例如:

①快快不走,赶不上了。(奇台话)

②不快快走,赶不上了。(普通话)

2. 前项+呢吗+后项+呢?

①明天上班呢吗放假呢?(奇台话)

②明天上班还是放假?(普通话)

第三节　研究假设及研究方法

一、研究假设

在谈及普通话对各地方言产生的巨大影响时,陈章太先生曾指出:在语音方面“有的声母、韵母、声调呈现简化趋势,有的吸取普通话音韵系统中的某些成分,有的其音值向普通话靠拢,有的干脆把普通话的某些读音搬进去,不少地方的方言,老年人和青年人之间出现或大或小的系统的差异,形成差别较大的新老两派方言,青年人的方言明显受普通话影响而发生较大变化”;在词汇方面,“大量吸收普通话词,特别是青年人,许多方言词汇被普通话词语所替代”；在语法方面，“有的吸收融合了普通话的语法形式，有的出现方言语法形式与普通话语法形式并用现象”。[①] 方言中可做变异研究的语言变项数量较大，不可能一一被拿来做研究，这时就要确定合适的语言变项。本书的研究假设是奇台话变异的方向是逐渐向着普通话靠拢，因此方言中与普通话有差异的典型的语音形式、词汇形式、语法形式就是我们要调查的主要内容，而方言中与普通话一致的声韵、词汇、语法则不在我们的考察之列。

二、研究方法

（一）文献研究法

文献研究法是一种“非接触性”的研究方法，就是研究者不直接从研究对象那里获取研究所需的资料。[②] 要研究历史上已经发生的言语行为，就要借助于书面文献。在研究开展前期，笔者曾阅读了大量有关语言变异与变化的文献资料，为研究打下了坚实的理论基础。同时，又搜集了有关新疆汉语方言、奇台方言的文献资料以及有关奇台县的文史背景资料，最终选取了本书的研究内容和研究角度。主要文献资料有：《奇台文史》《奇台县志》《新疆汉语方言研究》《奇台方言词汇》《新疆汉语方言词典》等。这些资料让我们得以全面了解奇台县的地理位置、历史沿革、政治、经济、文化背景以及方言等各方面的情况，从而为研究的顺利开展做好了前期准备工作。

（二）问卷调查法和访谈法

问卷调查法是借助书面形式进行调查的一种方法，这种方法取自社会学，适用于人数较多的大规模调查研究，操作方便、简单，便于统计，易于分析，在社会语言学研究中被广泛应用。在设计调查问卷时要注意紧密围绕研究内容进行，调查问题不宜过多，调查时间不宜过长，通常以30分钟内做完问卷为宜。

访谈法又称“采访法”，是通过调查人员与被调查者面对面直接对话的形式来完成的。拉波夫创设的语言学访谈的形式一般包括念词表、念语段、留意说话、随便说话等。除此之外，有时调查人员还会通过提问让受访者回答问题，从中获取调查所需的有用信息和资料。

本书的语言生活部分通过问卷调查的方式进行。问卷由个人基本信息、语言习得和语言能力、语言学习、语言使用、语言态度五部分组成。调查人员选取调查对象逐一做问卷，调查人员根据回答情况勾选答案并做好记

---

① 陈章太：《语言规划研究》，第48～51页。

② 参见徐大明、蔡冰：《语言变异与变化》，第52页。

录。语言变异部分主要通过语言学访谈的方式进行，调查人员认真做好记录。

(三)社会语言学结合方言学的研究方法

很多学者认为，方言学和社会语言学之间并非简单对立，二者具有某种天然的联系。二者其实都是研究"变体"的，只不过方言学研究的是地域变体，而社会语言学研究的则是社会变体。[①] 方言学与社会语言学在调查方式上其实存在很大的互补性，付义荣认为："方言学的弊端正好是社会语言学的优势所在，而社会语言学的弊端也正好是方言学的优势所在。从深层次看，方言学的调查方法与社会语言学的调查方法也正好是语言同质观与异质观在言语社区研究中的直接体现，它们的互补性其实也正好是两种不同语言观既对立又统一的体现。"[②]传统的方言学在选择发音合作人时遵循NORM(即非流动的、年老的、农村的、男性)原则。语言变异的调查不可能像其他社会调查那样需要大的样本，与其他社会行为相比较，语言行为表现出极大的同质性。社会语言学关注语言共时变异，被试对象的选择上常常采用抽样调查的方法，调查结果能反映整个言语社区总的特征。本书在微观层面上关于奇台话变异的调查中，则将社会语言学与传统方言学两种研究方法结合在一起，两种研究方法相互补充，能最大限度地保证调查数据的真实性、自然性，同时也使研究内容变得更加丰富。

在我国进行汉语方言调查时惯常使用的方法是准备一个方言调查字表，通过让发音合作人读调查字表的形式来搜集语料。中国社会科学院语言研究所编制的《方言调查字表》囊括了3700多个常用汉字，依照广韵声韵调排列，是汉语方言语音调查的必备材料。

进行本研究时，首先，在日常积累以及前期相关文献资料的基础上选取发音合作人进行发音情况的预调查。其次，在对奇台话语音变异初步预调查的基础上，选取一些具有代表性的方言语音变项，秉持"异质有序"的语言观，结合社会语言学的研究方法，对方言语音变项展开调查研究。在调查中，采用"读字表或词表"的方式，对不同社会群体使用方言变项时所产生的变式进行调查，搜集奇台话语音变异的语料。所设计的字表或词表包含多个语言变项，如：不送气音与送气音这一变项用"避""捕""波"等字进行考察，零声母开口字加"ng[ŋ]"这一变项用"藕""安""俄"等字进行考察，韵母"ai[ai]"所属字这一变项用"白""麦""脉"等字进行考察。

在考察方言词汇变异时，首先，以陈汝立、周磊、王燕的《新疆汉语方言

① 参见游汝杰：《汉语方言学与社会语言学》，《中国社会语言学》2004年第1期。

② 付义荣：《言语社区和语言变化研究——基于安徽傅村的社会语言学调查》，第62页。

词典》以及董印其的《新疆汉语方言研究》、曾缇的《奇台方言词汇研究》(山东大学博士学位论文,2015 年)中搜集的方言词汇作为前期语料来源,按照《方言调查词汇表》的分类方法从中选取 11 类、220 条方言词汇,选定三位方言母语人进行了预调查,将三位方言母语人中两人以上不知晓的词汇剔除,发音合作人信息见表 2-4。其次,将删除后剩下的 11 类、141 个具有代表性的方言词汇作为调查词项,自制了方言词汇知晓情况与使用情况调查表并进行了词汇变异调查。在选取调查对象时不再仅仅遵循方言学惯用的 NORM 的单一标准,而是将影响语言变体使用的年龄、性别、职业、居住区域等社会因素均考虑进去加以选择。例如,根据年龄和性别把被调查者分中老年男性和女性(年龄大于 55 岁)、中年男性和女性(年龄为 36～55 岁)、青年男性和女性(年龄为 21～35 岁)、青少年男性和女性(年龄为 12～20 岁)四组。

表 2-4　　发音合作人信息

	基本信息
1	韩某,男,63 岁,汉族,事业单位退休人员,大专学历,出生于新疆奇台县古城乡。
2	谢某,男,49 岁,汉族,农民,初中学历,出生于新疆奇台县西地镇。
3	王某,女,55 岁,汉族,个体私营业主,高中学历,出生于新疆奇台县古城乡。

(四)定性研究和定量研究相结合的方法

1. 定性研究

“定性研究的方法最早起源于社会科学研究,定性研究是对研究对象进行‘质’的分析,具体说就是运用归纳与综合分析以及抽象与概括等方法,对获得的各种语料进行思维加工,从而去粗取精、由表及里、达到认识事物本质、揭示其内在规律。”[①]社会语言学的定性研究在逻辑上属于归纳推理的研究方法,它在将搜集到的数据或语料进行分析过滤的基础上产生假设,定性研究是产生假设的研究。

本书研究假设是基于本人长期生活于兰银官话北疆片方言区的经历,再结合前期观察与访谈的预调查后提出:第一,随着城镇化的飞速发展,城乡居民的生产生活方式、居住环境等都发生了变化,从而打破了封闭的壁垒,也为语言接触与语言变异及变化提供了条件,那么奇台县本地居民在同外来人员发生语言接触后,语言生活上是否发生了变化?第二,因为求学、工作等原因离开家乡的奇台人在方言与普通话的使用情况上是否具有变

① 张廷国、郝树壮:《社会语言学研究方法的理论与实践》,北京大学出版社 2008 年版,第 68 页。

化？第三，诸如出生地、居住地、性别、年龄、受教育程度、有无外出经历等社会因素是否会对奇台居民的语言变体的选择产生影响？第四，奇台居民中的中老年、中年、青年、青少年四代在语音、词汇、语法上存在的变异情况是否属于“进行中的语言变化”？第五，根据奇台居民的语言使用现状和语言变异的情况是否可以预测奇台话未来的变化发展趋势？

2. 定量研究

“定量研究的方法起源于自然科学，是运用概率、统计原理对社会现象的数量特征、数量关系和事物发展过程中数量变化等方面进行的定量研究。”[①]定量研究属于实证研究。定量研究要借助统计或量化分析的途径来实现。本书语言生活部分的抽样，依照社会语言学分层抽样的方法，从奇台县城镇和乡村中共抽出 312 人；语言变异部分采用判断抽样，选取中老年、中年、青年、青少年 4 个年龄段，每个年龄段 20 人，共计 80 人。借助 Excel 2011 软件对所得数据进行统计分析，并制作表格与统计图表。同时，利用 SPSS26.0 统计分析软件对数据进行综合分析与解读。

(五)描写与解释相结合的方法

通过抽样调查所取得的数据是进行统计分析的支撑材料，也是进行统计分析的前提依据。透过纷繁复杂的数据，我们可以进一步揭示被调查者语言使用上的差异和语言变异及变化的本质。前期通过调查，我们基本掌握了被调查者语言能力、语言使用、语言态度、语言变异等方面的情况，但不能仅限于对这些数据进行浅层次的描写，而应对得到的数据进行更为深刻的理论阐释与分析。既要对影响城乡居民语言能力、语言使用、语言态度及方言变异的社会因素进一步加以分析，更要在同一语言变项上对不同被调查者所采用的各变式情况做出合理的解释与分析，从个性中归纳总结出共性，在共时差异上体现出历时变化。

第四节　抽样方案

“抽样”一词是从社会学研究中借鉴而来的，意为从众多的具有共同性质特征的某一类事物中选取具有一定代表性的那一部分，以供研究者进行调查研究。社会语言学研究属于定性分析与定量分析相结合的研究，研究过程中不可避免地会涉及抽样问题。社会语言学研究中调查对象的范围较

① 张廷国、郝树壮：《社会语言学研究方法的理论与实践》，第 76 页。

大,可以是某个言语社团甚至可以是几个言语社团。但由于研究条件有限,像大规模人口普查一样对研究对象一一进行调查是不可能实现的。为使研究结果体现出科学性和有效性,必须采取一定的手段,研究样本在数量上可以不那么多,但一定要具有明显的代表性,能够通过对抽取样本的调查结果反映出全部调查对象的特征,在此基础上对所有调查对象的整体情况做出合理的估计与推断。

制定一个合理可行的抽样方案是进行一项调查研究和抽样分析的前提。有关语言生活部分和语言变异部分的样本都是通过抽样方式完成的,下面简单介绍语言生活部分的抽样方案。抽样的具体方案分为以下两步:

第一步是一级抽样。奇台县下辖 9 镇 6 乡。其中有 3 个少数民族乡镇语言使用情况特殊,不在研究之列。高莉琴等在《新疆的语言状况及推广普通话方略研究》一书中提道:"新疆生产建设兵团大多数团场'准河南话'使用相当普遍,昌吉地区的农六师等几个团厂内部基本上都说这种话。"[①]因此,奇台县境内生产建设兵团农六师奇台中心团场、新疆生产建设兵团第六师北塔山牧场也不在研究范围之内。由于奇台话在县内各乡镇间基本上没有大的差异,县城与各乡镇有差异,因此,我们按照奇台县各乡镇与县城的距离远近、人口分布等特点从奇台县下辖 9 镇 6 乡中选取奇台镇、半截沟镇、西地镇、古城乡 3 镇 1 乡作为样本乡镇。其中,奇台镇是奇台县政府所在地,半截沟镇距离奇台县城较远,西地镇距离县城较近,古城乡是距离县城较近的乡镇,有好几个城中村。

第二步是二级抽样。奇台镇共抽取 220 名被调查者,主要是东关社区、北斗宫社区、犁铧尖社区的各单位和公共场所的被调查者。其余的农村乡镇先抽取样本村,每个村按照简单随机抽样的方式选取 20 名被调查对象。其他 3 个乡镇共抽取 115 名被调查者,其中半截沟镇 40 人(半截沟村、腰站子村)、西地镇 20 人(西地村)、古城乡 20 人(八家户村)。此外,在半截沟镇、西地镇、古城乡的各乡镇企事业单位共抽取 35 名被调查者。剔除不合格问卷后,最终得到奇台镇共 217 份,其余各乡镇共 95 份合格问卷,共计 312 份合格问卷,样本有效率约为 93%。

有关语言变异部分的抽样方法在本书第六章、第七章的研究中还会提到,在此不做赘述。

---

① 高莉琴、张新武:《新疆的语言状况及推广普通话方略研究》,第 89 页。

第五节　调查问卷、字词表设计

“一切皆可测量”口号的提出使得美国社会学研究的主流步入了以实证研究为基础的数理逻辑时代。[①] 问卷调查以其设计严格、目的明确、操作方便、内容易懂、回答简便、收取方便的优点被广泛应用于社会语言学研究中。从宏观的语言生活调查到微观的语言变异研究，我们都可以通过问卷调查加以有效验证。调查的顺利开展、数据的精确统计、结果的科学分析无不与问卷设计的内容与质量息息相关，因此，社会语言学研究中历来非常重视调查问卷设计环节。本书的问卷内容主要由以下几个部分组成：

一、语言生活部分的调查问卷内容设计

奇台语言生活状况调查问卷由如下五部分内容组成：

第一部分，个人基本信息。主要包括被调查人的年龄、性别、出生地、居住地、外出及迁徙情况、受教育程度、职业等。

第二部分，语言习得和语言能力。主要包括被调查人的语言习得情况、能用哪些话与人交谈、普通话能力。

第三部分，语言学习。主要包括被调查人的普通话学习途径、普通话学习动机、普通话学习障碍。

第四部分，语言使用。主要包括被调查人的家庭语言使用情况、去政府部门办事时的语言使用情况、与朋友交往时的语言使用情况、去医院看病时的语言使用情况、去集贸市场购物时的语言使用情况、在工作和学习时的语言使用情况。

第五部分，语言态度。主要包括被调查人对奇台话与普通话的评价、语言喜好、对奇台话变化的感受、对普通话学习的期待与对方言保持的态度。

二、语言变异部分的字词表设计

读字表或词表是汉语方言调查中常用的方法。本书通过让被调查者读字词表考察奇台话变异情况。限于时间、人力、财力、物力，有关奇台话变异情况的考察不可能像问卷调查一样做大范围的抽样调查。本部分借鉴方言学惯用的读字词表的方法，选取不同年龄段的发音合作人。调查之前为真

① 参见张廷国、郝树壮：《社会语言学研究方法的理论与实践》，第165页。

实有效地反映方言变异情况，就必须设计科学合理的方言变异调查表。首先要对奇台话的变异情况有深入了解，在对文献资料的深入分析的基础上，结合预调查情况，选取合适的语言变项。其次要对语言变项进行精挑细选，剔除不合适的语言调查变项，编制调查表。

奇台话变异部分的字词表分为三个部分：第一部分调查声母、韵母，第二部分调查词汇，第三部分调查语法。

(一)声母、韵母调查

(1)选取 44 个单字，让发音合作人按照平时的发音习惯读出，标记声母(注：如果这个字发音合作人有两读或三读的情况，将几个声母都记录下来)。调查字表如下：

避免、哺乳、抓捕、波浪、三倍、停泊、民族、干燥、暴躁、大堤、抖一下、麻痹大意、河岸、案子、黑暗、热爱、挨打、棉袄、名额、天鹅、饿死、恩人、摁住、欧洲、莲藕、怄气、恶心、西安、俄罗斯、农民、糯米、刀鞘、机械化、街上、解开、牛角、穿鞋、瞎子、底下、吓人、下车、巷子、杏子、咸菜

(2)选取 27 个单字，让发音合作人按平时的发音习惯读出，标记韵母(注：如果这个字发音合作人有两读或三读的情况，将几个韵母都记录下来)。调查字表如下：

得到、品德、戈壁、涩得很、颜色、选择、隔开、请客、这个、一颗星、一棵树、渴了、饿了、白色、一百、小麦、摘掉、拆掉、宽窄、塞住、把脉、眼泪、劳累、种类、木垒、光明磊落、打雷

(二)词汇调查

陈汝立、周磊、王燕编纂的《新疆汉语方言词典》收集了有关新疆汉语方言词汇 3000 余条。董印其所著的《新疆汉语方言研究》的词汇部分通过调查列举了大量新疆汉语方言词汇。曾缇参照中国社会科学院语言研究所方言组所编制的《方言调查词汇表》(《方言》1981 年第 3 期)的体系，对奇台方言词汇进行了调查，并增补了大量《方言调查词汇表》之外的奇台方言词汇，共收录 5880 个词条，分为 28 类。在词汇变异调查部分，首先，本书以上述方言词汇作为语料来源，从中选取了 11 类共计 220 个方言词汇，选取 3 位常年居住于奇台县的方言母语人进行了预调查，剔除了 2 人以上不知晓的方言词汇。其次，将剔除后剩余的 141 个词汇作为具有代表性的方言词汇，调查知晓情况与使用情况，内容涵盖天文、地理、农事、时令和时间、植物、动物、器具用品、称谓、身体、衣服穿戴、日常生活共 11 个系列。具体调查方言词汇如下：

(1)天文词汇 11 个：老风、晚韶云、呼雷爷、杠、雨星星子、亮明星、冰吊吊子、冷子、拉雾、扬风搅雪、溅湿了

(2)地理词汇10个:滢土、沙窝子、缁泥、砖包皮、笪坡子、捷路、东帮个、咋咋些、地上、高头

(3)农事词汇12个:刨锄、镘叶子、水缸子、涝坝、麻绳子、笤帚疙瘩、抬笆子、尖子、摇把子、圈子、仓子、机子

(4)时间、时令词汇10个:三十黑里、那乎子、年巴、夜天、赶早、一外夕、这乎子、将头、一阵阵、一老

(5)植物词汇11个:树秧子、皮牙子、葱秧子、洋柿子、包包菜、黄萝卜、果子、月菊花儿、狗尿苔、刺牙子、地藻儿

(6)动物词汇17个:鞠杻、包包吃、吡叫子、黑老哇、雀(qiao)娃子、燕鸡子、长脖子雁、恶老鹰、蛤蟆骨朵子、长虫、花媳妇、扑腾罗罗子、癞瓜子、蛛蛛、刕蝙蝠、麻蛇鼠子、屎爬牛

(7)器具用品词汇15个:胰子、炕围子、画张子、潮脑、碟碟子、折页子、蒸把子、气揣子、电把子、车子、搓板子、溜子、雾土子水、帕帕子、风呼噜

(8)称谓词汇17个:月婆子、大肚子、半克子、要搭吃、户儿家、贼娃子、二转子、结壳子、背锅子、犟板筋、双双、货郎子、外爷、外奶、大(爹)、娃子、丫头子

(9)身体词汇14个:天门梁、眼眨毛、牙叉骨、鬓肩、围围子、风旋皮、波膝盖子、胳涝洼、牙花子、咽舌子、眼角屎、沟蛋子、肚母脐子、比斗

(10)衣服穿戴词汇12个:皮褂子、撩襟、皮窝子、搐褡子、主腰子、汗褂子、褙子、耳坠子、围脖子、涎水帘帘子、裤袋绳、尿切子

(11)日常生活等词汇12个:缭、嚷仗、打锤、尿獗、恶嗦、喧慌儿、浪门、涮嘴、藏道道家、猜话、搞娃娃、粮折子

(三)语法调查

本部分设计了奇台话中比较典型的三个语法变项:(1)介词:赶。(2)连词:连。(3)连词:带……带……

第三章　语言习得及语言能力

语言生活，又称为“语言状况”，它集语言使用、语言学习、语言态度于一体，其研究范围可大可小，国家、民族、家庭、个人都在其研究范围之内。① 做好某一地区的语言状况调查是合理进行语言规划、科学制定语言政策的依据，对大城市这样，对小县城亦如此。对语言成分变异的考察属于微观层面，对语言生活状况的考察属于宏观层面，宏观的语言环境中蕴藏着微观的语言变异。只有将宏观语言生活状况调查与微观语言变异的考察结合起来才能更好地反映一个地区的语言生活的全貌。语言习得及语言能力是考察语言状况时必须要考察的内容之一。本章以奇台县城乡居民为考察对象，通过具体的调查数据分析其语言习得和语言能力情况。

第一节　样本分布

许多社会研究者希望通过对某一社会现象的总体或某一类人的总体进行描述和研究。虽然对这些总体中的每一个元素或个体均进行研究，理所当然是最为全面的，但实现起来往往是不现实的。因此，如何从总体中选择具有代表性的一部分个体成为摆在社会研究者面前亟须解决的主要问题之一。社会研究者充分借助统计学与概率论建立起来的抽样方法与理论使这一问题得到有效解决。② “在研究的过程中，为了了解研究对象的某些特征，往往从整体中抽出部分个体作为资料对整体进行分析。这种从整体中抽出部分个体的过程被称为‘抽样’，所抽得的部分称为‘样本’或‘子样’。或者说抽样就是在某一

① 参见谢俊英：《语言生活与语言变异——河间方言的社会语言学研究》，中国社会科学出版社 2013 年版，第 28 页。

② 参见风笑天：《社会学研究方法》，中国人民大学出版社 2009 年版，第 116 页。

范围内抽取少量样本，而这一范围就是研究的对象，叫做整体或全域。”①

社会语言学研究中常用的抽样方法有两类：一类是概率抽样，又称“随机抽样”；另一类是非概率抽样，又称“目的抽样”。本次调查的语言生活部分，采用概率抽样中的分层抽样。按照本次研究的调查研究方案设计，实际调查样本量为335人，有效样本量为312人，样本有效率约为93%。样本具体分布见表3-1。

表3-1　　样本分布情况统计②

背景	选项	样本数	百分比	背景	选项	样本数	百分比
居住地	县城	217	69.6	出生地	县城	95	30.4
	农村	95	30.4		农村	217	69.6
性别	男性	154	49.4	是否有外地三年以上生活经历	是	138	44.2
	女性	158	50.6		否	174	55.8
年龄段	20岁以下	69	22.1	职业	农牧业生产人员	22	7.1
	20～30岁	82	26.3		企业工人	18	5.8
	31～40岁	56	17.9		教师	35	11.2
	41～50岁	60	19.2		教师以外的专业技术人员	54	17.3
	50岁以上	45	14.4		公务员	51	16.3
受教育程度	小学及以下	33	10.6		公司职员	19	6.1
	初中	58	18.6		商业、服务业人员	32	10.3
	高中（技校、中专）	53	17.0		在读学生	67	21.5
	大专	83	26.6		其他人员	14	4.5
	本科及以上	85	27.2				

① 张廷国、郝树壮：《社会语言学研究方法的理论与实践》，第116页。

② 样本数单位为“人”，百分比单位为“%”，以下不再另注。由于本书中统计百分比时采用的是四舍五入的方法，所以有的数据相加有可能出现不是恰好等于百分之百的情况。以上两种情况，下文不再标注。

一、样本的年龄分布

调查样本涵盖5个年龄段，20～30岁的人数最多，50岁以上的人数最少，20岁以下基本上以在读学生为主。

二、样本的性别分布

调查样本中男女性别差异不大，比例均衡。

三、样本的出生地分布

样本的出生地差异较大，县城出生的占30.4%，农村出生的占69.6%。

四、样本的居住地分布

样本的居住地差异较大，县城居住的占69.6%，农村居住的占30.4%。这个数据恰好反映出城镇化进程逐步缩小了城乡差距，加速了人口流动，越来越多的农村人有机会离开农村进入城市，实现身份的转变，这在以前是无法想象的事情。

五、样本的受教育程度分布

样本的受教育程度中，小学及以下程度的占比为10.6%，初中、高中（中专、技校）合计的比例为35.6%。结合年龄来分析样本的受教育程度（见表3-2），小学及以下程度中，除去20岁以下人群外，以50岁以上的人居多。初中程度中，除去20岁以下人群外，占比较多的是50岁以上、41～50岁两个年龄段。高中（中专、技校）程度中，除去50岁以上人群，其余4个年龄段分布比例比较均匀。大专程度中，20～30岁、31～40岁、41～50岁3个年龄段比例都较高。本科及以上程度中，20～30岁、31～40岁两个年龄段的占比较高。

表3-2　受教育程度与年龄段交叉表

<table>
<tr><td colspan="3" rowspan="2"></td><td colspan="5">年龄段</td><td rowspan="2">合计</td></tr>
<tr><td>20岁以下</td><td>20～30岁</td><td>31～40岁</td><td>41～50岁</td><td>50岁以上</td></tr>
<tr><td rowspan="4">受教育程度</td><td rowspan="2">小学及以下</td><td>样本数</td><td>23</td><td>1</td><td>0</td><td>2</td><td>7</td><td>33</td></tr>
<tr><td>百分比</td><td>33.8</td><td>1.2</td><td>0.0</td><td>3.3</td><td>15.6</td><td>10.6</td></tr>
<tr><td rowspan="2">初中</td><td>样本数</td><td>22</td><td>3</td><td>8</td><td>11</td><td>14</td><td>58</td></tr>
<tr><td>百分比</td><td>32.4</td><td>3.7</td><td>14.3</td><td>18.3</td><td>31.1</td><td>18.6</td></tr>
</table>

续表

			年龄段					合计
			20岁以下	20～30岁	31～40岁	41～50岁	50岁以上	
受教育程度	高中(中专、技校)	样本数	14	12	10	14	3	53
		百分比	20.6	14.6	17.9	23.3	6.7	17.0
	大专	样本数	4	34	18	18	9	83
		百分比	5.9	41.5	32.1	30.0	20.0	26.7
	本科及以上	样本数	6	32	20	15	12	85
		百分比	7.4	39.0	35.7	25.0	26.7	27.0
	总计	样本数	69	82	56	60	45	312
		百分比	100.0	100.0	100.0	100.0	100.0	100.0

六、样本的职业分布

由于学生的职业不好界定，故将其单独列为“在读学生”。

样本的职业分布中，在读学生的人数最多，其次是教师以外的专业技术人员和公务员。

七、样本的外出迁徙情况

语言学研究表明，人们是否有外出经历在某种程度上会对其语言使用产生影响。在调查中，我们也考虑到了是否有外地生活3年以上的经历这一因素。调查样本中，有外出学习、工作或打工经历的人占44.2%，这也恰好反映了随着经济的发展，城乡差距日渐缩小，外出求学、工作或打工的机会渐趋增多，人口的跨域流动日益频繁的趋势，这为语言接触、语言变异提供了直接动力。

第二节　语言习得

语言习得(language acquisition)，又译为“语言悉得”(因为此概念与学习无关)，是人类语言发展的必然进程。第一语言习得关系到儿童时代的语言能力发展，而第二语言习得关系到成人语言的发展。历史上，无数语言学家一直强调先天与后天是语言习得的最重要因素。

一、语言习得情况

语言习得主要考察被调查者从小习得母方言与普通话的情况。结合表3-3和图3-1可知：75.6%的被调查者最先习得的是奇台话单语，7.4%的被调查者最先习得的是普通话单语，12.5%的被调查者最先习得的是奇台话和普通话双语，另有少数被调查者最先习得的是普通话与其他方言或者是奇台话与其他方言。由此反映出奇台话在当地具有深厚的语言基础，依然是奇台县县域内人们的主要日常交际语言。这也从侧面印证了在我国广大地区，尤其是在各县市或农村，不管男女老幼，无论从事何种职业，人们从小最先学会的语言依然是当地方言的一种较为普遍的语言现象。此外，从小最先习得普通话单语或普通话与奇台话双语的被调查者也占一定比例，这恰好说明虽然地域方言的影响根深蒂固，但普通话的推广与普及也会在一定程度上改变人们的语言生活，尤其是对青少年来说，他们已然成为使用与推广普通话的生力军。

表3-3　　小时候最先学会的话

小时候最先学会的话（或语言）	样本数	百分比
奇台话	236	75.6
普通话	23	7.4
奇台话、普通话	39	12.5
其他方言	10	3.2
普通话、其他方言	2	0.6
奇台话、其他方言	2	0.6
总计	312	100.0

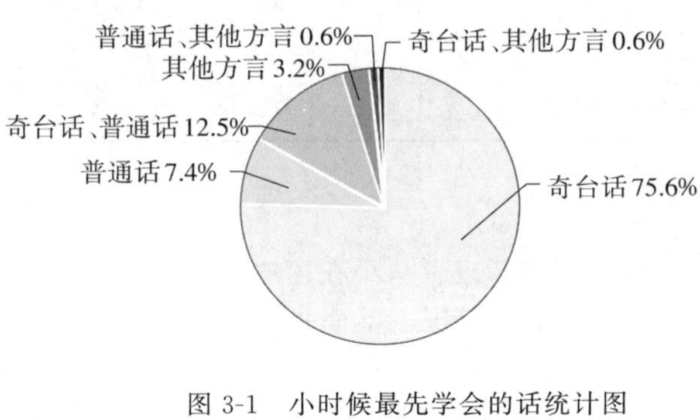

图3-1　小时候最先学会的话统计图

结合年龄段来看，小时候最先学会的话见表3-4。20岁以下年龄段在所有年龄段中最先习得普通话的百分比最高，最先习得奇台话与普通话的百分比也最高。50岁以上年龄段最先习得普通话单语的百分比以及奇台话、普通话双语的百分比均最低。同时，这一年龄段的被调查者最先习得其他方言的百分比最高。在奇台县，年龄稍长一些的人或他们的父母多来自陕西、甘肃等地，奇台话也是在杂糅四方方言的基础上形成的。在访谈中我们了解到，这一年龄段的被调查者最先学会的方言以甘肃话为多，这与移民中的甘肃移民较多是有很大关系的。

表3-4　　年龄与小时候最先学会的话交叉表

			小时候最先学会的话						总计
			奇台话	普通话	奇台话、普通话	其他方言	普通话、其他方言	奇台话、其他方言	
年龄段	20岁以下	样本数	36	13	18	0	2	0	69
		百分比	15.3	56.5	46.2	0.0	100.0	0.0	22.1
	20～30岁	样本数	63	4	15	0	0	0	82
		百分比	26.7	17.4	38.5	0.0	0.0	0.0	26.3
	31～40岁	样本数	46	4	4	1	0	1	56
		百分比	19.5	17.4	10.3	10.0	0.0	50.0	17.9
	41～50岁	样本数	54	2	2	1	0	1	60
		百分比	22.9	8.7	5.1	10.0	0.0	50.0	19.2
	50岁以上	样本数	37	0	0	8	0	0	45
		百分比	15.7	0.0	0.0	80.0	0.0	0.0	14.4
总计		样本数	236	23	39	10	2	2	312
		百分比	100.0	100.0	100.0	100.0	100.0	100.0	100.0

二、语言习得环境

语言习得环境主要考察被调查者从小在家中与父母交流和在学校与老师交流时使用普通话和母方言的情况。下面我们来分析语言习得环境。

(1)小时候，父亲跟您使用的语言或方言(可多选)：奇台话218人，占69.9%；普通话27人，占8.7%；奇台话、普通话31人，占9.9%；其他方言31人，占9.9%；奇台话、其他方言2人，占0.6%；普通话、其他方言3人，占1.0%。

(2)小时候，母亲跟您使用的语言或方言(可多选)：奇台话 213 人，占 68.3%；普通话 31 人，占 9.9%；奇台话、普通话 29 人，占 9.3%；其他方言 30 人，占 9.6%；奇台话、其他方言 6 人，占 1.9%；普通话、其他方言 2 人，占 0.6%；奇台话、普通话、其他方言 1 人，占 0.3%。

以上数据表明，被调查者小时候，父母对其使用的语言或方言的同质性较高，使用奇台话的比例比较高。

(3)上小学时，家乡的老师上课用哪种话(可多选)：奇台话 75 人，占 24.0%；普通话 177 人，占 56.7%；奇台话、普通话 37 人，占 11.9%；老师的家乡话 9 人，占 2.9%；普通话、老师的家乡话 8 人，占 2.6%；奇台话、老师的家乡话 5 人，占 1.6%；无此情况 1 人，占 0.3%。

以上数据表明，除 1 人(没上过学)外，被调查者上小学时老师用普通话授课的比例较高。结合被调查者的年龄进一步做交叉分析后得出：年龄越小，上小学时老师用普通话授课的比例越高；年龄越大，用方言授课的比例越高。20 岁以下的被调查者，其老师授课时使用奇台话的占 4.3%，使用普通话的占 78.3%，兼用奇台话、普通话的占 14.5%，使用老师的家乡话的为零。50 岁以上的被调查者，其老师授课时使用奇台话的占 48.9%，使用普通话的占 15.6%，兼用奇台话和普通话的占 11.1%，使用老师的家乡话的占 15.6%。前后几十年的对比也反映出普通话在奇台县教育教学语言中分量越来越重的变化趋势。

第三节　语言能力

语言能力是一个人在日常生活中参与社会交际、管理社会事务的基本能力，是一个国家、民族、地区、社群内部及其之间进行交流沟通的基本保证。作为语言生活的一个必备要素，研究某一区域的语言生活，就必须对这一区域内人们所具有的语言能力进行研究。[①] 语言能力部分涉及的内容有两个：一是现在能用哪些话(或语言)与人交流，二是普通话的程度如何。

一、能用哪些话(或语言)与人交流的基本数据

如表 3-5 所示，仅能用奇台话与人交流的比例为 13.1%，能用普通话与人交流的比例为 8.0%，能兼用奇台话与普通话的比例最高，达到了 76.0%。此外，还

① 参见谢俊英：《语言生活与语言变异——河间方言的社会语言学研究》，第 32 页。

有少量被调查者能同时使用“奇台话、其他方言”“奇台话、普通话、其他方言”“普通话、其他方言”与人交流。还有 0.6%的被调查者会说奇台话、普通话、外语。由以上数据可知，奇台居民中同时具备方言与普通话双语能力的人越来越多，只有少部分人依然固守方言，更多人的普通话能力日渐增强，尤其是年轻一代。

表 3-5　　能用哪些话(或语言)与人交流基本数据

会说的话(或语言)	样本数	百分比
奇台话	41	13.1
普通话	25	8.0
奇台话、普通话	237	76.0
奇台话、其他方言	3	1.0
奇台话、普通话、其他方言	3	1.0
普通话、其他方言	1	0.3
奇台话、普通话、外语	2	0.6
总计	312	100.0

二、能用哪些话(或语言)与人交流及影响因素分析

卡方检验的方法常被用来检验样本分布与理论或理想中假设的样本分布是否存在显著差异。为了验证不同社会变量对能用哪些话(或语言)与人交流是否具有显著的影响，我们对其进行了交叉卡方检验。如表 3-6 统计分析结果显示：能用哪些话(或语言)与人交流受到年龄、性别、出生地、职业、是否有外出经历几个因素的影响显著，而在居住地和受教育程度两个因素上影响不显著。

表 3-6　　能用哪些话(或语言)与人交流及影响因素交叉分析差异显著性统计表

相关因素	V 值[①]	P 值[②]
能用哪些话与人交流 * 年龄	0.243	0.000
能用哪些话与人交流 * 性别	0.191	0.033
能用哪些话与人交流 * 出生地	0.213	0.008

① V 值是指卡方检验中的 Cramer's V 值，它是衡量交叉关系强弱的一个指标，数值小于 0.1 说明关系不紧密。以下相同，不再做注释。

② P 值即 sig 值，sig 值小于 0.05 时表明有显著差异。以下相同，不再做注释。

续表

相关因素	V 值	P 值
能用哪些话与人交流 * 居住地	0.117	0.117
能用哪些话与人交流 * 受教育程度	0.123	0.422
能用哪些话与人交流 * 职业	0.289	0.000
能用哪些话与人交流 * 是否有外出经历	0.206	0.009

下面将对能用哪些话(或语言)与人交流影响显著的因素逐一进行分析。

(一)年龄与能用哪些话(或语言)与人交流

年龄是影响语言能力的一个最为明显的影响因素。一般认为学习与掌握语言的能力与年龄成反比,年龄越大学习掌握语言的能力就越差,反之越强。青少年时期也是学习与掌握语言的黄金时期。我们的调查数据也刚好印证了这一说法。通过分析表 3-7 可以看出:20 岁以下的被调查者会说普通话单语的比例最高,仅会说奇台话单语的比例最低。50 岁以上的被调查者仅会说普通话单语的比例最低,只会说奇台话单语的比例最高。20～30 岁的被调查者兼用奇台话与普通话的比例最高,50 岁以上的被调查者兼用奇台话与普通话的比例最低。

表 3-7　　能用哪些话(或语言)与人交流和年龄段交叉表

			年龄段					总计
			20 岁以下	20～30 岁	31～40 岁	41～50 岁	50 岁以上	
能用哪些话(或语言)与人交流	奇台话	样本数	1	5	7	11	17	41
		百分比	1.4	6.1	12.5	18.3	37.8	13.1
	普通话	样本数	14	3	4	3	1	25
		百分比	20.3	3.7	7.1	5.0	2.2	8.0
	奇台话、普通话	样本数	50	74	44	44	25	237
		百分比	72.5	90.2	78.6	73.3	55.6	76.0
	奇台话、其他方言	样本数	0	0	1	0	2	3
		百分比	0.0	0.0	1.8	0.0	4.4	1.0
	奇台话、普通话、其他方言	样本数	2	0	0	1	0	3
		百分比	2.9	0.0	0.0	1.7	0.0	1.0

续表

<table>
<tr><td colspan="3" rowspan="2"></td><td colspan="5">年龄段</td><td rowspan="2">总计</td></tr>
<tr><td>20 岁以下</td><td>20～30 岁</td><td>31～40 岁</td><td>41～50 岁</td><td>50 岁以上</td></tr>
<tr><td rowspan="4">能用哪些话(或语言)与人交流</td><td rowspan="2">普通话、其他方言</td><td>样本数</td><td>1</td><td>0</td><td>0</td><td>0</td><td>0</td><td>1</td></tr>
<tr><td>百分比</td><td>1.4</td><td>0.0</td><td>0.0</td><td>0.0</td><td>0.0</td><td>0.3</td></tr>
<tr><td rowspan="2">普通话、奇台话、外语</td><td>样本数</td><td>1</td><td>0</td><td>0</td><td>1</td><td>0</td><td>2</td></tr>
<tr><td>百分比</td><td>1.4</td><td>0.0</td><td>0.0</td><td>1.7</td><td>0.0</td><td>0.6</td></tr>
<tr><td colspan="2" rowspan="2">总计</td><td>样本数</td><td>69</td><td>82</td><td>56</td><td>60</td><td>45</td><td>312</td></tr>
<tr><td>百分比</td><td>100.0</td><td>100.0</td><td>100.0</td><td>100.0</td><td>100.0</td><td>100.0</td></tr>
</table>

为方便做图,我们在折线图中只统计使用奇台话、普通话、奇台话与普通话三种具有典型性的情况,其他四种使用情况由于人数较少,不具有典型意义,在图中不显现。图 3-2 较为清晰直观地显示出不同年龄段的被调查者语言能力的显著性差异。总体来看,年龄越大,只能使用奇台话与人交流的比例越高。在普通话的使用上,20 岁以下被调查者的比例最高,其次是 31～40 岁、41～50 岁、20～30 岁的被调查者,50 岁以上被调查者的比例最低。在兼用奇台话与普通话上,20～30 岁被调查者的比例最高,31～40 岁、41～50 岁、20 岁以下紧随其后,比例最低的是 50 岁以上的被调查者。

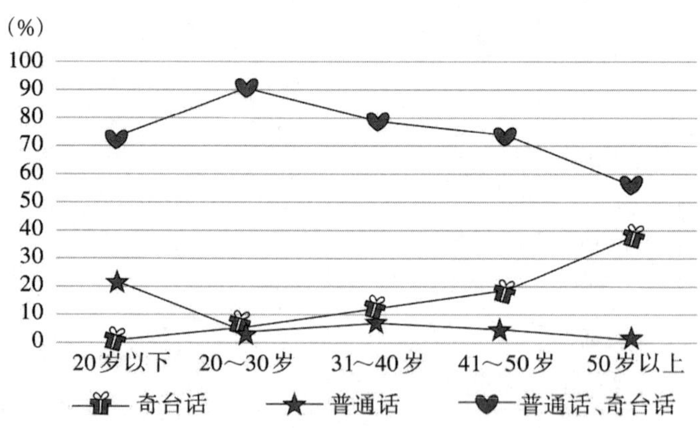

图 3-2 年龄段与能用哪些话(或语言)与人交流统计图

(二)性别与能用哪些话(或语言)与人交流

“男女在语言的结构形式或使用上有差异。拉波夫断言,所有的调查结果都证明,妇女的言语比男子更接近社会上威信较高的语言形式。”[①]通过分析表3-8可以看出:男性被调查者仅会说奇台话的比例明显高于女性,但女性被调查者仅会说普通话以及兼用奇台话与普通话的比例均高于男性。可见,即使在较为偏远的西北部地区,男女在语言能力上的差异也表现得较为明显。

表3-8　　能用哪些话(或语言)与人交流与性别交叉表

			性别		合计
			男	女	
能用哪些话(或语言)与人交流	奇台话	样本数	28	13	41
		百分比	18.2	8.2	13.1
	普通话	样本数	12	13	25
		百分比	7.8	8.2	8.0
	奇台话、普通话	样本数	109	128	237
		百分比	70.8	81.0	76.0
	奇台话、其他方言	样本数	1	2	3
		百分比	0.6	1.3	1.0
	奇台话、普通话、其他方言	样本数	3	0	3
		百分比	1.9	0.0	1.0
	普通话、其他方言	样本数	0	1	1
		百分比	0.0	0.6	0.3
	奇台话、普通话、外语	样本数	1	1	2
		百分比	0.6	0.6	0.6
合计		样本数	154	158	312
		百分比	100.0	100.0	100.0

(三)出生地与能用哪些话(或语言)与人交流

通过分析表3-9可以看出,出生地也会对人们的语言交际能力产生影响。出生地在农村的被调查者仅会说奇台话的比例高于县城的被调查者,

① 陈松岑:《语言变异研究》,广东教育出版社1999年版,第155页。

出生地在县城的被调查者会说普通话和兼用奇台话与普通话的比例均高于农村的被调查者。

表 3-9　　能用哪些话(或语言)与人交流与出生地交叉表

			出生地		合计
			县城	农村	
能用哪些话(或语言)与人交流	奇台话	样本数	5	36	41
		百分比	5.3	16.6	13.1
	普通话	样本数	12	13	25
		百分比	12.6	6.0	8.0
	奇台话、普通话	样本数	75	162	237
		百分比	78.9	74.7	76.0
	奇台话、其他方言	样本数	0	3	3
		百分比	0.0	1.4	1.0
	奇台话、普通话、其他方言	样本数	2	1	3
		百分比	2.1	0.5	1.0
	普通话、其他方言	样本数	0	1	1
		百分比	0.0	0.5	0.3
	奇台话、普通话、外语	样本数	1	1	2
		百分比	1.1	0.5	0.6
合计		样本数	95	217	312
		百分比	100.0	100.0	100.0

(四)职业与能用哪些话(或语言)与人交流

鉴于无法将学生进行职业归类,我们将学生单列为“在读学生”组进行分析。分析表 3-10 可知,农牧业生产人员、企业工人只会说奇台话单语的比例远高于其他职业。从只使用普通话单语来看,学生的人数最多,其次是教师。从兼用奇台话与普通话双语来看,比例最高的是教师以外的专业技术人员,其次是商业、服务业人员,占比最低的是农牧业生产人员。能同时使用奇台话、普通话、外语与人交流的 1 人是教师,1 人是学生。总体来看,兼用奇台话与普通话进行交际早已成为一种趋势,除去农牧业生产人员,其他各行业中能用奇台话与普通话进行交流的比例都较高。

表 3-10　　　　能用哪些话(或语言)与人交流与职业交叉表

			职业									合计
			农牧业生产人员	企业工人	教师	教师以外的专业技术人员	公务员	公司职员	商业、服务业人员	学生	其他人员	
能用哪些话(或语言)与人交流	奇台话	样本数	12	9	3	3	5	3	4	0	2	41
		百分比	54.5	50.0	8.6	5.6	9.8	15.8	12.5	0.0	14.3	13.1
	普通话	样本数	0	0	6	0	4	1	0	14	0	25
		百分比	0.0	0.0	17.1	0.0	7.8	5.3	0.0	20.9	0.0	8.0
	奇台话、普通话	样本数	6	9	25	51	42	15	28	49	12	237
		百分比	27.3	50.0	71.4	94.4	82.4	78.9	87.5	73.1	85.7	76.0
	奇台话、其他方言	样本数	3	0	0	0	0	0	0	0	0	3
		百分比	13.6	0.0	0.0	0.0	0.0	0.0	0.0	0.0	0.0	1.0
	奇台话、普通话、其他方言	样本数	1	0	0	0	0	0	0	2	0	3
		百分比	4.5	0.0	0.0	0.0	0.0	0.0	0.0	3.0	0.0	1.0
	普通话、其他方言	样本数	0	0	0	0	0	0	0	1	0	1
		百分比	0.0	0.0	0.0	0.0	0.0	0.0	0.0	1.5	0.0	0.3
	奇台话、普通话、外语	样本数	0	0	1	0	0	0	0	1	0	2
		百分比	0.0	0.0	2.9	0.0	0.0	0.0	0.0	1.5	0.0	0.6
合计		样本数	22	18	35	54	51	19	32	67	14	312
		百分比	100.0	100.0	100.0	100.0	100.0	100.0	100.0	100.0	100.0	100.0

(五)是否有外出经历与能用哪些话(或语言)与人交流

我们知道,一个人如果一辈子不离开乡土,语言上自然不会出现问题。一旦背井离乡去外地求学、工作或打工就避免不了需要面对学习普通话或当地方言的问题。我们的调查数据也能反映出外出经历对人们的语言能力带来的影响。表3-11的数据显示：有外出经历的被调查者只使用奇台话的比例远低于没有外出经历的被调查者；在兼用奇台话与普通话的比例上，有外出经历的被调查者明显高于没有外出经历的被调查者。

表3-11　能用哪些话(或语言)与人交流与是否有外出经历交叉表

			是否有外出打工或求学等经历		总计
			否	是	
能用哪些话（或语言）与人交流	奇台话	样本数	31	10	41
		百分比	17.8	7.2	13.1
	普通话	样本数	18	7	25
		百分比	10.3	5.1	8.0
	奇台话、普通话	样本数	119	118	237
		百分比	68.4	85.5	76.0
	奇台话、其他方言	样本数	2	1	3
		百分比	1.1	0.7	1.0
	奇台话、普通话、其他方言	样本数	2	1	3
		百分比	1.1	0.0	1.0
	普通话、其他方言	样本数	1	0	1
		百分比	0.6	0.0	0.6
	奇台话、普通话、外语	样本数	1	1	2
		百分比	0.6	0.7	0.6
总计		样本数	174	138	312
		百分比	100.0	100.0	100.0

三、普通话程度基本情况

分析表3-12、图3-3可以看出，被调查者自报的普通话总体水平中“能熟练使用，但有些音不准”这一程度的百分比最高，“能流利准确地使用”的比例次之。“能熟练使用，但口音较重”和“基本能交谈，但不太熟练”两个程度加起来占到了25.0%。还有7.4%的被调查者属于不会说普通话这一类。总体来看，虽然被调查者自报“能流利准确地使用”的人数占到了32.7%，但从实际交谈中得知，相当一部分被调查者的普通话水平处于“地方普通话”水平。长期养成的声韵调发音习惯，使一部分人对自己的发音问题习焉不察。

表 3-12　　普通话程度基本数据

		人数	百分比
普通话程度	能流利准确地使用	102	32.7
	能熟练使用，但有些音不准	109	34.9
	能熟练使用，但口音较重	43	13.8
	基本能交谈，但不太熟练	35	11.2
	能听懂，但不太会说	14	4.5
	能听懂一些，但不会说	9	2.9
	听不懂，也不会说	0	0
	总计	312	100.0

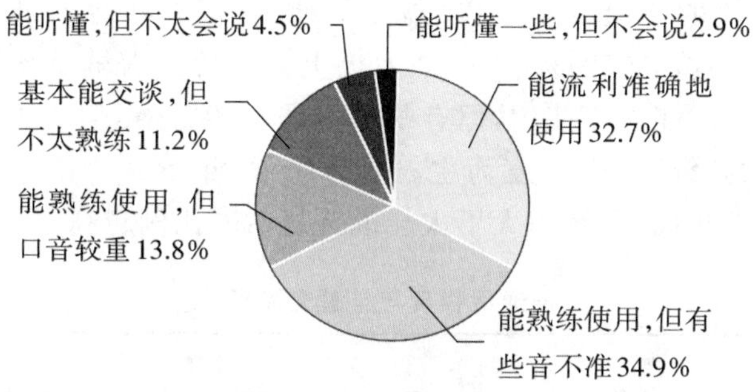

图 3-3　普通话程度统计图

四、普通话程度与影响因素分析

为了考察哪些社会因素会对被调查者的普通话程度产生显著影响，我们又对普通话程度与社会因素进行了交叉卡方检验。分析表 3-13 可知：年龄、性别、出生地、居住地、受教育程度、职业、是否有外出经历几个因素均对普通话程度有显著影响。下面将对这些影响因素逐一分析。

表 3-13　普通话程度与影响因素交叉分析差异显著性统计分析表

相关因素	V 值	P 值
普通话程度 * 年龄	0.346	0.000
普通话程度 * 性别	0.215	0.013
普通话程度 * 出生地	0.274	0.001
普通话程度 * 居住地	0.247	0.003
普通话程度 * 受教育程度	0.260	0.000
普通话程度 * 职业	0.347	0.000
普通话程度 * 是否有外出经历	0.289	0.000

(一)年龄与普通话程度

表 3-14 显示,年龄与普通话程度紧密相关。20 岁以下、20～30 岁这两个年龄段的普通话水平集中于“能流利准确地使用”“能熟练使用,但有些音不准”这两个程度。31～40 岁年龄段的普通话水平集中于“能流利准确地使用”“能熟练使用,但有些音不准”“能熟练使用,但口音较重”这三个程度。41～50 岁年龄段的普通话水平以“能熟练使用,但有些音不准”“基本能交谈,但不太熟练”这两个程度为主;50 岁以上年龄段的普通话水平分布比较分散,但基本上以“能熟练使用,但有些音不准”“能听懂,但不太会说”“基本能交谈,但不太熟练”三个程度为主。总体来说,年龄越小能准确流利地使用普通话的比例越高,年龄越大不太会说普通话的比例越高。

表 3-14　普通话程度与年龄交叉表

			年龄					合计
			20 岁以下	20～30 岁	31～40 岁	41～50 岁	50 岁以上	
普通话程度	能流利准确地使用	样本数	47	33	11	7	4	102
		百分比	68.1	40.2	19.6	11.7	8.9	32.7
	能熟练使用,但有些音不准	样本数	14	34	22	27	12	109
		百分比	20.3	41.5	39.3	45.0	26.7	34.9
	能熟练使用,但口音较重	样本数	7	11	15	6	4	43
		百分比	10.1	13.4	26.8	10.0	8.9	13.8

续表

			年龄					合计
			20岁以下	20～30岁	31～40岁	41～50岁	50岁以上	
普通话程度	基本能交谈，但不太熟练	样本数	1	4	7	14	9	35
		百分比	1.4	4.9	12.5	23.3	20.0	11.2
	能听懂，但不太会说	样本数	0	0	0	3	11	14
		百分比	0.0	0.0	0.0	5.0	24.4	4.5
	能听懂一些，但不会说	样本数	0	0	1	3	5	9
		百分比	0.0	0.0	1.8	5.0	11.1	2.9
合计		样本数	69	82	56	60	45	312
		百分比	100.0	100.0	100.0	100.0	100.0	100.0

(二)性别与普通话程度

分析表3-15可知,男性与女性的普通话程度表现出明显差异。在“能流利准确地使用”“能熟练使用,但有些音不准”这两个程度上,女性的百分比均高于男性。其余四个程度上,男性略高于女性。

表3-15　　普通话程度与性别交叉表

			性别		合计
			男	女	
普通话程度	能流利准确地使用	样本数	41	61	102
		百分比	26.6	38.6	32.7
	能熟练使用，但有些音不准	样本数	49	60	109
		百分比	31.8	38.0	34.9
	能熟练使用，但口音较重	样本数	26	17	43
		百分比	16.9	10.8	13.8
	基本能交谈，但不太熟练	样本数	24	11	35
		百分比	15.6	7.0	11.2
	能听懂，但不太会说	样本数	7	7	14
		百分比	4.5	4.4	4.5

续表

			性别		合计
			男	女	
普通话程度	能听懂一些，但不会说	样本数	7	2	9
		百分比	4.5	1.3	2.9
合计		样本数	154	158	312
		百分比	100.0	100.0	100.0

(三)出生地与普通话程度

分析表 3-16 可知，出生地在县城与农村的被调查者的普通话程度具有明显差异。在“能流利准确地使用”和“能熟练使用，但有些音不准”这两个程度上，县城的百分比明显高于农村。“听不懂，也不会说”这一程度上，城乡均为零。其余四个程度上，农村的比例均高于县城。

表 3-16　　普通话程度与出生地交叉表

			出生地		合计
			县城	农村	
普通话程度	能流利准确地使用	样本数	45	57	102
		百分比	47.4	26.3	32.7
	能熟练使用，但有些音不准	样本数	36	73	109
		百分比	37.9	33.6	34.9
	能熟练使用，但口音较重	样本数	4	39	43
		百分比	4.2	18.0	13.8
	基本能交谈，但不太熟练	样本数	6	29	35
		百分比	6.3	13.4	11.2
	能听懂，但不太会说	样本数	2	12	14
		百分比	2.1	5.5	4.5
	能听懂一些，但不会说	样本数	2	7	9
		百分比	2.1	3.2	2.9
合计		样本数	95	217	312
		百分比	100.0	100.0	100.0

(四)居住地与普通话程度

分析表 3-17 可知,居住地在县城与农村的被调查者的普通话程度差异也较大。在“能流利准确地使用”“能熟练使用,但有些音不准”和“基本能交谈,但不太熟练”这三个程度上,县城的百分比均高于农村。在“能熟练使用,但口音较重”“能听懂,但不太会说”“能听懂一些,但不会说”这三个程度上,农村的百分比高于县城。

表 3-17　　普通话程度与居住地交叉表

<table>
<tr><td colspan="3" rowspan="2"></td><td colspan="2">居住地</td><td rowspan="2">合计</td></tr>
<tr><td>县城</td><td>农村</td></tr>
<tr><td rowspan="12">普通话程度</td><td rowspan="2">能流利
准确地使用</td><td>样本数</td><td>73</td><td>29</td><td>102</td></tr>
<tr><td>百分比</td><td>33.6</td><td>30.5</td><td>32.7</td></tr>
<tr><td rowspan="2">能熟练使用,
但有些音不准</td><td>样本数</td><td>82</td><td>27</td><td>109</td></tr>
<tr><td>百分比</td><td>37.8</td><td>28.4</td><td>34.9</td></tr>
<tr><td rowspan="2">能熟练使用,
但口音较重</td><td>样本数</td><td>29</td><td>14</td><td>43</td></tr>
<tr><td>百分比</td><td>13.4</td><td>14.7</td><td>13.8</td></tr>
<tr><td rowspan="2">基本能交谈,
但不太熟练</td><td>样本数</td><td>26</td><td>9</td><td>35</td></tr>
<tr><td>百分比</td><td>12.0</td><td>9.5</td><td>11.2</td></tr>
<tr><td rowspan="2">能听懂,
但不太会说</td><td>样本数</td><td>4</td><td>10</td><td>14</td></tr>
<tr><td>百分比</td><td>1.8</td><td>10.5</td><td>4.5</td></tr>
<tr><td rowspan="2">能听懂一些,
但不会说</td><td>样本数</td><td>3</td><td>6</td><td>9</td></tr>
<tr><td>百分比</td><td>1.4</td><td>6.3</td><td>2.9</td></tr>
<tr><td colspan="2" rowspan="2">合计</td><td>样本数</td><td>217</td><td>95</td><td>312</td></tr>
<tr><td>百分比</td><td>100.0</td><td>100.0</td><td>100.0</td></tr>
</table>

(五)受教育程度与普通话程度

分析表 3-18 可知,普通话程度在不同受教育程度的分布上差异也较明显。本科及以上程度的被调查者在“能流利准确地使用”这一程度上的百分比最高。大专程度的被调查者在“能熟练使用,但有些音不准”这一程度上的百分比最高。初中程度的被调查者在后三个程度上的百分比较高,小学及以下程度的被调查者在后两个程度的百分比较高。

表 3-18　　普通话程度与受教育程度交叉表

			受教育程度					合计
			小学及以下	初中	高中（中专、技校）	大专	本科及以上	
普通话程度	能流利准确地使用	样本数	21	16	14	21	30	102
		百分比	20.6	15.7	13.7	20.6	29.4	100.0
	能熟练使用，但有些音不准	样本数	2	9	17	44	37	109
		百分比	1.8	8.3	15.6	40.4	33.9	100.0
	能熟练使用，但口音较重	样本数	1	9	14	9	10	43
		百分比	2.3	20.9	32.6	20.9	23.3	100.0
	基本能交谈，但不太熟练	样本数	2	15	5	9	4	35
		百分比	5.7	42.9	14.3	25.7	11.4	100.0
	能听懂，但不太会说	样本数	5	6	1	0	2	14
		百分比	35.7	42.9	7.1	0.0	14.3	100.0
	能听懂一些，但不会说	样本数	2	3	2	0	2	9
		百分比	22.2	33.3	22.2	0.0	22.2	100.0
合计		样本数	33	58	53	83	85	312
		百分比	10.6	18.6	17.0	26.6	27.2	100.0

(六)职业与普通话程度

分析表 3-19 可知，普通话程度在不同职业的分布上也呈现出较大的差异。在读学生和教师在“能流利准确地使用”这一程度上的百分比较高。公务员、公司职员、教师以外的专业技术人员在“能熟练使用，但有些音不准”这一程度上的百分比较高。农牧业生产人员的普通话水平大多集中于“基本能交谈，但不太熟练”“能听懂，但不太会说”“能听懂一些，但不会说”三个程度。

表 3-19　　　　　　　普通话程度与职业交叉表

			职业									合计
			农牧业生产人员	企业工人	教师	教师以外的专业技术人员	公务员	公司职员	商业、服务业人员	学生	其他人员	
普通话程度	能流利准确地使用	样本数	0	1	19	14	11	5	4	47	1	102
		百分比	0.0	5.6	54.3	25.9	21.6	26.3	12.5	70.1	7.1	32.7
	能熟练使用，但有些音不准	样本数	2	7	10	24	26	9	11	14	6	109
		百分比	9.1	38.9	28.6	44.4	51.0	47.4	34.4	20.9	42.9	34.9
	能熟练使用，但口音较重	样本数	3	2	4	9	7	1	7	5	5	43
		百分比	13.6	11.1	11.4	16.7	13.7	5.3	21.9	7.5	35.7	13.8
	基本能交谈，但不太熟练	样本数	5	4	2	6	3	4	9	1	1	35
		百分比	22.7	22.2	5.7	11.1	5.9	21.1	28.1	1.5	7.1	11.2
	能听懂，但不太会说	样本数	7	3	0	0	2	0	1	0	1	14
		百分比	31.8	16.7	0.0	0.0	3.9	0.0	3.1	0.0	7.1	4.5
	能听懂一些，但不会说	样本数	5	1	0	1	2	0	0	0	0	9
		百分比	22.7	5.6	0.0	1.9	3.9	0.0	0.0	0.0	0.0	2.9
合计		样本数	22	18	35	54	51	19	32	67	14	312
		百分比	100.0	100.0	100.0	100.0	100.0	100.0	100.0	100.0	100.0	100.0

(七)是否有外出经历与普通话程度

分析表3-20可知,是否有外出经历对被调查者的普通话程度具有显著影响。在“能流利准确地使用”和“能熟练使用,但有些音不准”这两个程度上,有外出经历者的百分比高。而后四个程度中,没有外出经历者的百分比高。由此可以反映出人口的跨域流动对人们普通话程度的提升具有明显的作用。与没有外出经历者相比,有外出经历的人更容易扩大自己的普通话交际圈,在日常交流中会更加重视自己的普通话发音。

表3-20　　普通话程度与是否有外出经历交叉表

			是否有外出打工或求学等经历		合计
			否	是	
普通话程度	能流利准确地使用	样本数	51	51	102
		百分比	29.3	37	32.7
	能熟练使用,但有些音不准	样本数	52	57	109
		百分比	29.9	41.3	34.9
	能熟练使用,但口音较重	样本数	26	17	43
		百分比	14.9	12.3	13.8
	基本能交谈,但不太熟练	样本数	23	12	35
		百分比	13.2	8.7	11.2
	能听懂,但不太会说	样本数	14	0	14
		百分比	8.0	0.0	4.5
	能听懂一些,但不会说	样本数	8	1	9
		百分比	4.6	0.7	2.9
合计		样本数	174	138	312
		百分比	100.0	100.0	100.0

第四节　普通话学习情况

语言学习、语言能力、语言使用都是语言生活的重要组成部分,三者关系非常密切。在中国,国家通用语言文字是普通话和规范汉字。在我国许多方言区,地域方言是人们日常交际中的首选工具,普通话的掌握往往是靠后天学习才实现的。我们这里说的语言学习即指普通话的学习。本部分主要通过分析普通话学习途径、普通话学习动机、普通话学习障碍来考察奇台县居民的普通话学习情况。

一、普通话学习途径

(一)普通话学习途径的基本情况

下面来分析一下被调查者学习普通话的途径,统计时我们将多选计入不同选项中。分析表 3-21、图 3-4 可知,被调查者学习普通话的最基本的两个途径是"学校学习"和"受周围人影响",其次是"看电视、听广播"。此外,"受家里人影响"也是一个重要途径。有 23 人选择了"无此情况",这一部分被调查者主要集中在 41～50 岁、50 岁以上两个年龄段,以 50 岁以上者居多。他们平时不说普通话,也就谈不上对普通话学习途径的选择了。

表 3-21　　学习普通话的途径

		回应	
		样本数	百分比
学习普通话的途径	学习普通话的途径 * 学校学习	205	35.0
	学习普通话的途径 * 培训班学习	27	4.6
	学习普通话的途径 * 看电视、听广播	101	17.2
	学习普通话的途径 * 受家里人影响	59	10.1
	学习普通话的途径 * 受周围人影响	169	28.8
	学习普通话的途径 * 其他	2	0.3
	学习普通话的途径 * 无此情况	23	3.9
合计		586	100.0

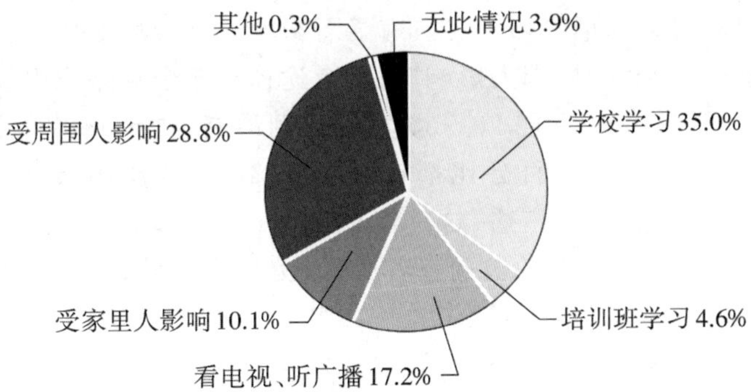

图 3-4　普通话学习途径统计图

(二)普通话学习途径的社会因素分析

接下来分析普通话的学习途径在不同社会因素的分布上有无明显差异性(见表 3-22 和表 3-23)。

表 3-22　　普通话学习途径加权频率统计表

	观察 N[①]	预期为 N	残差
学校学习	205	93.8	111.2
培训班学习	27	93.8	−66.8
看电视、听广播	101	93.8	7.2
受家里人影响	59	93.8	−34.8
受周围人影响	169	93.8	75.2
其他	2	93.8	−91.8
合计	563		

表 3-23　　普通话学习途径卡方检验结果

	学习途径
卡方	342.872a[②]
df	5
渐进显著性	0.000

分析表 3-22 可知,通过对普通话学习途径的 6 个选项被选中的频率进行加权处理,得出被调查者对这 6 个学习途径选项的选择频次存在着显著差异。下面逐一进行分析:

1. 年龄与普通话学习途径

通过分析表 3-24 可知,经费雪精确检验,精确显著性值为 0.000,小于 0.05,说明年龄对普通话学习途径具有显著影响。结合表 3-25 来分析,整体来看,“学校学习”和“受周围人影响”这两个途径在 5 个年龄段中的占比都较高。“学校学习”这一途径上,20～30 岁的比例最高,41～50 岁的比例最低。“培训班学习”这一途径的百分比都较低,31～40 岁的比例最高,20 岁以下的比例最低。“看电视、听广播”这一途径上,41～50 岁的比例最高,20～30 岁的比例最低。20 岁以下的被调查者通过“受家里人影响”这一途径学习普通话的比例最高,也从侧面印证了这一年龄段的被调查者的家人使用普通

① N 为选择次数,以下相同,不再做注释。

② 有 0 个储存格(0.0%)其期望频率小于 5。最小期望储存格频率为 93.8。

话的比率也比较高这一事实。各年龄段通过“受周围人影响”这一途径学习普通话的比例都不低，最明显的是41～50岁这一年龄段，更加印证了现如今普通话对人们语言生活的影响力越来越强的事实。

表3-24　　普通话学习途径与年龄的卡方检验结果

	数值	df	渐进显著性(2端)	精确显著性(2端)
皮尔逊卡方	32.814a①	20	0.035	0.035
概似比	31.951	20	0.044	0.000
费雪精确检验	0.000			0.000
有效观察值个数	563			

表3-25　　普通话学习途径与年龄交叉表

			年龄					合计
			20岁以下	20～30岁	31～40岁	41～50岁	50岁以上	
普通话学习的途径	学校学习	样本数	54	70	38	27	16	205
		百分比	37.2	43.5	34.2	27.8	32.7	36.4
	培训班学习	样本数	4	7	9	4	3	27
		百分比	2.8	4.3	8.1	4.1	6.1	4.8
	看电视、听广播	样本数	21	23	21	26	10	101
		百分比	14.5	14.3	18.9	26.8	20.4	17.9
	受家里人影响	样本数	27	10	11	6	5	59
		百分比	18.6	6.2	9.9	6.2	10.2	10.5
	受周围人影响	样本数	39	50	31	34	15	169
		百分比	26.9	31.1	27.9	35.1	30.6	30.0
	其他	样本数	0	1	1	0	0	2
		百分比	0.0	0.6	0.9	0.0	0.0	0.4
合计		样本数	145	161	111	97	49	563
		百分比	100.0	100.0	100.0	100.0	100.0	100.0

2.性别与普通话学习途径

通过分析表3-26可知，经费雪精确检验，精确显著性值为0.117，大于0.05，说明不同性别的被调查者在学习普通话的途径方面并无显著性差异，

① 7资料格(23.3%)预期计数小于5。预期的计数下限为0.17。

男女学习普通话的途径差异不大。

表 3-26　　普通话学习途径与性别卡方检验结果

	数值	df	渐进显著性(2 端)	精确显著性(2 端)
皮尔逊卡方	8.857a①	5	0.115	0.105
概似比	9.680	5	0.085	0.096
费雪精确检验	8.405			0.117
有效观察值个数	563			

3. 出生地与普通话学习途径

通过分析表 3-27 可知，经费雪精确检验，精确显著性值为 0.668，大于 0.05，说明不同出生地的被调查者在学习普通话的途径方面不存在显著性差异，县城出生和农村出生的被调查者在学习普通话的途径上差异不大。

表 3-27　　普通话学习途径与出生地卡方检验结果

	数值	df	渐进显著性(2 端)	精确显著性(2 端)
皮尔逊卡方	3.525a②	5	0.620	0.629
概似比	4.176	5	0.524	0.586
费雪精确检验	3.235			0.668
有效观察值个数	563			

4. 居住地与普通话学习途径

通过分析表 3-28 可知，经费雪精确检验，精确显著性值为 0.547，大于 0.05，说明不同居住地的被调查者在学习普通话的途径方面不存在显著性差异。居住在县城和农村的被调查者在学习普通话的途径上差异不大。

表 3-28　　普通话学习途径与居住地卡方检验结果

	数值	df	渐进显著性(2 端)	精确显著性(2 端)
皮尔逊卡方	4.370a③	5	0.497	0.487
概似比	4.831	5	0.437	0.468
费雪精确检验	3.906			0.547
有效观察值个数	563			

① 2 资料格(16.7%)预期计数小于 5。预期的计数下限为 0.89。

② 2 资料格(16.7%)预期计数小于 5。预期的计数下限为 0.69。

③ 2 资料格(16.7%)预期计数小于 5。预期的计数下限为 0.53。

5.受教育程度与普通话学习途径

通过分析表 3-29 可知，经费雪精确检验，精确显著性值为 0.000，小于 0.05，说明受教育程度对学习普通话的途径具有显著影响。结合表 3-30 来看，不同受教育程度的被调查者学习普通话的途径的差异具体表现在：受教育程度为大专和本科及以上的被调查者通过"学校学习"这一途径学习普通话的比例高于其他人。这在一定程度上再次说明了学校教育依旧是人们学习普通话的主要途径。小学及以下程度的被调查者通过"受家里人影响"学习普通话的比例高于其他人。初中程度的被调查者通过"受周围人影响"学习普通话的比例高于其他人。对于受教育程度不高的大多数人来说，周围语言环境的影响也不失为学习普通话的一个有效途径。

表 3-29　　普通话学习途径与受教育程度卡方检验结果

	数值	df	渐进显著性(2 端)	精确显著性(2 端)
皮尔逊卡方	34.397a①	20	0.024	0.000
概似比	32.037	20	0.043	0.000
费雪精确检验	0.000			0.000
有效观察值个数	563			

表 3-30　　普通话学习途径与受教育程度交叉表

			受教育程度					
			小学及以下	初中	高中（中专、技校）	大专	本科及以上	合计
普通话学习的途径	学校学习	样本数	14	27	37	62	65	205
		百分比	29.2	29.3	34.9	42.8	37.8	36.4
	培训班学习	样本数	1	4	6	6	10	27
		百分比	2.1	4.3	5.7	4.1	5.8	4.8
	看电视、听广播	样本数	8	14	18	20	41	101
		百分比	16.7	15.2	17.0	13.8	23.8	17.9

① 2 资料格(23.3%)预期计数小于 5。预期的计数下限为 0.17。

续表

			受教育程度					合计
			小学及以下	初中	高中（中专、技校）	大专	本科及以上	
普通话学习的途径	受家里人影响	样本数	13	10	14	13	9	59
		百分比	27.1	10.9	13.2	9.0	5.2	10.5
	受周围人影响	样本数	12	37	31	43	46	169
		百分比	25.0	40.2	29.2	29.7	26.7	30.0
	其他	样本数	0	0	0	1	1	2
		百分比	0.0	0.0	0.0	0.7	0.6	0.4
合计		样本数	48	92	106	145	172	563
		百分比	100.0	100.0	100.0	100.0	100.0	100.0

6.职业与普通话学习途径

通过分析表3-31可知，经费雪精确检验，精确显著性值为0.000，小于0.05，说明职业对学习普通话的途径具有显著影响。

表3-31　　普通话学习途径与职业卡方检验结果

	数值	df	渐进显著性(2端)	精确显著性(2端)
皮尔逊卡方	47.527a①	40	0.193	0.000
概似比	49.920	40	0.135	0.000
费雪精确检验	0.000			0.000
有效观察值个数	563			

结合表3-32来看，不同职业的被调查者学习普通话的途径的差异具体表现在：除去企业工人外，各职业人群选择通过“学校学习”这一途径学习普通话的比例都不低，其中教师的比例最高。这与前面我们所说的当前学校教育依旧是普通话学习的主要途径的说法基本吻合。公司职员、公务员选择通过“培训班学习”这一途径学习普通话的比例高于其他人。农牧业生产

① 25资料格(46.3%)预期计数小于5。预期的计数下限为0.05。

人员及企业工人选择通过“看电视、听广播”这一途径学习普通话的比例高于其他人。学生选择通过“受家里人影响”学习普通话的比例高于其他人。企业工人、其他人员选择通过“受周围人影响”这一途径学习普通话的比例高于其他人。

表 3-32　　普通话学习途径与职业交叉表

			职业									合计
			农牧业生产人员	企业工人	教师	教师以外的专业技术人员	公务员	公司职员	商业、服务业人员	学生	其他	
普通话学习的途径	学校学习	样本数	5	3	30	41	35	12	19	52	8	205
		百分比	38.5	14.3	41.7	35.3	37.6	33.3	38.8	36.6	38.1	36.4
	培训班学习	样本数	0	1	3	7	7	3	2	4	0	27
		百分比	0.0	4.8	4.2	6.0	7.5	8.3	4.1	2.8	0.0	4.8
	看电视、听广播	样本数	4	6	15	22	18	7	6	21	2	101
		百分比	30.8	28.6	20.8	19.0	19.4	19.4	12.2	14.8	9.5	17.9
	受家里人影响	样本数	1	1	6	12	8	0	3	27	1	59
		百分比	7.7	4.8	8.3	10.3	8.6	0.0	6.1	19.0	4.8	10.5
	受周围人影响	样本数	3	10	18	32	25	14	19	38	10	169
		百分比	23.1	47.6	25.0	27.6	26.9	38.9	38.8	26.8	47.6	30.0
	其他	样本数	0	0	0	2	0	0	0	0	0	2
		百分比	0.0	0.0	0.0	1.7	0.0	0.0	0.0	0.0	0.0	0.4
合计		样本数	13	21	72	116	93	36	49	142	21	563
		百分比	100.0	100.0	100.0	100.0	100.0	100.0	100.0	100.0	100.0	100.0

7. 是否有外出经历与学习普通话的途径

通过分析表 3-33 可知，经费雪精确检验，精确显著性值为 0.035，小于 0.05，说明是否有外出经历对学习普通话的途径具有显著影响。结合表 3-34 来看，差异具体表现在：有外出经历的被调查者中，选择“学校学习”和“培训班学习”这两个途径的人数占比高于没有外出经历的被调查者。没有外出经历的被调查者中，选择“看电视、听广播”“受家人影响”“受周围人影响”这三个途径的人数占比高于有外出经历的被调查者。

表 3-33　　学习普通话的途径与是否有外出经历卡方检验结果

	数值	df	渐进显著性(2 端)	精确显著性(2 端)
皮尔逊卡方	11.686a[①]	5	0.039	0.032
概似比	12.643	5	0.027	0.029
费雪精确检验	11.332			0.035
有效观察值个数	563			

表 3-34　　普通话学习途径与是否有外出经历交叉表

			是否有外出经历		合计
			否	是	
普通话学习的途径	学校学习	样本数	98	107	205
		百分比	34.3	38.6	36.4
	培训班学习	样本数	10	17	27
		百分比	3.5	6.1	4.8
	看电视、听广播	样本数	52	49	101
		百分比	18.2	17.7	17.9
	受家里人影响	样本数	40	19	59
		百分比	14.0	6.9	10.5
	受周围人影响	样本数	86	83	169
		百分比	30.1	30.0	30.0
	其他	样本数	0	2	2
		百分比	0.0	0.7	0.4
合计		样本数	286	277	563
		百分比	100.0	100.0	100.0

① 2 资料格(16.7%)预期计数小于 5。预期的计数下限为 0.98。

二、普通话学习动机

(一)普通话学习动机基本情况

表 3-35　　　　学习普通话的原因统计表

		回应	
		N	百分比
学习普通话的原因	学习普通话的原因 * 工作、业务需要	179	27.2
	学习普通话的原因 * 为了同更多人交往	199	30.2
	学习普通话的原因 * 找工作的需要	89	13.5
	学习普通话的原因 * 学习的要求	130	19.7
	学习普通话的原因 * 个人兴趣	37	5.6
	学习普通话的原因 * 无此情况	25	3.8
合计		659	100.0

我们将多选分别计入不同选项,对被调查者学习普通话的原因各选项做了统计。分析表 3-35、图 3-5 可知:学习普通话的原因中“为了同更多人交往”是最重要的原因,其次是“工作与业务需要”。“学习的要求”和“找工作的需要”也是两个不容忽视的原因。也有少数人选择“个人兴趣”。由此可以看出,学习普通话的动机多样,人们的选择初衷既出于交际的需要,但在一定程度上也满足了实用性的需求。

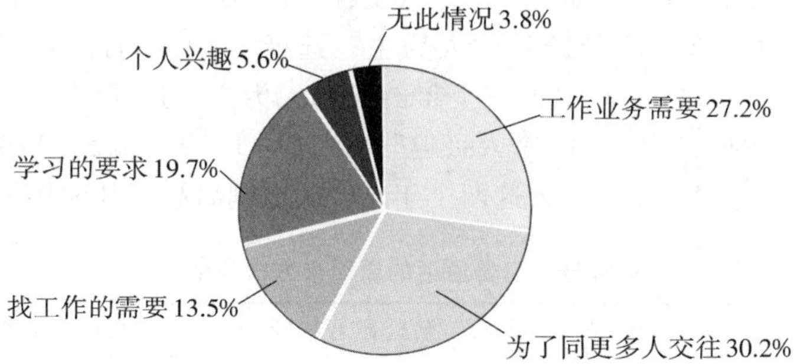

图 3-5　普通话学习原因统计图

(二)普通话学习动机的社会因素分析

接下来分析社会因素对学习普通话的动机有无显著性影响。

表 3-36　　学习普通话的原因加权频率统计表

	观察 N	预期为 N	残差
工作、业务需要	179	126.8	52.2
为了同更多人交往	199	126.8	72.2
找工作的需要	89	126.8	−37.8
学习的要求	130	126.8	3.2
个人兴趣	37	126.8	−89.8
合计	634		

表 3-37　　学习普通话的原因卡方检验结果

	原因
卡方	137.546a①
df	4
渐进显著性	0.000

表 3-36 结果的说明：通过对学习普通话的原因的 5 个选项被选中的频率进行加权处理，我们得出被调查者对这 5 个学习原因选项的选择频次存在着显著性差异。下面逐一进行分析：

1. 年龄与普通话学习动机

分析表 3-38 可知，经费雪精确检验，精确显著性值为 0.000，小于 0.05，说明年龄对学习普通话的原因具有显著性影响。结合表 3-39 来看，学习普通话的原因的差异具体表现在：选择"工作、业务需要"这一原因的以后三个年龄段的人为主。选择"为了同更多人交往"这一原因的以 20 岁以下、50 岁以上、41～50 岁这三个年龄段的人为主。选择"找工作的需要"的以 31～40 岁、20～30 岁、41～50 岁这三个年龄段的人为主。选择"学习的要求"的以 20 岁以下的人为主。在"个人兴趣"这一选项上，每个年龄段都有一定比例，但 20～30 岁和 20 岁以下这两个年龄段的比例略高于其他年龄段。

表 3-38　　年龄与学习普通话的原因卡方检验结果

	数值	df	渐进显著性(2 端)	精确显著性(2 端)
皮尔逊卡方	58.011a②	16	0.000	0.000
概似比	60.145	16	0.000	0.000

① 有 0 个储存格(0.0%)的期望频率小于 5。最小期望储存格频率为 126.8。

② 1 资料格(4.0%)预期计数小于 5。预期的计数下限为 2.8。

续表

	数值	df	渐进显著性(2端)	精确显著性(2端)
费雪精确检验	0.000			0.000
有效观察值个数	634			

表 3-39　　年龄与普通话学习的原因交叉表

			年龄					合计
			20岁以下	20～30岁	31～40岁	41～50岁	50岁以上	
普通话学习的原因	工作、业务需要	样本数	16	62	41	41	19	179
		百分比	11.4	29.8	32.0	37.3	39.6	28.2
	为了同更多人交往	样本数	53	59	35	35	17	199
		百分比	37.9	28.4	27.3	31.8	35.4	31.4
	找工作的需要	样本数	11	32	26	16	4	89
		百分比	7.9	15.4	20.3	14.5	8.3	14.0
	学习的要求	样本数	50	39	20	15	6	130
		百分比	35.7	18.8	15.6	13.6	12.5	20.5
	个人兴趣	样本数	10	16	6	3	2	37
		百分比	7.1	7.7	4.7	2.7	4.2	5.8
合计		样本数	140	208	128	110	48	634
		百分比	100.0	100.0	100.0	100.0	100.0	100.0

2. 性别与普通话学习动机

分析表 3-40 可知，经皮尔逊卡方检验，渐进显著性值为 0.109，大于 0.05，说明不同性别的被调查者在学习普通话的原因方面不存在显著性差异，也就是说，男女在学习普通话的原因上差异并不明显。

表 3-40　　性别与学习普通话的原因卡方检验结果

	数值	df	渐进显著性(2端)	精确显著性(2端)
皮尔逊卡方	7.574a①	4	0.109	0.109
概似比	7.588	4	0.108	0.110

① 0资料格(0.0%)预期计数小于5。预期的计数下限为16.17。

续表

	数值	df	渐进显著性(2端)	精确显著性(2端)
费雪精确检验	7.523			0.110
有效观察值个数	634			

3.出生地与普通话学习动机

分析表3-41可知,经皮尔逊卡方检验,渐进显著性值为0.660,大于0.05,说明不同出生地的被调查者在学习普通话的原因方面不具有显著性差异,也就是说,县城出生与农村出生的被调查者在学习普通话的原因上差异并不明显。

表3-41　　出生地与学习普通话的原因卡方检验结果

	数值	df	渐进显著性(2端)	精确显著性(2端)
皮尔逊卡方	2.415a①	4	0.660	0.663
概似比	2.356	4	0.671	0.674
费雪精确检验	2.451			0.656
有效观察值个数	634			

4.居住地与普通话学习动机

分析表3-42可知,经皮尔逊卡方检验,渐进显著性值为0.017,小于0.05,说明不同居住地的被调查者在学习普通话的原因方面存在显著性差异。结合表3-43来看,差异具体表现在“工作、业务需要”“找工作的需要”这两个选项上,县城的比例均高于农村。在“为了同更多人交往”和“学习的要求”这两个选项上,农村的比例高于县城。在“个人兴趣”这一选项上,县城的比例略高于农村。

表3-42　　居住地与学习普通话的原因卡方检验结果

	数值	df	渐进显著性(2端)	精确显著性(2端)
皮尔逊卡方	12.030a②	4	0.017	0.017
概似比	11.955	4	0.018	0.019
费雪精确检验	11.761			0.019
有效观察值个数	634			

① 0资料格(0.0%)预期计数小于5。预期的计数下限为12.43。

② 0资料格(0.0%)预期计数小于5。预期的计数下限为9.40。

表 3-43　　居住地与普通话学习的原因交叉表

			居住地		合计
			县城	农村	
普通话学习的原因	工作、业务需要	样本数	145	34	179
		百分比	30.7	21.1	28.2
	为了同更多人交往	样本数	143	56	199
		百分比	30.2	34.8	31.4
	找工作的需要	样本数	71	18	89
		百分比	15.0	11.2	14.0
	学习的要求	样本数	85	45	130
		百分比	18.0	28.0	20.5
	个人兴趣	样本数	29	8	37
		百分比	6.1	5.0	5.8
合计		样本数	473	161	634
		百分比	100.0	100.0	100.0

5.受教育程度与普通话学习动机

分析表 3-44 可知，经费雪精确检验，精确显著性值为 0.000，小于 0.05，说明不同受教育程度的被调查者在学习普通话的原因方面存在显著性差异。结合表 3-45 来看，差异具体表现在："工作、业务需要"这一选项上，大专程度的比例最高。"为了同更多人交往"这一选项上，初中程度的比例最高。"找工作的需要"这一选项上，高中（中专、技校）程度的比例最高。"学习的要求"这一选项上，小学及以下程度的比例最高。"个人兴趣"这一选项上，本科及以上程度的比例最高。

表 3-44　　受教育程度与学习普通话的原因卡方检验结果

	数值	df	渐进显著性(2 端)	精确显著性(2 端)
皮尔逊卡方	43.134a①	16	0.000	0.000
概似比	44.879	16	0.000	0.000
费雪精确检验	0.000			0.000
有效观察值个数	634			

① 1 资料格(4.0%)预期计数小于 5。预期的计数下限为 2.80。

表 3-45　　受教育程度与普通话学习的原因交叉表

<table>
<tr><td colspan="3" rowspan="2"></td><td colspan="5">受教育程度</td><td rowspan="2">合计</td></tr>
<tr><td>小学及以下</td><td>初中</td><td>高中（中专、技校）</td><td>大专</td><td>本科及以上</td></tr>
<tr><td rowspan="10">普通话学习的原因</td><td rowspan="2">工作、业务需要</td><td>样本数</td><td>7</td><td>17</td><td>28</td><td>64</td><td>63</td><td>179</td></tr>
<tr><td>百分比</td><td>14.6</td><td>19.5</td><td>25.5</td><td>36.8</td><td>29.3</td><td>28.2</td></tr>
<tr><td rowspan="2">为了同更多人交往</td><td>样本数</td><td>20</td><td>41</td><td>36</td><td>51</td><td>51</td><td>199</td></tr>
<tr><td>百分比</td><td>41.7</td><td>47.1</td><td>32.7</td><td>29.3</td><td>23.7</td><td>31.4</td></tr>
<tr><td rowspan="2">找工作的需要</td><td>样本数</td><td>4</td><td>5</td><td>19</td><td>27</td><td>34</td><td>89</td></tr>
<tr><td>百分比</td><td>8.3</td><td>5.7</td><td>17.3</td><td>15.5</td><td>15.8</td><td>14.0</td></tr>
<tr><td rowspan="2">学习的要求</td><td>样本数</td><td>16</td><td>20</td><td>20</td><td>22</td><td>52</td><td>130</td></tr>
<tr><td>百分比</td><td>33.3</td><td>23.0</td><td>18.2</td><td>12.6</td><td>24.2</td><td>20.5</td></tr>
<tr><td rowspan="2">个人兴趣</td><td>样本数</td><td>1</td><td>4</td><td>7</td><td>10</td><td>15</td><td>37</td></tr>
<tr><td>百分比</td><td>2.1</td><td>4.6</td><td>6.4</td><td>5.7</td><td>7.0</td><td>5.8</td></tr>
<tr><td colspan="2" rowspan="2">合计</td><td>样本数</td><td>48</td><td>87</td><td>110</td><td>174</td><td>215</td><td>634</td></tr>
<tr><td>百分比</td><td>100.0</td><td>100.0</td><td>100.0</td><td>100.0</td><td>100.0</td><td>100.0</td></tr>
</table>

6. 职业与普通话学习动机

分析表 3-46 可知，经费雪精确检验，精确显著性值为 0.000，小于 0.05，说明不同职业的被调查者在学习普通话的原因方面存在显著性差异。结合表 3-47 来看，差异具体表现在："工作业务需要"这一选项上，学生的比例最低，公务员的比例最高。"为了同更多的人交往"这一选项上，农牧业生产人员的比例最高。"找工作的需要"这一选项上，公司职员的比例最高。"学习的要求"这一选项上，学生的比例最高。"个人兴趣"这一选项上，农牧业生产人员和企业工人的比例较低，学生、教师的比例均较高。

表 3-46　　职业与学习普通话的原因卡方检验结果

	数值	df	渐进显著性（2 端）	精确显著性（2 端）
皮尔逊卡方	69.421a①	32	0.000	0.000
概似比	73.483	32	0.000	0.000
费雪精确检验	0.000			0.000
有效观察值个数	634			

① 13 资料格（28.9%）预期计数小于 5。预期的计数下限为 0.70。

表 3-47　　职业与普通话学习的原因交叉表

			职业								合计
			农牧业生产人员	企业工人	教师	教师以外的专业技术人员	公务员	公司职员	商业、服务业人员	学生	其他人员	
普通话学习的原因	工作、业务需要	样本数	2	9	29	47	40	10	19	16	7	179
		百分比	16.7	34.6	34.5	31.8	37.4	22.7	35.2	11.6	33.3	28.2
	为了同更多人交往	样本数	8	10	20	37	28	15	21	53	7	199
		百分比	66.7	38.5	23.8	25.0	26.2	34.1	38.9	38.4	33.3	31.4
	找工作的需要	样本数	1	4	11	26	14	11	7	11	4	89
		百分比	8.3	15.4	13.1	17.6	13.1	25.0	13.0	8.0	19.0	14.0
	学习的要求	样本数	1	3	18	28	18	6	6	48	2	130
		百分比	8.3	11.5	21.4	18.9	16.8	13.6	11.1	34.8	9.5	20.5
	个人兴趣	样本数	0	0	6	10	7	2	1	10	1	37
		百分比	0.0	0.0	7.1	6.8	6.5	4.5	1.9	7.2	4.8	5.8
合计		样本数	12	26	84	148	107	44	54	138	21	634
		百分比	100.0	100.0	100.0	100.0	100.0	100.0	100.0	100.0	100.0	100.0

7. 是否有外出经历与普通话学习动机

分析表 3-48 可知，经皮尔逊卡方检验，渐进显著性值为 0.011，小于 0.05，说明是否有外出经历对学习普通话的原因具有显著影响。结合表 3-49 来看，差异具体表现在“工作业务需要”“找工作的需要”这两个选项上，有外出经历者的比例高。“为了同更多的人交往”“学习的要求”这两个选项上，没有外出经历者的比例高。“个人兴趣”这一选项上，没有外出经历者的比例略高。

表 3-48　　是否有外出经历与学习普通话的原因卡方检验结果

	数值	df	渐进显著性(2 端)	精确显著性(2 端)
皮尔逊卡方	12.960a①	4	0.011	0.011
概似比	13.047	4	0.011	0.012
费雪精确检验	12.966			0.011
有效观察值个数	634			

表 3-49　　是否有外出经历与普通话学习的原因交叉表

			是否有外出经历		合计
			否	是	
普通话学习的原因	工作、业务需要	样本数	71	108	179
		百分比	24.1	31.9	28.2
	为了同更多人交往	样本数	107	92	199
		百分比	36.3	27.1	31.4
	找工作的需要	样本数	32	57	89
		百分比	10.8	16.8	14.0
	学习的要求	样本数	67	63	130
		百分比	22.7	18.6	20.5
	个人兴趣	样本数	18	19	37
		百分比	6.1	5.6	5.8
合计		样本数	295	339	634
		百分比	100.0	100.0	100.0

三、普通话学习障碍

(一)普通话学习障碍的基本情况

分析表 3-50、图 3-6 可知,被调查者学习普通话遇到的问题中“说的机会不多”的占比最高,这在一定程度上反映出方言区各语域中方言的使用机会还是比较多的。“受方言影响大”也是一个重要的问题。较少一部分被调查者选择了“会被人笑话”。选择“没有问题”的占少数,基本上以在读学生为主,由于他们习惯使用普通话,而不认为普通话学习中存在什么问题。

① 0 资料格(0.0%)预期计数小于 5。预期的计数下限为 17.22。

表 3-50　　学习普通话遇到的问题

		回应	
		N	百分比
学习普通话遇到的问题	学习普通话遇到的问题 * 说的机会不多	195	48.9
	学习普通话遇到的问题 * 受方言影响大	134	33.6
	学习普通话遇到的问题 * 会被人笑话	40	10.0
	学习普通话遇到的问题 * 其他	12	3.0
	学习普通话遇到的问题 * 没有问题	18	4.5
合计		399	100.0

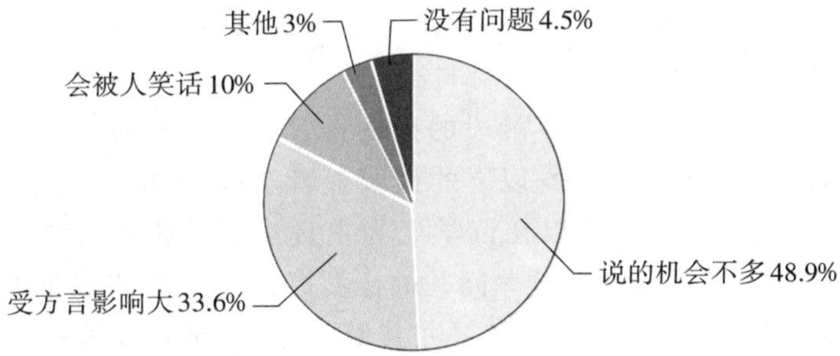

图 3-6　学习普通话遇到的问题

(二)普通话学习障碍与社会因素分析

接下来分析社会因素是否对学习普通话遇到的问题具有显著影响(见表 3-51 和表 3-52)。

表 3-51　　学习普通话的障碍加权频率统计表

	观察 N	预期为 N	残差
说的机会不多	195	79.8	115.2
受方言影响大	134	79.8	54.2
会被人笑话	40	79.8	−39.8
其他	12	79.8	−67.8
没有问题	18	79.8	−61.8
合计	399		

表 3-52　　学习普通话遇到的问题卡方检验结果

	遇到的问题
卡方	328.431a[①]
df	4
渐进显著性	0.000

表 3-51、表 3-52 结果说明：通过对学习普通话遇到的问题的 5 个选项被选中的频率进行加权处理，得出被调查者对这 5 个学习中遇到的问题选项的选择频次存在着显著差异。

经卡方检验分析，不同年龄、不同出生地的被调查者在学习普通话遇到的问题方面具有显著性差异，而学习普通话遇到的问题在性别、居住地、受教育程度、职业、是否有外出经历这几个因素的分布上均不存在显著性差异。下面逐一进行分析：

1. 年龄与普通话学习障碍

分析表 3-53 可知，不同年龄段的被调查者在学习普通话遇到的问题方面的显著性差异表现在：20 岁以下的被调查者选择“说的机会不多”的比例最小，这与这部分被调查者以在读学生为主且使用普通话的语言环境较好有关。其他 4 个年龄段选择这一问题的比例都较高。20 岁以下的被调查者选择“受方言影响大”的比例最高。究其原因，这一年龄段的被调查者中在读学生居多，通过学校教育，他们的普通话水平普遍较高，对交际中普通话受地方方言影响而出现的发音不准的问题体会较为深刻。5 个年龄段中都有一些被调查者选择“会被人笑话”。20 岁以下的被调查者选择“没有问题”的比例高于其他年龄段。这部分人平时使用普通话的机会较多，普通话水平普遍较高，当然认为学习普通话的过程中不存在什么问题了。

表 3-53　　学习普通话遇到的问题与年龄交叉表

			年龄					合计
			20 岁以下	20～30 岁	31～40 岁	41～50 岁	50 岁以上	
学习普通话遇到的问题	说的机会不多	样本数	23	54	40	46	32	195
		百分比	29.5	53.5	55.6	53.5	51.6	48.9
	受方言影响大	样本数	40	27	17	30	20	134
		百分比	51.3	26.7	23.6	34.9	32.3	33.6

① 有 0 个储存格(0.0%)的期望频率小于 5。最小期望储存格频率为 79.8。

续表

			年龄					合计
			20 岁以下	20～30 岁	31～40 岁	41～50 岁	50 岁以上	
学习普通话遇到的问题	会被人笑话	样本数	5	12	9	7	7	40
		百分比	6.4	11.9	12.5	8.1	11.3	10.0
	其他	样本数	1	3	4	3	1	12
		百分比	1.3	3.0	5.6	3.5	1.6	3.0
	没有问题	样本数	9	5	2	0	2	18
		百分比	11.5	5.0	2.8	0.0	3.2	4.5
合计		样本数	78	101	72	86	62	399
		百分比	100.0	100.0	100.0	100.0	100.0	100.0

2.出生地与普通话学习障碍

分析表 3-54 可知，不同出生地的被调查者在学习普通话遇到的问题方面的显著性差异具体表现在：农村出生的被调查者选择“说的机会不多”和“会被人笑话”的比例高于县城出生的被调查者。这从侧面印证了农村的普通话语言环境要差于县城。县城出生的被调查者选择“受方言影响大”“没有问题”“其他”的比例高于农村出生的被调查者。

表 3-54　　学习普通话遇到的问题与出生地交叉表

			出生地		合计
			县城	农村	
学习普通话遇到的问题	说的机会不多	样本数	47	148	195
		百分比	42.0	51.6	48.9
	受方言影响大	样本数	39	95	134
		百分比	34.8	33.1	33.6
	会被人笑话	样本数	8	32	40
		百分比	7.1	11.1	10.0
	其他	样本数	8	4	12
		百分比	7.1	1.4	3.0

续表

			出生地		合计
			县城	农村	
普通话学习遇到的问题	没有问题	样本数	10	8	18
		百分比	8.9	2.8	4.5
合计		样本数	112	287	399
		百分比	100.0	100.0	100.0

第四章　语言使用

“语言能力是语言使用的基础，语言使用是语言能力的外显，语言使用是构成语言生活的最重要因素，语言生活的活跃、丰富与和谐主要取决于语言使用。”①社会语言学研究者非常重视对语言使用状况的调查，重视诸多相关社会因素对语言使用的影响。本章将分析奇台县居民各语域的语言使用情况，并对语言使用与相关社会因素展开分析。

第一节　语言使用基本情况

奇台县县域总人口 30.05 万人，有汉族、维吾尔族、回族、哈萨克族等 22 个民族，其中少数民族占总人口的 24%。奇台话被广泛使用于奇台县居民的日常交际中，具有绝对的优势。

一般认为，普通话的使用常常与正式场合相联系，而方言的使用往往和非正式场合相关联。日常交际中越是正式的场合，普通话的使用率就越高；越是非正式的场合，方言的使用率就越高。此次有关语言使用的调查结果与这一研究假设刚好相吻合，被调查者使用普通话和奇台话的比率也和其语言使用场合的正式与否密切相关。

表 4-1、图 4-1 显示，使用什么话(或语言)与语言使用的场合密切相关。

家庭是使用方言最多的地方。与家人说话时，奇台话占有绝对的优势，超过一半的被调查者自报与家人交流时使用奇台话。但在家中使用普通话的百分比达到了 14.1%，兼用奇台话与普通话的百分比达到了 26.3%。

去政府部门办事时，使用普通话的比例远高于使用奇台话和兼用奇台话、

① 谢俊英:《语言生活与语言变异——河间方言的社会语言学研究》，第 43 页。

普通话的比例。选择"无此情况"的占到了14.4%,这一部分人以学生为主。

集贸市场是当地人较为集中的地方,也是方言使用的重要场所。在集贸市场奇台话的使用率达到了56.7%,远远超过了普通话的使用率。

和朋友一起聊天时,使用奇台话的比例也超过了使用普通话和兼用奇台话、普通话的比例。

去医院看病时,使用奇台话的比例远低于使用普通话的比例。

在单位谈工作时,由于学生、农牧业生产人员以及其他人员大多没有固定工作单位,所以选"无此情况"的占37.5%。剔除这些人,使用普通话的比例略高于使用奇台话和兼用奇台话与普通话的比例。

表4-1　　不同交际场合使用语言的百分比

			使用的话(或语言)						
			奇台话	普通话	奇台话、普通话	其他方言	奇台话、普通话、其他方言	奇台话、其他方言	无此情况
交际场合	与家人说话	样本数	183	44	82	1	1	1	0
		百分比	58.7	14.1	26.3	0.3	0.3	0.3	0
	去政府部门办事	样本数	72	139	56	0	0	0	45
		百分比	23.1	44.6	17.9	0	0	0	14.4
	去集贸市场买东西	样本数	177	82	52	0	0	1	0
		百分比	56.7	26.3	16.7	0	0	0.3	0
	和朋友一起聊天	样本数	150	71	90	0	0	1	0
		百分比	48.1	22.8	28.8	0	0	0.3	0
	去医院看病	样本数	94	150	67	0	1	0	0
		百分比	30.1	48.1	21.5	0	0.3	0	0
	在单位谈工作	样本数	52	88	55	0	0	0	117
		百分比	16.7	28.2	17.6	0	0	0	37.5

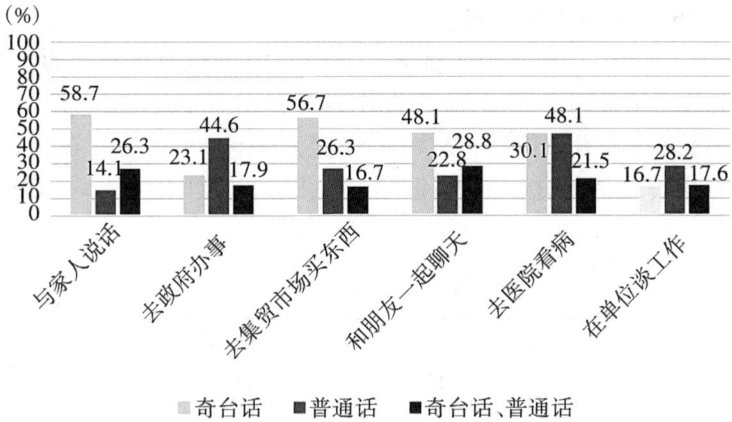

图 4-1　不同场合语言使用情况

第二节　语言使用与相关社会因素分析

众所周知，语言使用与语言使用者的社会背景密切相关，下面我们来考察奇台县居民在不同语域中的语言使用与相关社会因素之间是否具有显著性关系。

一、家庭语言使用

分析表 4-2 可知，在所有的社会因素中，年龄、出生地、居住地、职业这 4 个因素对家庭语言使用的影响显著，而性别、受教育程度、是否有外出经历的影响均不显著。下面我们逐一进行分析。

表 4-2　　家庭语言使用与影响因素交叉差异显著性统计表

相关因素	*V* 值	*P* 值
家庭语言使用 * 年龄	0.172	0.012
家庭语言使用 * 性别	0.123	0.422
家庭语言使用 * 出生地	0.238	0.001
家庭语言使用 * 居住地	0.176	0.048
家庭语言使用 * 受教育程度	0.147	0.138
家庭语言使用 * 职业	0.220	0.001
家庭语言使用 * 是否有外出经历	0.118	0.525

(一)年龄与家庭语言使用

分析表4-3可知,20岁以下的被调查者在家里使用奇台话的比例最低,50岁以上的比例最高。20岁以下的被调查者在家里使用普通话和兼用普通话与奇台话的比例均最高。从一定程度上来说,家庭是方言使用的最后阵地,家庭中普通话与方言的使用情况在一定程度上能够真实反映出地域方言与普通话竞争的实态。

表4-3　　家庭语言使用与年龄交叉表

			年龄					合计
			20岁以下	20～30岁	31～40岁	41～50岁	50岁以上	
在家里常使用哪种话	奇台话	样本数	28	55	34	36	30	183
		百分比	40.6	67.1	60.7	60.0	66.7	58.7
	普通话	样本数	19	5	10	6	4	44
		百分比	27.5	6.1	17.9	10.0	8.9	14.1
	奇台话、普通话	样本数	22	22	11	17	10	82
		百分比	31.9	26.8	19.6	28.3	22.2	26.3
	其他方言	样本数	0	0	0	0	1	1
		百分比	0.0	0.0	0.0	0.0	2.2	0.3
	奇台话、普通话、其他方言	样本数	0	0	1	0	0	1
		百分比	0.0	0.0	1.8	0.0	0.0	0.3
	奇台话、其他方言	样本数	0	0	0	1	0	1
		百分比	0.0	0.0	0.0	1.7	0.0	0.3
合计		样本数	69	82	56	60	45	312
		百分比	100.0	100.0	100.0	100.0	100.0	100.0

(二)出生地与家庭语言使用

分析表4-4可知,县城出生的被调查者在家中使用奇台话的比例低于农村出生的被调查者,在使用普通话的比例上则恰好相反。县城出生的被调查者在家中兼用奇台话和普通话的比例也高于农村出生的被调查者。由上述分析我们可以看出,一个人出生时的语言环境也会对他成长过程中以及长大后的语言使用产生影响,而且这种影响往往很大。

表 4-4　　　　　　家庭语言使用与出生地交叉表

			出生地		合计
			县城	农村	
在家里常使用哪种话	奇台话	样本数	41	142	183
		百分比	43.2	65.4	58.7
	普通话	样本数	22	22	44
		百分比	23.2	10.1	14.1
	奇台话、普通话	样本数	32	50	82
		百分比	33.7	23.0	26.3
	其他方言	样本数	0	1	1
		百分比	0.0	0.5	0.3
	奇台话、普通话、其他方言	样本数	0	1	1
		百分比	0.0	0.5	0.3
	奇台话、其他方言	样本数	0	1	1
		百分比	0.0	0.5	0.3
合计		样本数	95	217	312
		百分比	100.0	100.0	100.0

(三)居住地与家庭语言使用

分析表 4-5 可知,居住在农村的被调查者在家中使用奇台话的比例高于居住在县城的被调查,居住在县城的被调查者在家中兼用奇台话与普通话的比例高于居住在农村的被调查者。

表 4-5　　　　　　家庭语言使用与居住地交叉表

			居住地		合计
			县城	农村	
在家里常使用哪种话	奇台话	样本数	122	61	183
		百分比	56.2	64.2	58.7
	普通话	样本数	29	15	44
		百分比	13.4	15.8	14.1

续表

			居住地		合计
			县城	农村	
在家里常使用哪种话	奇台话、普通话	样本数	65	17	82
		百分比	30.0	17.9	26.3
	其他方言	样本数	0	1	1
		百分比	0.0	1.1	0.3
	奇台话、普通话、其他方言	样本数	1	0	1
		百分比	0.5	0.0	0.3
	奇台话、其他方言	样本数	0	1	1
		百分比	0.0	1.1	0.3
合计		样本数	217	95	312
		百分比	100.0	100.0	100.0

(四)职业与家庭语言使用

分析表4-6可知,农牧业生产人员、企业工人在家中使用奇台话的比例较高,学生与教师的比例则较低。学生、公务员、教师在家中使用普通话的比例高于其他职业,教师与学生在家中兼用奇台话与普通话的比例也高于其他职业。

表4-6　　家庭语言使用与职业交叉表

			职业									合计
			农牧业生产人员	企业工人	教师	教师以外的专业技术人员	公务员	公司职员	商业、服务业人员	学生	其他人员	
在家里常使用哪种话	奇台话	样本数	19	15	16	35	27	13	21	26	11	183
		百分比	86.4	83.3	45.7	64.8	52.9	68.4	65.6	38.8	78.6	58.7
	普通话	样本数	0	0	7	4	11	2	1	19	0	44
		百分比	0.0	0.0	20.0	7.4	21.6	10.5	3.1	28.4	0.0	14.1

续表

			职业									合计
			农牧业生产人员	企业工人	教师	教师以外的专业技术人员	公务员	公司职员	商业、服务业人员	学生	其他人员	
在家里常使用哪种话	奇台话、普通话	样本数	1	3	12	14	13	4	10	22	3	82
		百分比	4.5	16.7	34.3	25.9	25.5	21.1	31.3	32.8	21.4	26.3
	其他方言	样本数	1	0	0	0	0	0	0	0	0	1
		百分比	4.5	0.0	0.0	0.0	0.0	0.0	0.0	0.0	0.0	0.3
	奇台话、普通话、其他方言	样本数	0	0	0	1	0	0	0	0	0	1
		百分比	0.0	0.0	0.0	1.9	0.0	0.0	0.0	0.0	0.0	0.3
	奇台话、其他方言	样本数	1	0	0	0	0	0	0	0	0	1
		百分比	4.5	0.0	0.0	0.0	0.0	0.0	0.0	0.0	0.0	0.3
合计		样本数	22	18	35	54	51	19	32	67	14	312
		百分比	100.0	100.0	100.0	100.0	100.0	100.0	100.0	100.0	100.0	100.0

二、去政府部门办事时的语言使用

分析表 4-7 可知，年龄、性别、出生地、居住地、受教育程度、职业、是否有外出打工或学习等外出经历几个因素均对去政府部门办事时的语言使用具有显著影响，下面我们逐一进行分析。

表 4-7　去政府部门办事时的语言使用与影响因素交叉差异显著性统计表

相关因素	V 值	P 值
去政府部门办事时的语言使用 * 年龄	0.482	0.000
去政府部门办事时的语言使用 * 性别	0.269	0.000
去政府部门办事时的语言使用 * 出生地	0.167	0.034
去政府部门办事时的语言使用 * 居住地	0.321	0.000
去政府部门办事时的语言使用 * 受教育程度	0.395	0.000
去政府部门办事时的语言使用 * 职业	0.544	0.000
去政府部门办事时的语言使用 * 是否有外出经历	0.409	0.000

(一)年龄与去政府部门办事时的语言使用

分析表 4-8 可知,总体来看,随着年龄的增长,去政府部门办事时使用奇台话的比例有所增加,由于 20 岁以下的青少年基本上是在读学生,所以选择“无此情况”的比例较高。剔除这一部分人,41～50 岁、20～30 岁这两个年龄段的人使用普通话的比例高于其他年龄段。20～30 岁这一年龄段兼用奇台话、普通话的比例最高。

表 4-8　　去政府部门办事时的语言使用与年龄交叉表

			年龄					合计
			20 岁以下	20～30 岁	31～40 岁	41～50 岁	50 岁以上	
去当地政府部门办事时常使用哪种话	奇台话	样本数	3	13	16	16	24	72
		百分比	4.3	15.9	28.6	26.7	53.3	23.1
	普通话	样本数	19	45	27	35	13	139
		百分比	27.5	54.9	48.2	58.3	28.9	44.6
	奇台话、普通话	样本数	2	24	13	9	8	56
		百分比	2.9	29.3	23.2	15.0	17.8	17.9
	无此情况	样本数	45	0	0	0	0	45
		百分比	65.2	0.0	0.0	0.0	0.0	14.4

续表

		年龄					合计
		20岁以下	20～30岁	31～40岁	41～50岁	50岁以上	
合计	样本数	69	82	56	60	45	312
	百分比	100.0	100.0	100.0	100.0	100.0	100.0

(二)性别与去政府部门办事时的语言使用

分析表4-9可知,去政府部门办事时,男性使用奇台话的比例高于女性。女性使用普通话的比例高于男性,女性兼用奇台话、普通话的比例也高于男性。这也再一次证明女性较男性更易于使用标准语言变式。

表4-9　　去政府部门办事时的语言使用与性别交叉表

			性别		合计
			男	女	
去当地政府部门办事时常使用哪种话	奇台话	样本数	45	27	72
		百分比	29.2	17.1	23.1
	普通话	样本数	51	88	139
		百分比	33.1	55.7	44.6
	奇台话、普通话	样本数	26	30	56
		百分比	16.9	19.0	17.9
	无此情况	样本数	32	13	45
		百分比	20.8	8.2	14.4
合计		样本数	154	158	312
		百分比	100.0	100.0	100.0

(三)出生地与去政府部门办事时的语言使用

分析表4-10可知,农村出生的被调查者去当地政府部门办事时使用奇台话的比例高于县城出生的被调查者。县城出生的被调查者使用普通话的比例高于农村出生的被调查者。在兼用奇台话与普通话的比例上,农村出生的被调查者略高。

表 4-10　　去政府部门办事时的语言使用与出生地交叉表

<table>
<tr><td colspan="3" rowspan="2"></td><td colspan="2">出生地</td><td rowspan="2">合计</td></tr>
<tr><td>县城</td><td>农村</td></tr>
<tr><td rowspan="8">去当地政府部门办事时常使用哪种话</td><td rowspan="2">奇台话</td><td>样本数</td><td>13</td><td>59</td><td>72</td></tr>
<tr><td>百分比</td><td>13.7</td><td>27.2</td><td>23.1</td></tr>
<tr><td rowspan="2">普通话</td><td>样本数</td><td>51</td><td>88</td><td>139</td></tr>
<tr><td>百分比</td><td>53.7</td><td>40.6</td><td>44.6</td></tr>
<tr><td rowspan="2">奇台话、普通话</td><td>样本数</td><td>15</td><td>41</td><td>56</td></tr>
<tr><td>百分比</td><td>15.8</td><td>18.9</td><td>17.9</td></tr>
<tr><td rowspan="2">无此情况</td><td>样本数</td><td>16</td><td>29</td><td>45</td></tr>
<tr><td>百分比</td><td>16.8</td><td>13.4</td><td>14.4</td></tr>
<tr><td colspan="2" rowspan="2">合计</td><td>样本数</td><td>95</td><td>217</td><td>312</td></tr>
<tr><td>百分比</td><td>100.0</td><td>100.0</td><td>100.0</td></tr>
</table>

(四)居住地与去政府部门办事时的语言使用

分析表 4-11 可知,居住在农村的被调查者去当地政府部门办事时使用奇台话的比例远高于居住在县城的被调查者。居住在县城的被调查者使用普通话的比例和兼用奇台话与普通话的比例均高于居住在农村的被调查者。

表 4-11　　去政府部门办事时的语言使用与居住地交叉表

<table>
<tr><td colspan="3" rowspan="2"></td><td colspan="2">居住地</td><td rowspan="2">合计</td></tr>
<tr><td>县城</td><td>农村</td></tr>
<tr><td rowspan="4">去当地政府部门办事时常使用哪种话</td><td rowspan="2">奇台话</td><td>样本数</td><td>40</td><td>32</td><td>72</td></tr>
<tr><td>百分比</td><td>18.4</td><td>33.7</td><td>23.1</td></tr>
<tr><td rowspan="2">普通话</td><td>样本数</td><td>115</td><td>24</td><td>139</td></tr>
<tr><td>百分比</td><td>53.0</td><td>25.3</td><td>44.6</td></tr>
</table>

续表

			居住地		合计
			县城	农村	
去当地政府部门办事时常使用哪种话	奇台话、普通话	样本数	42	14	56
		百分比	19.4	14.7	17.9
	无此情况	样本数	20	25	45
		百分比	9.2	26.3	14.4
合计		样本数	217	95	312
		百分比	100.0	100.0	100.0

(五)受教育程度与去政府部门办事时的语言使用

分析表4-12可知,不考虑“无此情况”,去政府部门办事时使用奇台话比例最低的是本科及以上程度,最高的是初中程度。使用普通话比例最低的是小学及以下程度,最高的是本科及以上程度。大专程度兼用奇台话、普通话的比例最高。

表4-12　　去政府部门办事时的语言使用与受教育程度交叉表

			受教育程度					合计
			小学及以下	初中	高中(中专、技校)	大专	本科及以上	
去当地政府部门办事时常使用哪种话	奇台话	样本数	8	17	11	23	13	72
		百分比	24.2	29.3	20.8	27.7	15.3	23.1
	普通话	样本数	1	14	27	40	57	139
		百分比	3.0	24.1	50.9	48.2	67.1	44.6
	奇台话、普通话	样本数	1	9	11	20	15	56
		百分比	3.0	15.5	20.8	24.1	17.6	17.9
	无此情况	样本数	23	18	4	0	0	45
		百分比	69.7	31.0	7.5	0.0	0.0	14.4
合计		样本数	33	58	53	83	85	312
		百分比	100.0	100.0	100.0	100.0	100.0	100.0

(六)职业与去政府部门办事时的语言使用

分析表 4-13 可知，剔除“无此情况”的选项，农牧业生产人员、企业工人去当地政府部门办事时使用奇台话的比例高于其他职业。教师使用普通话的比例最高，其他人员兼用奇台话与普通话的比例最高。

表 4-13　　去政府部门办事时的语言使用与职业交叉表

			职业									合计
			农牧业生产人员	企业工人	教师	教师以外的专业技术人员	公务员	公司职员	个体商户、餐馆或商场服务人员	学生	其他人员	
去当地政府部门办事时常使用哪种话	奇台话	样本数	16	13	5	8	14	5	5	1	5	72
		百分比	72.7	72.2	14.3	14.8	27.5	26.3	15.6	1.5	35.7	23.1
	普通话	样本数	4	3	29	29	25	8	18	19	4	139
		样本数	18.2	16.7	82.9	53.7	49.0	42.1	56.3	28.4	28.6	44.6
	奇台话、普通话	百分比	2	2	1	17	12	6	9	2	5	56
		样本数	9.1	11.1	2.9	31.5	23.5	31.6	28.1	3.0	35.7	17.9
	无此情况	百分比	0	0	0	0	0	0	0	45	0	45
		样本数	0.0	0.0	0.0	0.0	0.0	0.0	0.0	67.2	0.0	14.4
合计		百分比	22	18	35	54	51	19	32	67	14	312
		样本数	100.0	100.0	100.0	100.0	100.0	100.0	100.0	100.0	100.0	100.0

(七)是否有外出经历与去政府部门办事时的语言使用

分析表 4-14 可知，没有外出经历者去政府部门办事时使用奇台话的比例高于有外出经历者，有外出经历者使用普通话的比例高于没有外出经历者，有外出经历者兼用奇台话与普通话的比例高于没有外出经历者。

表 4-14　去政府部门办事时的语言使用与是否有外出经历交叉表

			是否有外出打工或求学等		合计
			否	是	
去当地政府部门办事时常使用哪种话	奇台话	样本数	46	26	72
		百分比	26.4	18.8	23.1
	普通话	样本数	62	77	139
		百分比	35.6	55.8	44.6
	奇台话、普通话	样本数	21	35	56
		百分比	12.1	25.4	17.9
	无此情况	样本数	45	0	45
		百分比	25.9	0.0	14.4
合计		样本数	174	138	312
		百分比	100.0	100.0	100.0

三、去集贸市场购物时的语言使用

分析表 4-15 可知，年龄、性别、出生地、职业这 4 个因素对集贸市场购物时的语言使用的影响显著，而居住地、受教育程度、是否有外出经历这 3 个因素所产生的影响不显著。下面进行逐一分析。

表 4-15　去集贸市场购物时的语言使用与影响因素交叉分析差异显著性统计表

相关因素	*V* 值	*P* 值
去集贸市场购物时的语言使用 * 年龄	0.236	0.000
去集贸市场购物时的语言使用 * 性别	0.166	0.022
去集贸市场购物时的语言使用 * 出生地	0.191	0.006
去集贸市场购物时的语言使用 * 居住地	0.103	0.370
去集贸市场购物时的语言使用 * 受教育程度	0.148	0.060
去集贸市场购物时的语言使用 * 职业	0.148	0.000
去集贸市场购物时的语言使用 * 是否有外出经历	0.139	0.079

（一）年龄与去集贸市场购物时的语言使用

分析表 4-16 可知，在集贸市场购物时使用奇台话的比例随着年龄的增长而逐渐增加。20 岁以下的被调查者在集贸市场购物时使用奇台话的比例最低，50 岁以上的被调查者的比例最高。在普通话的使用上，20 岁以下年龄段的比例最高，41～50 岁和 50 岁以上两个年龄段的比例较低。在兼用奇台话与普通话上，41～50 岁的比例最高，50 岁以上的比例最低。

表 4-16　　去集贸市场购物时的语言使用与年龄交叉表

			年龄					合计
			20 岁以下	20～30 岁	31～40 岁	41～50 岁	50 岁以上	
去当地集贸市场买东西时常使用哪种话	奇台话	样本数	22	45	34	40	36	177
		百分比	31.9	54.9	60.7	66.7	80.0	56.7
	普通话	样本数	36	21	15	5	5	82
		百分比	52.2	25.6	26.8	8.3	11.1	26.3
	奇台话、普通话	样本数	11	16	6	15	4	52
		百分比	15.9	19.5	10.7	25.0	8.9	16.7
	奇台话、其他方言	样本数	0	0	1	0	0	1
		百分比	0.0	0.0	1.8	0.0	0.0	0.3
合计		样本数	69	82	56	60	45	312
		百分比	100.0	100.0	100.0	100.0	100.0	100.0

（二）性别与去集贸市场购物时的语言使用

分析表 4-17 可知，去集贸市场购物时男性使用奇台话的比例高于女性，女性使用普通话的比例高于男性，女性兼用奇台话与普通话比例也高于男性。

表 4-17　　去集贸市场购物时的语言使用与性别交叉表

			性别		合计
			男	女	
去当地集贸市场买东西时常使用哪种话	奇台话	样本数	99	78	177
		百分比	64.3	49.4	56.7
	普通话	样本数	32	50	82
		百分比	20.8	31.6	26.3
	奇台话、普通话	样本数	22	30	52
		百分比	14.3	19.0	16.7
	奇台话、其他方言	样本数	1	0	1
		百分比	0.6	0.0	0.3

续表

		性别		合计
		男	女	
合计	样本数	154	158	312
	百分比	100.0	100.0	100.0

(三)出生地与去集贸市场购物时的语言使用

分析表 4-18 可知,农村出生者在集贸市场购物时使用奇台话的比例高于县城出生者,县城出生者在集贸市场购物时使用普通话和兼用奇台话、普通话的比例均高于农村出生者。

表 4-18　　去集贸市场购物时的语言使用与出生地交叉表

			出生地		合计
			县城	农村	
去当地集贸市场买东西时常使用哪种话	奇台话	样本数	42	135	177
		百分比	44.2	62.2	56.7
	普通话	样本数	36	46	82
		百分比	37.9	21.2	26.3
	奇台话、普通话	样本数	17	35	52
		百分比	17.9	16.1	16.7
	奇台话、其他方言	样本数	0	1	1
		百分比	0.0	0.5	0.3
合计		样本数	95	217	312
		百分比	100.0	100.0	100.0

(四)职业与去集贸市场购物时的语言使用

分析表 4-19 可知,去集贸市场购物时,企业工人和农牧业生产人员使用奇台话的比例高于其他职业人群。在读学生、教师购物时使用普通话的比例高于其他职业人群。教师以外的专业技术人员、商业和服务业人员兼用奇台话、普通话的比例高于其他职业人群。

表 4-19　　去集贸市场购物时的语言使用与职业交叉表

			职业									合计
			农牧业生产人员	企业工人	教师	教师以外的专业技术人员	公务员	公司职员	商业、服务业人员	学生	其他人员	
去当地集贸市场买东西时常使用哪种话	奇台话	样本数	20	17	18	31	27	13	20	20	11	177
		百分比	90.9	94.4	51.4	57.4	52.9	68.4	62.5	29.9	78.6	56.7
	普通话	样本数	1	0	14	9	14	2	5	36	1	82
		百分比	4.5	0.0	40.0	16.7	27.5	10.5	15.6	53.7	7.1	26.3
	奇台话、普通话	样本数	0	1	3	14	10	4	7	11	2	52
		百分比	0.0	5.6	8.6	25.9	19.6	21.1	21.9	16.4	14.3	16.7
	奇台话、其他方言	样本数	1	0	0	0	0	0	0	0	0	1
		百分比	4.5	0.0	0.0	0.0	0.0	0.0	0.0	0.0	0.0	0.3
合计		样本数	22	18	35	54	51	19	32	67	14	312
		百分比	100.0	100.0	100.0	100.0	100.0	100.0	100.0	100.0	100.0	100.0

四、和朋友在一起时的语言使用

分析表 4-20 可知，年龄、出生地、职业、是否有外出经历这 4 个因素对和朋友在一起时的语言使用影响显著，而性别、居住地、受教育程度这 3 个因素所产生的影响不显著。下面逐一进行分析。

表 4-20　和朋友在一起时的语言使用与影响因素交叉分析差异显著性统计表

相关因素	*V* 值	*P* 值
和朋友在一起时的语言使用 * 年龄	0.259	0.000
和朋友在一起时的语言使用 * 性别	0.110	0.257
和朋友在一起时的语言使用 * 出生地	0.180	0.011
和朋友在一起时的语言使用 * 居住地	0.090	0.534
和朋友在一起时的语言使用 * 受教育程度	0.141	0.096

续表

相关因素	V 值	P 值
和朋友在一起时的语言使用 * 职业	0.303	0.000
和朋友在一起时的语言使用 * 是否有外出经历	0.164	0.026

(一)年龄与和朋友在一起时的语言使用

分析表 4-21 可知,和朋友在一起时,20 岁以下年龄段使用奇台话的比例最低,50 岁以上年龄段的比例最高。20 岁以下年龄段使用普通话的比例最高,41～50 岁年龄段的比例最低。41～50 岁年龄段兼用奇台话与普通话的比例最高,50 岁以上年龄段的比例最低。

表 4-21　　和朋友在一起时的语言使用与年龄交叉表

			年龄					合计
			20 岁以下	20～30 岁	31～40 岁	41～50 岁	50 岁以上	
和朋友在一起时常使用哪种话	奇台话	样本数	15	40	31	30	34	150
		百分比	21.7	48.8	55.4	50.0	75.6	48.1
	普通话	样本数	35	17	10	5	4	71
		百分比	50.7	20.7	17.9	8.3	8.9	22.8
	奇台话、普通话	样本数	19	25	14	25	7	90
		百分比	27.5	30.5	25.0	41.7	15.6	28.8
	奇台话、其他方言	样本数	0	0	1	0	0	1
		百分比	0.0	0.0	1.8	0.0	0.0	0.3
合计		样本数	69	82	56	60	45	312
		百分比	100.0	100.0	100.0	100.0	100.0	100.0

(二)出生地与和朋友在一起时的语言使用

分析表 4-22 可知,和朋友在一起时,农村出生者使用奇台话的比例远超出县城出生者。县城出生者使用普通话的比例以及兼用奇台话和普通话的比例均超出农村出生者。

表 4-22　　和朋友在一起时的语言使用与出生地交叉表

			出生地		合计
			县城	农村	
和朋友在一起时常使用哪种话	奇台话	样本数	34	116	150
		百分比	35.8	53.5	48.1
	普通话	样本数	30	41	71
		百分比	31.6	18.9	22.8
	奇台话、普通话	样本数	31	59	90
		百分比	32.6	27.2	28.8
	奇台话、其他方言	样本数	0	1	1
		百分比	0.0	0.5	0.3
合计		样本数	95	217	312
		百分比	100.0	100.0	100.0

(三)职业与和朋友在一起时的语言使用

分析表 4-23 可知,农牧业生产人员与企业工人与朋友在一起时使用奇台话的比例高于其他职业人群。学生、教师与朋友在一起时使用普通话的比例高于其他职业人群。教师以外的专业技术人员兼用奇台话、普通话的比例最高。

表 4-23　　和朋友在一起时的语言使用与职业交叉表

			职业									合计
			农牧业生产人员	企业工人	教师	教师以外的专业技术人员	公务员	公司职员	商业、服务业人员	学生	其他人员	
和朋友在一起时常使用哪种话	奇台话	样本数	19	15	15	25	24	10	20	13	9	150
		百分比	86.4	83.3	42.9	46.3	47.1	52.6	62.5	19.4	64.3	48.1
	普通话	样本数	0	0	10	8	11	3	2	35	2	71
		百分比	0.0	0.0	28.6	14.8	21.6	15.8	6.3	52.2	14.3	22.8
	奇台话、普通话	样本数	2	3	10	21	16	6	10	19	3	90
		百分比	9.1	16.7	28.6	38.9	31.4	31.6	31.3	28.4	21.4	28.8

续表

			职业									合计
			农牧业生产人员	企业工人	教师	教师以外的专业技术人员	公务员	公司职员	商业、服务业人员	学生	其他人员	
和朋友在一起时常使用哪种话	奇台话、其他方言	样本数	1	0	0	0	0	0	0	0	0	1
		百分比	4.5	0.0	0.0	0.0	0.0	0.0	0.0	0.0	0.0	0.3
合计		样本数	22	18	35	54	51	19	32	67	14	312
		百分比	100.0	100.0	100.0	100.0	100.0	100.0	100.0	100.0	100.0	100.0

(四)是否有外出经历与和朋友在一起时的语言使用

分析表4-24可知,和朋友在一起时,没有外出经历者单用奇台话的比例高于有外出经历者。有外出经历者兼用奇台话与普通话的比例高于没有外出经历者。没有外出经历者单用普通话的比例高于有外出经历者。有外出经历者更倾向于使用标准变式,这是我们一般的感觉。这种没有外出经历者在使用标准语言变式上的“反超”现象,究其原因是由于这一部分没有外出经历者为了缩小与有外出经历的朋友在语言行为上的差距,在交流中极力效仿他们,甚至在一定程度上出现了矫枉过正的“反超”。

表4-24　和朋友在一起时的语言使用与是否有外出经历交叉表

			是否有外出打工或求学等		合计
			否	是	
和朋友在一起时常使用哪种话	奇台话	样本数	86	64	150
		百分比	49.4	46.4	48.1
	普通话	样本数	47	24	71
		百分比	27.0	17.4	22.8
	奇台话、普通话	样本数	41	49	90
		百分比	23.6	35.5	28.8
	奇台话、其他方言	样本数	0	1	1
		百分比	0.0	0.7	0.3

续表

		是否有外出打工或求学等		合计
		否	是	
合计	样本数	174	138	312
	百分比	100.0	100.0	100.0

五、去医院看病时的语言使用

分析表 4-25 可知，年龄、性别、出生地、职业、是否有外出经历这 5 个因素对去医院看病时的语言使用均具有显著影响，而居住地、受教育程度这 2 个因素的影响不显著。下面逐一进行分析。

表 4-25　去医院看病时的语言使用与影响因素交叉分析差异显著性统计表

相关因素	*V* 值	*P* 值
去医院看病时的语言使用 * 年龄	0.269	0.000
去医院看病时的语言使用 * 性别	0.161	0.028
去医院看病时的语言使用 * 出生地	0.177	0.013
去医院看病时的语言使用 * 居住地	0.133	0.119
去医院看病时的语言使用 * 受教育程度	0.129	0.216
去医院看病时的语言使用 * 职业	0.336	0.000
去医院看病时的语言使用 * 是否有外出经历	0.150	0.047

(一)年龄与去医院看病时的语言使用

分析表 4-26 可知，去医院看病时，20 岁以下的人使用奇台话的比例最低，50 岁以上的比例最高。在普通话的使用情况上恰好相反，20 岁以下的比例最高，50 岁以上的比例最低。41～50 岁的人兼用奇台话与普通话的比例最高。

表 4-26　去医院看病时的语言使用与年龄交叉表

			年龄					合计
			20 岁以下	20～30 岁	31～40 岁	41～50 岁	50 岁以上	
去医院看病时常使用哪种话	奇台话	样本数	4	20	21	21	28	94
		百分比	5.8	24.4	37.5	35.0	62.2	30.1
	普通话	样本数	56	43	21	23	7	150
		百分比	81.2	52.4	37.5	38.3	15.6	48.1

续表

			年龄					合计
			20 岁以下	20～30 岁	31～40 岁	41～50 岁	50 岁以上	
去医院看病时常使用哪种话	奇台话、普通话	样本数	9	19	13	16	10	67
		百分比	13.0	23.2	23.2	26.7	22.2	21.5
	奇台话、普通话、其他方言	样本数	0	0	1	0	0	1
		百分比	0.0	0.0	1.8	0.0	0.0	0.3
合计		样本数	69	82	56	60	45	312
		百分比	100.0	100.0	100.0	100.0	100.0	100.0

(二)性别与去医院看病时的语言使用

分析表 4-27 可知,去医院看病时,男性使用奇台话的比例高于女性,女性使用普通话的比例高于男性,在兼用奇台话与普通话的比例上,女性也高于男性。

表 4-27　　去医院看病时语言使用与性别交叉分析表

			性别		合计
			男	女	
去医院看病时常使用哪种话	奇台话	样本数	57	37	94
		百分比	37.0	23.4	30.1
	普通话	样本数	67	83	150
		百分比	43.5	52.5	48.1
	奇台话、普通话	样本数	29	38	67
		百分比	18.8	24.1	21.5
	奇台话、普通话、其他方言	样本数	1	0	1
		百分比	0.6	0.0	0.3
合计		样本数	154	158	312
		百分比	100.0	100.0	100.0

(三)出生地与去医院看病时的语言使用

分析表 4-28,去医院看病时,农村出生者使用奇台话的比例高于县城出生者,县城出生者使用普通话的比例高于农村出生者,农村出生者兼用奇台话与普通话的比例高于县城出生者。

表 4-28　　去医院看病时的语言使用与出生地交叉表

			出生地		合计
			县城	农村	
去医院看病时常使用哪种话	奇台话	样本数	20	74	94
		百分比	21.1	34.1	30.1
	普通话	样本数	58	92	150
		百分比	61.1	42.4	48.1
	奇台话、普通话	样本数	17	50	67
		百分比	17.9	23.0	21.5
	奇台话、普通话、其他方言	样本数	0	1	1
		百分比	0.0	0.5	0.3
合计		样本数	95	217	312
		百分比	100.0	100.0	100.0

(四)职业与去医院看病时的语言使用

分析表 4-29 可知，去医院看病时，不同职业的人使用奇台话的比例呈现差异，占比最高的是农牧业生产人员，占比最低的是在读学生。使用普通话的比例最高的是在读学生，其次是教师，最低的是农牧业生产人员。兼用奇台话与普通话的比例最高的是公司职员，最低的是农牧业生产人员。

表 4-29　　去医院看病时的语言使用与职业交叉表

			职业									合计
			农牧业生产人员	企业工人	教师	教师以外的专业技术人员	公务员	公司职员	商业、服务业人员	学生	其他人员	
去医院看病时常使用哪种话	奇台话	样本数	18	12	8	12	16	4	13	2	9	94
		百分比	81.8	66.7	22.9	22.2	31.4	21.1	40.6	3.0	64.3	30.1
	普通话	样本数	2	3	23	24	22	7	10	56	3	150
		百分比	9.1	16.7	65.7	44.4	43.1	36.8	31.3	83.6	21.4	48.1

续表

			职业									合计
			农牧业生产人员	企业工人	教师	教师以外的专业技术人员	公务员	公司职员	商业、服务业人员	学生	其他人员	
去医院看病时常使用哪种话	奇台话、普通话	样本数	2	3	4	17	13	8	9	9	2	67
		百分比	9.1	16.7	11.4	31.5	25.5	42.1	28.1	13.4	14.3	21.5
	奇台话、普通话、其他方言	样本数	0	0	0	1	0	0	0	0	0	1
		百分比	0.0	0.0	0.0	1.9	0.0	0.0	0.0	0.0	0.0	0.3
合计		样本数	22	18	35	54	51	19	32	67	14	312
		百分比	100.0	100.0	100.0	100.0	100.0	100.0	100.0	100.0	100.0	100.0

(五)是否有外出经历与去医院看病时的语言使用

分析表 4-30 可知，去医院看病时，有外出经历者使用普通话的百分比虽比没有外出经历者略低 0.4%，但其在兼用奇台话和普通话的比例上超出没有外出经历者 9.6%。在奇台话的使用率上，没有外出经历者更高。

表 4-30　　去医院看病时的语言使用与是否有外出经历交叉表

			是否有外出打工或求学等		合计
			否	是	
去医院看病时常使用哪种话	奇台话	样本数	60	34	94
		百分比	34.5	24.6	30.1
	普通话	样本数	84	66	150
		百分比	48.2	47.8	48.1

续表

			是否有外出打工或求学等		合计
			否	是	
去医院看病时常使用哪种话	奇台话、普通话	样本数	30	37	67
		百分比	17.2	26.8	21.5
	奇台话、普通话、其他方言	样本数	0	1	1
		百分比	0.0	0.7	0.3
合计		样本数	174	138	312
		百分比	100.0	100.0	100.0

六、在单位工作时的语言使用

分析表 4-31 可知,年龄、性别、居住地、职业、是否有外出经历这 5 个因素对在单位工作时的语言使用具有显著影响,而出生地、受教育程度这 2 个因素所产生的影响不显著。下面进行逐一分析。

表 4-31　在单位工作时的语言使用与影响因素交叉分析差异显著性统计表

相关因素	*V* 值	*P* 值
在单位工作时的语言使用 * 年龄	0.421	0.000
在单位工作时的语言使用 * 性别	0.401	0.000
在单位工作时的语言使用 * 出生地	0.151	0.067
在单位工作时的语言使用 * 居住地	0.455	0.000
在单位工作时的语言使用 * 受教育程度	0.055	0.509
在单位工作时的语言使用 * 职业	0.483	0.000
在单位工作时的语言使用 * 是否有外出经历	0.385	0.000

(一)年龄与在单位工作时的语言使用

分析表 4-32 可知,除去 20 岁以下的青少年属于没有工作单位的情况,在单位工作时,使用奇台话比例最高的是 50 岁以上年龄段,使用普通话的比例随年龄上升而逐渐下降,兼用奇台话与普通话的比例最高的是 41～50 岁这一年龄段。

表 4-32　　在单位工作时的语言使用与年龄交叉表

			年龄					合计
			20 岁以下	20～30 岁	31～40 岁	41～50 岁	50 岁以上	
在单位工作时常使用哪种话	奇台话	样本数	0	14	13	14	11	52
		百分比	0.0	17.1	23.2	23.3	24.4	16.7
	普通话	样本数	0	40	22	18	8	88
		百分比	0.0	48.8	39.3	30.0	17.8	28.2
	奇台话、普通话	样本数	0	18	10	17	10	55
		百分比	0.0	22.0	17.9	28.3	22.2	17.6
	无此情况	样本数	69	10	11	11	16	117
		百分比	100.0	12.2	19.6	18.3	35.6	37.5
合计		样本数	69	82	56	60	45	312
		百分比	100.0	100.0	100.0	100.0	100.0	100.0

(二)性别与在单位工作时的语言使用

分析表 4-33 可知,剔除“无此情况”者,男性在单位工作时使用奇台话的比例比女性高,女性无论是在使用普通话的比例上还是兼用奇台话与普通话的比例上均高于男性。

表 4-33　　在单位工作时的语言使用与性别交叉表

			性别		合计
			男	女	
在单位工作时常使用哪种话	奇台话	样本数	32	20	52
		百分比	20.8	12.7	16.7
	普通话	样本数	22	66	88
		百分比	14.3	41.8	28.2
	奇台话、普通话	样本数	18	37	55
		百分比	11.7	23.4	17.6
	无此情况	样本数	82	35	117
		百分比	53.2	22.2	37.5

续表

		性别		合计
		男	女	
合计	样本数	154	158	312
	百分比	100.0	100.0	100.0

(三)居住地与在单位工作时的语言使用

分析表4-34可知,在单位工作时,县城居住者使用奇台话的比例虽略高于农村居住者,而使用普通话和兼用奇台话与普通话的比例却远高于农村居住者。

表4-34　　在单位工作时的语言使用与居住地交叉表

			居住地		合计
			县城	农村	
在单位工作时常使用哪种话	奇台话	样本数	38	14	52
		百分比	17.5	14.7	16.7
	普通话	样本数	78	10	88
		百分比	35.9	10.5	28.2
	奇台话、普通话	样本数	50	5	55
		百分比	23.0	5.3	17.6
	无此情况	样本数	51	66	117
		百分比	23.5	69.5	37.5
合计		样本数	217	95	312
		百分比	100.0	100.0	100.0

(四)职业与在单位工作时的语言使用

分析表4-35可知,剔除"农牧业生产人员""学生""其他人员"等人员,企业工人在单位工作时使用奇台话的比例最高,商业、服务业人员和教师使用奇台话的比例较低。教师在单位工作时使用普通话的比例最高,教师以外的专业技术人员在单位谈工作时兼用奇台话与普通话的比例最高。

表 4-35　　在单位工作时的语言使用与职业交叉分析

			职业									合计
			农牧业生产人员	企业工人	教师	教师以外的专业技术人员	公务员	公司职员	商业、服务业人员	学生	其他人员	
在单位工作时常使用哪种话	奇台话	样本数	0	12	3	13	18	4	2	0	0	52
		百分比	0.0	66.7	8.6	24.1	35.3	21.1	6.3	0.0	0.0	16.7
	普通话	样本数	0	2	28	21	20	9	7	0	1	88
		百分比	0.0	11.1	80.0	38.9	39.2	47.4	21.9	0.0	7.1	28.2
	奇台话、普通话	样本数	0	4	4	20	13	6	8	0	0	55
		百分比	0.0	22.2	11.4	37.0	25.5	31.6	25.0	0.0	0.0	17.6
	无此情况	样本数	22	0	0	0	0	0	15	67	13	117
		百分比	100.0	0.0	0.0	0.0	0.0	0.0	46.9	100.0	92.9	37.5
合计		样本数	22	18	35	54	51	19	32	67	14	312
		百分比	100.0	100.0	100.0	100.0	100.0	100.0	100.0	100.0	100.0	100.0

(五)是否有外出经历与在单位工作时的语言使用

分析表 4-36 可知，除去“无此情况”者，在单位工作时，有外出经历者使用普通话的比例、兼用奇台话和普通话的比例远高于没有外出经历者。

表 4-36　　在单位工作时的语言使用与是否有外出经历交叉分析

			是否有外出打工或求学等		合计
			否	是	
在单位工作时常使用哪种话	奇台话	样本数	27	25	52
		百分比	15.5	18.1	16.7
	普通话	样本数	35	53	88
		百分比	20.1	38.4	28.2
	奇台话、普通话	样本数	19	36	55
		百分比	10.9	26.1	17.6
	无此情况	样本数	93	24	117
		百分比	53.4	17.4	37.5

续表

		是否有外出打工或求学等		合计
		否	是	
合计	样本数	174	138	312
	百分比	100.0	100.0	100.0

第五章　语言态度

在双语和多语(包括双方言和多方言)社会中,受社会或民族认同、情感、目的和动机、行为倾向等因素的影响,人们会对一种语言或文字的社会价值形成一定的认识或作出一定的评价,这种认识和评价通常被称为“语言态度”。[①]语言态度与人们的语言使用、语言能力相互影响、相互作用。本章将通过对奇台话与普通话的评价、语言喜好、对奇台话变异与变化的感受、对普通话学习的期待与对方言保持的态度几个方面来考察奇台县居民的语言态度。

第一节　对奇台话与普通话的评价

一、对奇台话与普通话评价的基本情况

语言评价是语言态度的重要组成部分,本部分分别从四个维度设计了对普通话、奇台话的语言评价。调查中让被调查者从四个维度进行打分,最高分为 5 分,最低分为 1 分。

通过表 5-1 可知,除了亲切程度外,奇台话在好听程度、有用程度、有地位程度相应维度上的得分均低于普通话相应维度上的得分。奇台话的有地位程度的平均值为 2.87,在四个维度中得分最低。奇台话的亲切程度的平均值为 4.31,高于普通话的亲切程度的均值 3.92。在方言区,方言是维系乡情的纽带,是乡土文化的根,生活于某一地域的人们对方言倍感亲切,在亲切程度上对方言的评价高于普通话的评价无可厚非。但在交际过程中,往往会出现处于实用性或功利性的考虑,人们对方言的评价低于对普通话评价的情况。奇台话让奇台人有归属感,所以大家普遍对它的亲切程度这一

① 参见王远新:《中国民族语言学理论与实践》,民族出版社 2002 年版,第 89 页。

维度上的评价较高。但在好听程度、有用程度、有地位程度这三个维度上，奇台话的平均值均低于普通话的平均值。

表 5-1　　奇台话与普通话评价表

	奇台话				普通话			
评价维度	好听程度	亲切程度	有用程度	有地位程度	好听程度	亲切程度	有用程度	有地位程度
平均值	3.25	4.31	3.53	2.87	4.60	3.92	4.64	4.37
标准差	1.325	1.101	1.290	1.404	0.854	1.251	0.752	1.021

二、语言评价与社会因素分析

社会因素到底会不会对被调查者对方言与普通话作出的语言评价产生显著性影响呢？下面逐一加以分析。

(一)年龄与语言评价

分析表 5-2 可知，经方差分析，年龄因素对奇台话与普通话的四个维度的评价不存在明显的影响，即评价分数的年龄差异不明显。

表 5-2　　语言评价得分与年龄方差分析差异显著性统计表

相关因素	F 值[①]	P 值
奇台话的好听程度得分 * 年龄	0.699	0.593
奇台话的亲切程度得分 * 年龄	0.560	0.692
奇台话的有用程度得分 * 年龄	1.054	0.379
奇台话的有地位程度得分 * 年龄	1.642	0.164
普通话的好听程度得分 * 年龄	0.559	0.692
普通话的亲切程度得分 * 年龄	0.561	0.691
普通话的有用程度得分 * 年龄	0.678	0.608
普通话的有地位程度得分 * 年龄	0.655	0.624

(二)性别与语言评价

分析表 5-3 可知，经两独立样本 T 检验分析，性别因素对奇台话的四个维度的评价上不具有显著影响，对普通话的亲切程度、有地位程度两个维度的评价上也不具有显著影响，而对普通话的好听程度和普通话的有用程度这两个维度的评价具有显著影响。

① F 值就是计算出来的 F 值，用来评估组间差异。F 值表示整个拟合方程的显著，F 越大，表示方程越显著，拟合程度也就越好。以下相同，不再做注释。

表 5-3　　语言评价得分与性别 T 检验差异显著性统计表

相关因素	*F* 值	*P* 值
奇台话的好听程度得分 * 性别	0.959	0.201
奇台话的亲切程度得分 * 性别	0.502	0.310
奇台话的有用程度得分 * 性别	0.047	0.996
奇台话的有地位程度得分 * 性别	0.000	0.587
普通话的好听程度得分 * 性别	19.637	0.027
普通话的亲切程度得分 * 性别	0.069	0.548
普通话的有用程度得分 * 性别	14.963	0.027
普通话的有地位程度得分 * 性别	4.068	0.072

1. 性别与普通话的好听程度

从表 5-4 的交叉分析可以看出，不同性别的被调查者给普通话的好听程度打分是 5 分的比例都较高，但不同性别的被调查者在 5 个评价分数段的分布比例有差异。在 1～3 分的评价上，男性的比例高于女性；在 4～5 分的评价上，女性的比例高于男性。

表 5-4　　普通话的好听程度与性别交叉表

<table>
<tr><td colspan="3" rowspan="2"></td><td colspan="2">性别</td><td rowspan="2">合计</td></tr>
<tr><td>男</td><td>女</td></tr>
<tr><td rowspan="10">普通话的好听程度</td><td rowspan="2">1</td><td>样本数</td><td>5</td><td>1</td><td>6</td></tr>
<tr><td>百分比</td><td>3.2</td><td>0.6</td><td>1.9</td></tr>
<tr><td rowspan="2">2</td><td>样本数</td><td>5</td><td>2</td><td>7</td></tr>
<tr><td>百分比</td><td>3.2</td><td>1.3</td><td>2.2</td></tr>
<tr><td rowspan="2">3</td><td>样本数</td><td>13</td><td>6</td><td>19</td></tr>
<tr><td>百分比</td><td>8.4</td><td>3.8</td><td>6.1</td></tr>
<tr><td rowspan="2">4</td><td>样本数</td><td>17</td><td>24</td><td>41</td></tr>
<tr><td>百分比</td><td>11.0</td><td>15.2</td><td>13.1</td></tr>
<tr><td rowspan="2">5</td><td>样本数</td><td>114</td><td>125</td><td>239</td></tr>
<tr><td>百分比</td><td>74.0</td><td>79.1</td><td>76.6</td></tr>
</table>

续表

		性别		合计
		男	女	
合计	样本数	154	158	312
	百分比	100.0	100.0	100.0

2. 性别与普通话的有用程度

从表 5-5 的交叉分析可以看出，不同性别的被调查者给普通话的有用程度的打分为 5 分的比例较高，但不同性别的被调查者在 5 个评价分数段的分布比例有差异。在 1～4 分的评价上，男性的比例高于女性；在 5 分的评价上，女性的比例高于男性。

表 5-5　　普通话的有用程度与性别交叉表

			性别		合计
			男	女	
普通话的有用程度	1	样本数	2	0	2
		百分比	1.3	0.0	0.6
	2	样本数	4	1	5
		百分比	2.6	0.6	1.6
	3	样本数	13	12	25
		百分比	8.4	7.6	8.0
	4	样本数	24	15	39
		百分比	15.6	9.5	12.5
	5	样本数	111	130	241
		百分比	72.1	82.3	77.2
合计		样本数	154	158	312
		百分比	100.0	100.0	100.0

(三)出生地与语言评价

分析表 5-6 可知，经两独立样本 T 检验，出生地因素对奇台话的好听程度和有用程度以及普通话的有地位程度的评价上存在显著影响，而对其他的评价方面不存在显著影响。

表 5-6　　语言评价与出生地 T 检验差异显著性统计分析表

相关因素	*F* 值	*P* 值
奇台话的好听程度 * 出生地	2.811	0.046
奇台话的亲切程度 * 出生地	1.252	0.783
奇台话的有用程度 * 出生地	7.208	0.017
奇台话的有地位程度 * 出生地	0.009	0.551
普通话的好听程度 * 出生地	2.755	0.331
普通话的亲切程度 * 出生地	1.931	0.125
普通话的有用程度 * 出生地	8.163	0.140
普通话的有地位程度 * 出生地	9.061	0.035

1. 出生地与奇台话的好听程度

从表 5-7 的交叉分析可以看出，不同出生地的被调查者给奇台话的好听程度的打分为 3 分的比例最高，但不同出生地的被调查者在 5 个评价分数段的分布比例有差异。在 1、3 分的评价上，县城的比例高于农村的比例；在 2、4、5 分的评价上，农村的比例高于县城的比例。

表 5-7　　奇台话的好听程度与出生地交叉表

			出生地		合计
			县城	农村	
奇台话的好听程度	1	样本数	22	22	44
		百分比	23.2	10.1	14.1
	2	样本数	9	30	39
		百分比	9.5	13.8	12.5
	3	样本数	31	67	98
		百分比	32.6	30.9	31.4
	4	样本数	11	47	58
		百分比	11.6	21.7	18.6
	5	样本数	22	51	73
		百分比	23.2	23.5	23.4

续表

		出生地		合计
		县城	农村	
合计	样本数	95	217	312
	百分比	100.0	100.0	100.0

2. 出生地与奇台话的有用程度

从表 5-8 的交叉分析可以看出，不同出生地的被调查者给奇台话的有用程度的打分为 5 分的比例最高，但不同出生地的被调查者在 5 个评价分数段的分布比例有差异。在 1、2 分的评价上，县城的比例高于农村的比例；在 3、4、5 分的评价上，农村的比例高于县城的比例。

表 5-8　　奇台话的有用程度与出生地交叉表

			出生地		合计
			县城	农村	
奇台话的有用程度	1	样本数	17	13	30
		百分比	17.9	6.0	9.6
	2	样本数	12	23	35
		百分比	12.6	10.6	11.2
	3	样本数	24	59	83
		百分比	25.3	27.2	26.6
	4	样本数	15	54	69
		百分比	15.8	24.9	22.1
	5	样本数	27	68	95
		百分比	28.4	31.3	30.4
合计		样本数	95	217	312
		百分比	100.0	100.0	100.0

3. 出生地与普通话的有地位程度

从表 5-9 的交叉分析可以看出，不同出生地的被调查者给普通话的有地位程度的打分为 5 分的比例最高，但不同出生地的被调查者在 5 个评价分数段的分布比例有差异。在 1、2、3 分的评价上，农村的比例高于县城的比例；在 4、5 分的评价上，县城的比例高于农村的比例。

表 5-9　　普通话的有地位程度与出生地交叉表

			出生地		合计
			县城	农村	
普通话的有地位程度	1	样本数	2	6	8
		百分比	2.1	2.8	2.6
	2	样本数	2	11	13
		百分比	2.1	5.1	4.2
	3	样本数	7	32	39
		百分比	7.4	14.7	12.5
	4	样本数	16	33	49
		百分比	16.8	15.2	15.7
	5	样本数	68	135	203
		百分比	71.6	62.2	65.1
合计		样本数	95	217	312
		百分比	100.0	100.0	100.0

(四)居住地与语言评价

分析表 5-10 可知,经两独立样本 T 检验,居住地因素对被调查者在普通话的亲切程度评价方面存在显著影响,而对其他的评价方面不存在显著影响。

表 5-10　　语言评价与居住地 T 检验差异显著性统计分析

相关因素	*F* 值	*P* 值
奇台话的好听程度 * 居住地	0.846	0.428
奇台话的亲切程度 * 居住地	0.342	0.870
奇台话的有用程度 * 居住地	0.461	0.708
奇台话的有地位程度 * 居住地	0.385	0.738
普通话的好听程度 * 居住地	2.571	0.297
普通话的亲切程度 * 居住地	4.089	0.045
普通话的有用程度 * 居住地	0.059	0.987
普通话的有地位程度 * 居住地	5.301	0.158

从表 5-11 的交叉分析可以看出，不同居住地的被调查者给普通话的亲切程度的打分为 5 分的比例最高，但不同居住地的被调查者在 5 个评价分数段的分布比例有差异。在 1、2、3、4 分的评价上，农村的比例高于县城的比例；在 5 分的评价上，县城的比例高于农村的比例。

表 5-11　　　　　普通话的亲切程度与居住地交叉表

			居住地		合计
			县城	农村	
普通话的亲切程度	1	样本数	6	7	13
		百分比	2.8	7.4	4.2
	2	样本数	24	14	38
		百分比	11.1	14.7	12.2
	3	样本数	45	20	65
		百分比	20.7	21.1	20.8
	4	样本数	27	14	41
		百分比	12.4	14.7	13.1
	5	样本数	115	40	155
		百分比	53.0	42.1	49.7
合计		样本数	217	95	312
		百分比	100.0	100.0	100.0

（五）受教育程度与语言评价

分析表 5-12 可知，经方差分析，不同受教育程度仅对普通话的有用程度评价方面存在显著的影响，而对其他的评价方面不存在显著的影响。

表 5-12　　语言评价与受教育程度方差分析差异显著性统计分析表

相关因素	*F* 值	*P* 值
奇台话的好听程度 * 受教育程度	2.281	0.090
奇台话的亲切程度 * 受教育程度	0.988	0.414
奇台话的有用程度 * 受教育程度	1.395	0.236
奇台话的有地位程度 * 受教育程度	1.623	0.168
普通话的好听程度 * 受教育程度	1.332	0.224
普通话的亲切程度 * 受教育程度	0.161	0.958
普通话的有用程度 * 受教育程度	2.821	0.001
普通话的有地位程度 * 受教育程度	1.760	0.183

从表 5-13 的交叉分析可以看出，不同受教育程度的被调查者给普通话的有用程度的打分为 5 分的比例最高。但不同受教育程度的被调查者在 5 个评价分数段的分布比例有差异。在 1、2、3 分的评价上，初中程度的比例最高。在 4 分的评价上，本科及以上程度的比例最高，初中程度的比例最低。在 5 分的评价上，小学及以下程度的比例最高，初中程度的比例最低。

表 5-13　　普通话的有用程度与受教育程度交叉表

			受教育程度					合计
			小学及以下	初中	高中（中专、技校）	大专	本科及以上	
普通话的有用程度	1	样本数	0	1	0	1	0	2
		百分比	0.0	1.7	0.0	1.2	0.0	0.6
	2	样本数	0	4	0	1	0	5
		百分比	0.0	6.9	0.0	1.2	0.0	1.6
	3	样本数	0	7	5	7	6	25
		百分比	0.0	12.1	9.4	8.4	7.1	8.0
	4	样本数	3	5	8	10	13	39
		百分比	9.1	8.6	15.1	12.0	15.3	12.5
	5	样本数	30	41	40	64	66	241
		百分比	90.9	70.7	75.5	77.1	77.6	77.2
合计		样本数	33	58	53	83	85	312
		百分比	100.0	100.0	100.0	100.0	100.0	100.0

（六）职业与语言评价

分析表 5-14 可知，不同职业的被调查者对奇台话和普通话四个维度的评价差异具体表现为：奇台话的好听程度上，其他人员的评价均值最高，公务员的评价均值最低。奇台话的亲切程度上，其他人员的评价均值最高，教师以外的专业技术人员的评价均值最低。奇台话的有用程度上，其他人员的评价均值最高，公务员的评价均值最低。奇台话的有地位程度上，其他人员的评价均值最高，公务员的评价均值最低。其他人员给奇台话四个维度的评价均值在所有职业的评价均值中最高。在普通话的好听程度与亲切程度上，公务员的评价均值最高。在普通话的有用程度、有地位程度上，教师的评价均值最高。

表 5-14　　不同职业的语言评价均值

	奇台话的好听程度	奇台话的亲切程度	奇台话的有用程度	奇台话的有地位程度	普通话的好听程度	普通话的亲切程度	普通话的有用程度	普通话的有地位程度
农牧业生产人员	3.73	4.32	4.05	3.32	4.50	3.32	4.64	4.50
企业工人	3.39	4.44	3.50	2.67	4.39	3.72	4.00	3.56
教师	2.94	4.40	3.66	2.89	4.77	4.00	4.80	4.69
教师以外的专业技术人员	3.00	4.11	3.54	2.72	4.54	3.83	4.72	4.54
公务员	2.78	4.16	3.04	2.39	4.80	4.08	4.75	4.43
公司职员	3.68	4.53	3.68	3.42	4.26	3.95	4.32	4.05
商业、服务业人员	3.63	4.50	3.88	3.31	4.56	3.97	4.59	4.44
学生	3.30	4.25	3.33	2.76	4.66	4.04	4.79	4.25
其他人员	4.00	4.79	4.07	3.50	4.43	3.93	4.21	4.29
平均值	3.25	4.31	3.53	2.87	4.60	3.92	4.64	4.37

分析表 5-15 可知，经方差分析，职业因素对奇台话的好听程度、有用程度、有地位程度以及普通话的有地位程度的评价方面存在显著的影响。而对其他的评价方面不存在显著的影响。下面逐一加以分析。

表 5-15　　语言评价与职业方差分析差异显著性统计分析表

相关因素	*F* 值	*P* 值
奇台话的好听程度 * 职业	2.930	0.004
奇台话的亲切程度 * 职业	0.965	0.463
奇台话的有用程度 * 职业	2.313	0.020
奇台话的有地位程度 * 职业	2.390	0.016
普通话的好听程度 * 职业	1.244	0.273
普通话的亲切程度 * 职业	0.934	0.489
普通话的有用程度 * 职业	3.618	0.086
普通话的有地位程度 * 职业	2.563	0.010

1. 职业与奇台话的好听程度

从 5-16 的交叉分析可以看出，不同职业的被调查者给奇台话的好听程度给出的 5 个评价分数段的分布比例有差异。在 1 分的评价上，公务员的比例最高；在 2 分的评价上，教师的比例最高；在 3 分的评价上，农牧业生产人员的比例最高；在 4 分的评价上，企业工人的比例最高；在 5 分的评价上，其他人员的比例最高。

表 5-16　奇台话的好听程度与职业交叉表

			职业									合计
			农牧业生产人员	企业工人	教师	教师以外的专业技术人员	公务员	公司职员	商业、服务业人员	学生	其他人员	
奇台话的好听程度	1	样本数	0	1	6	12	15	1	0	9	0	44
		百分比	0.0	5.6	17.1	22.2	29.4	5.3	0.0	13.4	0.0	14.1
	2	样本数	0	4	8	5	7	2	4	9	0	39
		百分比	0.0	22.2	22.9	9.3	13.7	10.5	12.5	13.4	0.0	12.5
	3	样本数	12	4	9	18	10	6	13	20	6	98
		百分比	54.5	22.2	25.7	33.3	19.6	31.6	40.6	29.9	42.9	31.4
	4	样本数	4	5	6	9	12	3	6	11	2	58
		百分比	18.2	27.8	17.1	16.7	23.5	15.8	18.8	16.4	14.3	18.6
	5	样本数	6	4	6	10	7	7	9	18	6	73
		百分比	27.3	22.2	17.1	18.5	13.7	36.8	28.1	26.9	42.9	23.4
合计		样本数	22	18	35	54	51	19	32	67	14	312
		百分比	100.0	100.0	100.0	100.0	100.0	100.0	100.0	100.0	100.0	100.0

2. 职业与奇台话的有用程度

从表 5-17 的交叉分析可以看出，不同职业的被调查者给奇台话的有用程度给出的 5 个评价分数段的分布比例有差异。在 1 分的评价上，公务员的比例最高；在 2 分的评价上，企业工人的比例最高；在 3 分的评价上，商业、服务业人员和学生的比例最高；在 4 分的评价上，公司职员的比例最高；在 5 分的评价上，其他人员的比例最高。

表 5-17　　　　　奇台话的有用程度与职业交叉表

			职业									合计
			农牧业生产人员	企业工人	教师	教师以外的专业技术人员	公务员	公司职员	商业、服务业人员	学生	其他人员	
奇台话的有用程度	1	样本数	1	1	2	5	13	1	0	7	0	30
		百分比	4.5	5.6	5.7	9.3	25.5	5.3	0.0	10.4	0.0	9.6
	2	样本数	0	3	4	6	4	3	3	11	1	35
		百分比	0.0	16.7	11.4	11.1	7.8	15.8	9.4	16.4	7.1	11.2
	3	样本数	5	5	8	16	12	2	10	21	4	83
		百分比	22.7	27.8	22.9	29.6	23.5	10.5	31.3	31.3	28.6	26.6
	4	样本数	7	4	11	9	12	8	7	9	2	69
		百分比	31.8	22.2	31.4	16.7	23.5	42.1	21.9	13.4	14.3	22.1
	5	样本数	9	5	10	18	10	5	12	19	7	95
		百分比	40.9	27.8	28.6	33.3	19.6	26.3	37.5	28.4	50.0	30.4
合计		样本数	22	18	35	54	51	19	32	67	14	312
		百分比	100.0	100.0	100.0	100.0	100.0	100.0	100.0	100.0	100.0	100.0

3.职业与奇台话的有地位程度

从表 5-18 的交叉分析可以看出，不同职业的被调查者给奇台话的有地位程度给出的 5 个评价分数段的分布比例有差异。在 1 分的评价上，公务员的比例最高，其他人员的比例最低。在 2 分的评价上，公司职员的比例最高，教师的比例最低。在 3 分的评价上，其他人员的比例最高，公司职员的比例最低。在 4 分的评价上，农牧业生产人员的比例最高，企业工人的比例最低。在 5 分的评价上，公司职员的比例最高，公务员的比例最低。

表 5-18　　奇台话的有地位程度与职业交叉表

			职业									合计
			农牧业生产人员	企业工人	教师	教师以外的专业技术人员	公务员	公司职员	商业、服务业人员	学生	其他人员	
奇台话的有地位程度	1	样本数	2	5	9	16	20	1	2	17	0	72
		百分比	9.1	27.8	25.7	29.6	39.2	5.3	6.3	25.4	0.0	23.1
	2	样本数	4	3	4	9	7	5	7	14	3	56
		百分比	18.2	16.7	11.4	16.7	13.7	26.3	21.9	20.9	21.4	17.9
	3	样本数	6	6	11	14	11	4	9	15	5	81
		百分比	27.3	33.3	31.4	25.9	21.6	21.1	28.1	22.4	35.7	26.0
	4	样本数	5	1	4	4	10	3	7	10	2	46
		百分比	22.7	5.6	11.4	7.4	19.6	15.8	21.9	14.9	14.3	14.7
	5	样本数	5	3	7	11	3	6	7	11	4	57
		百分比	22.7	16.7	20.0	20.4	5.9	31.6	21.9	16.4	28.6	18.3
合计		样本数	22	18	35	54	51	19	32	67	14	312
		百分比	100.0	100.0	100.0	100.0	100.0	100.0	100.0	100.0	100.0	100.0

4.职业与普通话的有地位程度

从表 5-19 的交叉分析可以看出，不同职业的被调查者给普通话的有地位程度给出的 5 个评价分数段的分布比例有差异。在 1 分的评价上，学生的比例最高。在 2 分评价上，企业工人的比例最高，学生的比例最低。在 3 分的评价上，企业工人的比例最高，教师的比例最低。在 4 分的评价上，其他人员的比例最高，商业、服务业人员的比例最低。在 5 分的评价上，教师的比例最高，企业工人的比例最低。

表 5-19　　　　普通话的有地位程度与职业交叉表

			职业									合计
			农牧业生产人员	企业工人	教师	教师以外的专业技术人员	公务员	公司职员	商业、服务业人员	学生	其他人员	
普通话的有地位程度	1	样本数	0	1	0	0	1	1	0	5	0	8
		百分比	0.0	5.6	0.0	0.0	2.0	5.3	0.0	7.5	0.0	2.6
	2	样本数	1	2	1	2	2	2	1	1	1	13
		百分比	4.5	11.1	2.9	3.7	3.9	10.5	3.1	1.5	7.1	4.2
	3	样本数	2	7	1	4	5	3	7	8	2	39
		百分比	9.1	38.9	2.9	7.4	9.8	15.8	21.9	11.9	14.3	12.5
	4	样本数	4	2	6	11	9	2	1	11	3	49
		百分比	18.2	11.1	17.1	20.4	17.6	10.5	3.1	16.4	21.4	15.7
	5	样本数	15	6	27	37	34	11	23	42	8	203
		百分比	68.2	33.3	77.1	68.5	66.7	57.9	71.9	62.7	57.1	65.1
合计		样本数	22	18	35	54	51	19	32	67	14	312
		百分比	100.0	100.0	100.0	100.0	100.0	100.0	100.0	100.0	100.0	100.0

(七)有无外出经历与语言评价

分析表 5-20 可知，经两独立样本 T 检验，有无外出经历这一因素对奇台话和普通话的四个维度的评价上均不存在显著的影响。

表 5-20　　语言评价与有无外出经历 T 检验差异显著性统计分析

相关因素	F 值	P 值
奇台话的好听程度 * 有无外出经历	0.748	0.388
奇台话的亲切程度 * 有无外出经历	0.009	0.926
奇台话的有用程度 * 有无外出经历	0.002	0.968
奇台话的有地位程度 * 有无外出经历	0.001	0.980
普通话的好听程度 * 有无外出经历	2.513	0.106
普通话的亲切程度 * 有无外出经历	0.031	0.861

续表

相关因素	F 值	P 值
普通话的有用程度 * 有无外出经历	3.081	0.072
普通话的有地位程度 * 有无外出经历	0.916	0.339

第二节　语言喜好

语言喜好即对某种语言或方言的喜爱程度，语言喜好是语言态度的外在表现形式，对一个人的语言使用有明显作用。下面分析奇台居民在对奇台话与普通话的喜好程度上是否存在差异。

一、喜欢奇台话与普通话的基本数据

分析表 5-21、图 5-1 可以看出，被调查者对奇台话和普通话的喜好程度的差异不大。

表 5-21　　对奇台话与普通话的喜爱程度

	奇台话						普通话					
维度	喜欢	比较喜欢	一般	不喜欢	很不喜欢	无法回答	喜欢	比较喜欢	一般	不喜欢	很不喜欢	无法回答
百分比	49.7	22.8	22.4	4.8	0.3	0.0	46.8	22.8	26.9	2.9	0.3	0.3

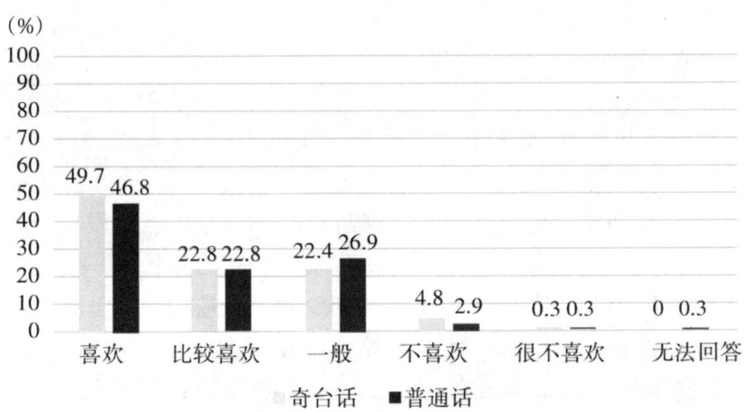

图 5-1　对奇台话与普通话的喜爱程度统计图

二、语言喜好与社会因素分析

分析表5-22，是否喜欢奇台话只在年龄、职业两个因素的分布上存在显著差异，而在性别、出生地、居住地、受教育程度、是否有外出经历五个因素的分布上均不存在显著差异。是否喜欢普通话只在年龄、职业、有无外出经历三个因素的分布上存在显著差异，而在性别、出生地、居住地、受教育程度四个因素的分布上不存在显著差异。

表5-22　　语言喜好与社会因素差异显著性统计分析表

相关因素	V 值	P 值
喜欢奇台话 * 年龄	0.151	0.027
喜欢奇台话 * 性别	0.073	0.896
喜欢奇台话 * 出生地	0.163	0.072
喜欢奇台话 * 居住地	0.054	0.953
喜欢奇台话 * 受教育程度	0.099	0.734
喜欢奇台话 * 职业	0.217	0.003
喜欢奇台话 * 有无外出经历	0.141	0.163
喜欢普通话 * 年龄	0.222	0.000
喜欢普通话 * 性别	0.146	0.195
喜欢普通话 * 出生地	0.153	0.183
喜欢普通话 * 居住地	0.124	0.441
喜欢普通话 * 受教育程度	0.195	0.125
喜欢普通话 * 职业	0.255	0.000
喜欢普通话 * 有无外出经历	0.217	0.003

(一)对奇台话的喜欢程度

1. 年龄与喜欢奇台话

分析表5-23可知，在“喜欢”这一程度上，50以上年龄段的比例最高，20岁以下年龄段的比例最低。在“比较喜欢”这一程度上，20岁以下年龄段的比例最高，50岁以上年龄段的比例最低。在“一般”这一程度上，20岁以下年龄段的比例最高，31～40岁年龄段的比例最低。在“不喜欢”这一程度上，31～40岁年龄段的比例最高，50岁以上年龄段的比例最低。在“很不喜欢”这一程度上，除去31～40岁年龄段，其余的均为零。

表 5-23　　　　　　　　是否喜欢奇台话与年龄交叉表

			年龄					合计
			20 岁以下	20～30 岁	31～40 岁	41～50 岁	50 岁以上	
您喜欢说家乡话吗	喜欢	样本数	21	42	34	30	28	155
		百分比	30.4	51.2	60.7	50.0	62.2	49.7
	比较喜欢	样本数	26	19	9	11	6	71
		百分比	37.7	23.2	16.1	18.3	13.3	22.8
	一般	样本数	20	16	8	16	10	70
		百分比	29.0	19.5	14.3	26.7	22.2	22.4
	不喜欢	样本数	2	5	4	3	1	15
		百分比	2.9	6.1	7.1	5.0	2.2	4.8
	很不喜欢	样本数	0	0	1	0	0	1
		百分比	0.0	0.0	1.8	0.0	0.0	0.3
合计		样本数	69	82	56	60	45	312
		百分比	100.0	100.0	100.0	100.0	100.0	100.0

2.职业与喜欢奇台话

分析表 5-24 可知，在“喜欢”这一程度上，农牧业生产人员的比例最高，学生的比例最低。在“比较喜欢”这一程度上，其他人员的比例最高，教师的比例最低。在“一般”这一程度上，教师的比例最高，其他人员的比例最低。在“不喜欢”这一程度上，教师以外的专业技术人员的比例最高。在“很不喜欢”这一程度上，除了其他人员以外，其他职业的比例均为零。

表 5-24　　　　　　　　是否喜欢奇台话与职业交叉表

			职业									合计
			农牧业生产人员	企业工人	教师	教师以外的专业技术人员	公务员	公司职员	商业、服务业人员	学生	其他人员	
您喜欢说家乡话吗	喜欢	样本数	15	11	16	26	30	11	21	20	5	155
		百分比	68.2	61.1	45.7	48.1	58.8	57.9	65.6	29.9	35.7	49.7

续表

			职业									合计
			农牧业生产人员	企业工人	教师	教师以外的专业技术人员	公务员	公司职员	商业、服务业人员	学生	其他人员	
您喜欢说家乡话吗	比较喜欢	样本数	4	4	5	9	9	3	6	25	6	71
		百分比	18.2	22.2	14.3	16.7	17.6	15.8	18.8	37.3	42.9	22.8
	一般	样本数	3	3	11	14	9	5	4	20	1	70
		百分比	13.6	16.7	31.4	25.9	17.6	26.3	12.5	29.9	7.1	22.4
	不喜欢	样本数	0	0	3	5	3	0	1	2	1	15
		百分比	0.0	0.0	8.6	9.3	5.9	0.0	3.1	3.0	7.1	4.8
	很不喜欢	样本数	0	0	0	0	0	0	0	0	1	1
		百分比	0.0	0.0	0.0	0.0	0.0	0.0	0.0	0.0	7.1	0.3
合计		样本数	22	18	35	54	51	19	32	67	14	312
		百分比	100.0	100.0	100.0	100.0	100.0	100.0	100.0	100.0	100.0	100.0

(二)对普通话的喜欢程度

1. 年龄与喜欢普通话

分析表5-25可知，在“喜欢”这一程度上，20岁以下年龄段的比例最高，50岁以上年龄段的比例最低。在“比较喜欢”这一程度上，20～30岁年龄段的比例最高，31～40岁年龄段的比例最低。在“一般”这一程度上，50岁以上年龄段的比例最高，20岁以下年龄段的比例最低。在“不喜欢”这一程度上，50岁以上年龄段的比例高于其他年龄段。

表5-25　　是否喜欢普通话与年龄交叉表

			年龄					合计
			20岁以下	20～30岁	31～40岁	41～50岁	50岁以上	
您喜欢说普通话吗	喜欢	样本数	43	37	34	24	8	146
		百分比	62.3	45.1	60.7	40.0	17.8	46.8

续表

			年龄					合计
			20 岁以下	20～30 岁	31～40 岁	41～50 岁	50 岁以上	
您喜欢说普通话吗	比较喜欢	样本数	18	25	7	11	10	71
		百分比	26.1	30.5	12.5	18.3	22.2	22.8
	一般	样本数	7	20	13	23	21	84
		百分比	10.1	24.4	23.2	38.3	46.7	26.9
	不喜欢	样本数	1	0	1	2	5	9
		百分比	1.4	0.0	1.8	3.3	11.1	2.9
	很不喜欢	样本数	0	0	1	0	0	1
		百分比	0.0	0.0	1.8	0.0	0.0	0.3
	无法回答	样本数	0	0	0	0	1	1
		百分比	0.0	0.0	0.0	0.0	2.2	0.3
合计		样本数	69	82	56	60	45	312
		百分比	100.0	100.0	100.0	100.0	100.0	100.0

2.职业与喜欢普通话

分析表 5-26 可知，在“喜欢”这一程度上，教师的比例最高，农牧业生产人员的比例最低。在“比较喜欢”这一程度上，公务员的比例最高，企业工人的比例最低。在“一般”这一程度上，企业工人的比例最高，学生的比例最低。在“不喜欢”这一程度上，农牧业生产人员的比例最高。

表 5-26　　　　是否喜欢普通话与职业交叉表

			职业									合计
			农牧业生产人员	企业工人	教师	教师以外的专业技术人员	公务员	公司职员	商业、服务业人员	学生	其他人员	
您喜欢说普通话吗	喜欢	样本数	3	5	27	26	21	10	9	43	2	146
		百分比	13.6	27.8	77.1	48.1	41.2	52.6	28.1	64.2	14.3	46.8
	比较喜欢	样本数	4	2	4	11	17	3	9	17	4	71
		百分比	18.2	11.1	11.4	20.4	33.3	15.8	28.1	25.4	28.6	22.8
	一般	样本数	10	10	4	17	13	6	11	6	7	84
		百分比	45.5	55.6	11.4	31.5	25.5	31.6	34.4	9.0	50.0	26.9
	不喜欢	样本数	4	1	0	0	0	0	2	1	1	9
		百分比	18.2	5.6	0.0	0.0	0.0	0.0	6.3	1.5	7.1	2.9
	很不喜欢	样本数	0	0	0	0	0	0	1	0	0	1
		百分比	0.0	0.0	0.0	0.0	0.0	0.0	3.1	0.0	0.0	0.3
	无法回答	样本数	1	0	0	0	0	0	0	0	0	1
		百分比	4.5	0.0	0.0	0.0	0.0	0.0	0.0	0.0	0.0	0.3
合计		样本数	22	18	35	54	51	19	32	67	14	312
		百分比	100.0	100.0	100.0	100.0	100.0	100.0	100.0	100.0	100.0	100.0

3.有无外出经历与喜欢普通话

分析表 5-27 可知，在“喜欢”这一程度上，有外出经历者的比例高。在“比较喜欢”“一般”“不喜欢”这三个程度上，没有外出经历者的比例高。总体来说，有外出经历者对普通话的喜爱程度更高一些。

表 5-27　　是否喜欢普通话与是否有外出经历交叉表

			是否有外出打工或求学等		合计
			否	是	
您喜欢说普通话吗	喜欢	样本数	70	76	146
		百分比	40.2	55.1	46.8
	比较喜欢	样本数	41	30	71
		百分比	23.6	21.7	22.8
	一般	样本数	53	31	84
		百分比	30.5	22.5	26.9
	不喜欢	样本数	9	0	9
		百分比	5.2	0.0	2.9
	很不喜欢	样本数	0	1	1
		百分比	0.0	0.7	0.3
	无法回答	样本数	1	0	1
		百分比	0.6	0.0	0.3
合计		样本数	174	138	312
		百分比	100.0	100.0	100.0

第三节　对奇台话变异与变化的感受

语言变异与变化无处不在，但有的人见微知著，有的人习焉不察，不同群体对语言变化的感受有可能各不相同。

一、对奇台话有无变化的感受

分析表 5-28、图 5-2 可知，被调查者对奇台话变化的感受存在差异，认为"有变化"的百分比达到了 78.5%，但也有少数人认为"没有变化"，而"无法回答"的占比较少。

表 5-28　　奇台话有无变化的感受数据

	样本数	百分比
有变化	245	78.5
没有变化	47	15.1
不知道	20	6.4
合计	312	100.0

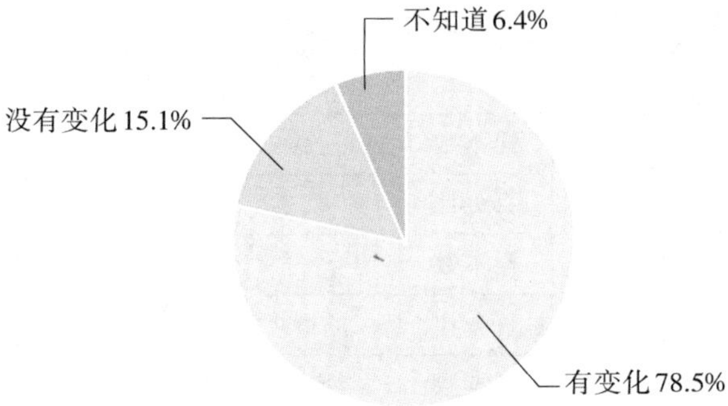

图 5-2　对奇台话有无变化的感受

二、对奇台话变异及变化差异的感受

语言结构的三个要素——语音、词汇、语法变化的速度具有差异。为了了解人们对于奇台话的语音、词汇、语法变异及变化差异的感受，我们在调查中设计了“您认为奇台话与以前相比最大的变化是什么”这一问题。分析表 5-29、图 5-3 可知，被调查者对奇台话变化的感受是认为发音上的变化最大，其次是词汇，最小的是语法，还有 21.5%的人对于哪里有变化不确定。

表 5-29　“您认为奇台话和以前比最大的变化是什么”的调查数据

	人数	百分比
发音上	121	38.8
词汇上	102	32.7
语法上	22	7.1
无法回答	67	21.5
合计	312	100.0

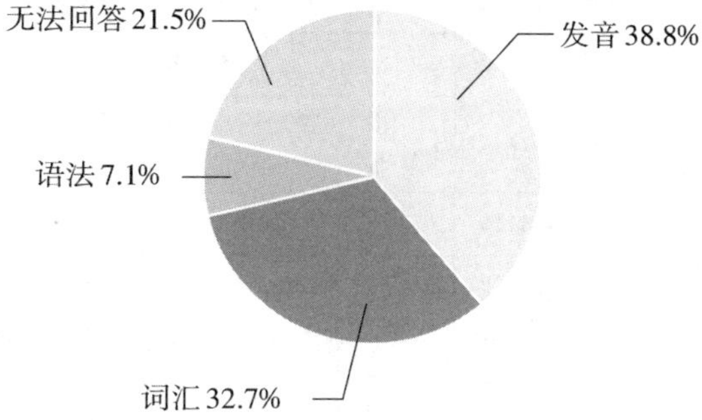

图 5-3 “奇台话哪里变化了”统计图

三、对奇台话变异及变化的感受与社会因素交叉分析

人们对方言变化的感受与社会因素究竟有没有关联呢？我们对有关奇台话变异及变化的感受与社会因素做了交叉分析。

分析表 5-30，年龄、职业两个因素对奇台话变化的感受有显著的影响，而性别、出生地、居住地、受教育程度、有无外出经历五个因素对奇台话变化的感受的影响不显著。下面逐一加以分析。

表 5-30 奇台话变异及变化的感受与影响因素交叉分析差异显著性统计表

相关因素	V 值	P 值
奇台话的变化 * 年龄	0.190	0.004
奇台话的变化 * 性别	0.117	0.117
奇台话的变化 * 出生地	0.058	0.595
奇台话的变化 * 居住地	0.061	0.562
奇台话的变化 * 受教育程度	0.086	0.798
奇台话的变化 * 职业	0.237	0.004
奇台话的变化 * 有无外出经历	0.049	0.691

(一)年龄与奇台话变化的感受

分析表 5-31 可知，在选择“有变化”上，50 岁以上的被调查者的比例最高，20～30 岁的被调查者的比例最低。在选择“没有变化”上，20～30 岁的被调查者的比例最高，50 岁以上的被调查者的比例最低。在选择“不知道”上，20 岁以下的被调查者的比例最高，50 岁以上的被调查者的比例最低。由于年龄存在差异，年龄较长的人对于方言变异及变化的感受比较深刻，对于方言变异及变化的历时过程感受并不深刻的以年轻人居多。

表 5-31　　觉得奇台话和以前比有没有变化与年龄交叉表

			年龄					合计
			20岁以下	20～30岁	31～40岁	41～50岁	50岁以上	
觉得奇台话和以前比有没有变化	有变化	样本数	50	58	41	52	44	245
		百分比	72.5	70.7	73.2	86.7	97.8	78.0
	没有变化	样本数	10	18	12	6	1	47
		百分比	14.5	22.0	21.4	10.0	2.2	15.1
	不知道	样本数	9	6	3	2	0	20
		百分比	13.0	7.3	5.4	3.3	0.0	6.4
合计		样本数	69	82	56	60	45	312
		百分比	100.0	100.0	100.0	100.0	100.0	100.0

(二)职业与奇台话变化的感受

分析表 5-32 可知，在选择“有变化”上，农牧业生产人员、企业工人的比例较高。在选择“没有变化”上，其他人员的比例最高。在选择“不知道”上，在读学生的比例最高。

表 5-32　　觉得奇台话和以前比有没有变化与职业交叉表

			职业									合计
			农牧业生产人员	企业工人	教师	教师以外的专业技术人员	公务员	公司职员	个体商户、餐馆或商场服务人员	学生	其他人员	
觉得奇台话和以前比有没有变化	有变化	样本数	22	18	23	43	38	15	29	49	8	245
		百分比	100.0	100.0	65.7	79.6	74.5	78.9	90.6	73.1	57.1	78.5
	没有变化	样本数	0	0	8	8	11	2	3	9	6	47
		百分比	0.0	0.0	22.9	14.8	21.6	10.5	9.4	13.4	42.9	15.1
	不知道	样本数	0	0	4	3	2	2	0	9	0	20
		百分比	0.0	0.0	11.4	5.6	3.9	10.5	0.0	13.4	0.0	6.4

续表

		职业									合计
		农牧业生产人员	企业工人	教师	教师以外的专业技术人员	公务员	公司职员	个体商户、餐馆或商场服务人员	学生	其他人员	
合计	样本数	22	18	35	54	51	19	32	67	14	312
	百分比	100.0	100.0	100.0	100.0	100.0	100.0	100.0	100.0	100.0	100.0

第四节 对普通话学习的期待与方言保持的态度

推广和普及普通话有利于消除隔阂、推进信息发展，有利于增进我国各民族各地区的交流，有利于维护国家统一，有利于增强中华民族凝聚力。贺知章曾经写道："少小离家老大回，乡音无改鬓毛衰。"一句"乡音无改"，道尽了多少游子心中的情。一方水土养育一方人，地域方言承载了一个地区多年来的历史文化信息，孕育着内涵深刻的人文气息，对于联络乡情、增进亲情，有着无法替代的作用。在对待推广普通话和传承保护方言这个问题上，学者陈炳华提出了"在大力推广普通话的同时，善待方言"的做法。本节我们将考察奇台县居民对于普通话学习的期待与方言保持的态度。

一、对自己的普通话水平的期待

(一)对自己的普通话水平期待的基本数据

分析图5-4可知，被调查者中希望自己的普通话水平达到"能流利准确地使用"和"能熟练地使用"的比例达到了79.8%，还有13.8%的被调查者选择"能进行一般交际即可"，有2.6%的被调查者选择"能听懂就行"，另有少数人对自己的普通话水平没有什么要求。

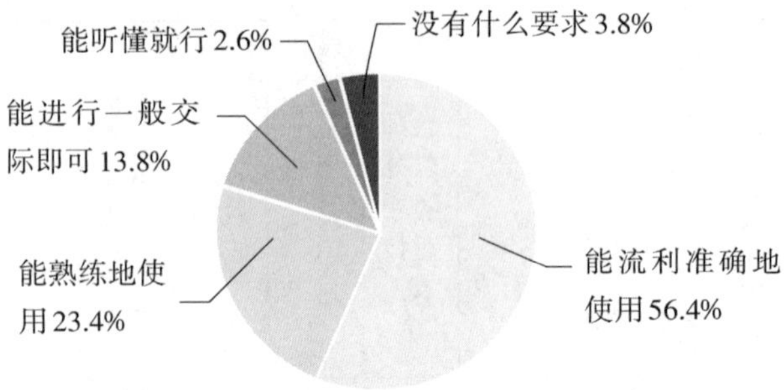

图 5-4 “对自己的普通话水平的期待程度”统计图

(二)对自己的普通话水平的期待与社会因素相关性分析

不同社会因素和被调查者对普通话水平的期待之间是否有明显相关性呢？下面我们做对普通话水平的期待与社会因素的交叉分析。如表 5-33 所示，年龄、性别、出生地、居住地、职业、是否有外出经历六个因素均对被调查者对自己的普通话水平的期待产生显著影响，而受教育程度的影响不显著。下面加以逐一分析。

表 5-33 对自己的普通话水平的期待与社会因素分析差异显著性统计表

相关因素	V 值	P 值
希望自己的普通话达到什么程度 * 年龄	0.295	0.000
希望自己的普通话达到什么程度 * 性别	0.238	0.001
希望自己的普通话达到什么程度 * 出生地	0.215	0.005
希望自己的普通话达到什么程度 * 居住地	0.190	0.023
希望自己的普通话达到什么程度 * 受教育程度	0.117	0.117
希望自己的普通话达到什么程度 * 职业	0.363	0.000
希望自己的普通话达到什么程度 * 有无外出经历	0.283	0.001

1.年龄与希望自己的普通话达到什么程度

分析表 5-34 可知，在“能够流利准确地使用”这一程度上，20 岁以下年龄段的比例最高，50 岁以上年龄段的比例最低。在“能熟练地使用”这一程度上，41～50 岁年龄段的比例最高。在“能进行一般交际即可”“能听懂就行”“没什么要求”这三个程度上，50 岁以上年龄段的比例均最高。

表 5-34　　希望自己的普通话达到什么程度与年龄交叉表

			年龄					合计
			20 岁以下	20～30 岁	31～40 岁	41～50 岁	50 岁以上	
希望自己的普通话达到什么程度	能够流利准确地使用	样本数	59	50	38	21	8	176
		百分比	85.5	61.0	67.9	35.0	17.8	56.4
	能熟练地使用	样本数	7	25	12	19	10	73
		百分比	10.1	30.5	21.4	31.7	22.2	23.4
	能进行一般交际即可	样本数	2	7	4	15	15	43
		百分比	2.9	8.5	7.1	25.0	33.3	13.8
	能听懂就行	样本数	1	0	1	3	3	8
		百分比	1.4	0.0	1.8	5.0	6.7	2.6
	没有什么要求	样本数	0	0	1	2	9	12
		百分比	0.0	0.0	1.8	3.3	20.0	3.8
合计		样本数	69	82	56	60	45	312
		百分比	100.0	100.0	100.0	100.0	100.0	100.0

2.性别与希望自己的普通话达到什么程度

分析表 5-35 可知，对自己普通话水平的期待在性别分布上的显著性差异表现在：女性比男性选择“能够流利准确地使用”和“能熟练地使用”的比例更高。男性在“能进行一般交际即可”“能听懂就行”以及“没什么要求”三个程度上的比例均高于女性。

表 5-35　　希望自己的普通话达到什么程度与性别交叉表

			性别		合计
			男	女	
希望自己的普通话达到什么程度	能够流利准确地使用	样本数	74	102	176
		百分比	48.1	64.6	56.4
	能熟练地使用	样本数	35	38	73
		百分比	22.7	24.1	23.4

续表

			性别		合计
			男	女	
希望自己的普通话达到什么程度	能进行一般交际即可	样本数	33	10	43
		百分比	21.4	6.3	13.8
	能听懂就行	样本数	5	3	8
		百分比	3.2	1.9	2.6
	没有什么要求	样本数	7	5	12
		百分比	4.5	3.2	3.8
合计		样本数	154	158	312
		百分比	100.0	100.0	100.0

3.出生地与希望自己的普通话达到什么程度

分析表5-36可知，县城出生者希望自己的普通话达到“能够流利准确地使用”和“能熟练地使用”的比例高于农村出生者。农村出生者选择“能进行一般交际即可”和“没什么要求”的比例高于县城出生者。

表5-36　　希望自己的普通话达到什么程度与出生地交叉表

			出生地		合计
			县城	农村	
希望自己的普通话达到什么程度	能够流利准确地使用	样本数	61	115	176
		百分比	64.2	53.0	56.4
	能熟练地使用	样本数	26	47	73
		百分比	27.4	21.7	23.4
	能进行一般交际即可	样本数	4	39	43
		百分比	4.2	18.0	13.8
	能听懂就行	样本数	3	5	8
		百分比	3.2	2.3	2.6
	没有什么要求	样本数	1	11	12
		百分比	1.1	5.1	3.8

续表

		出生地		合计
		县城	农村	
合计	样本数	95	217	312
	百分比	100.0	100.0	100.0

4.居住地与希望自己的普通话达到什么程度

分析表5-37可知,县城居住者希望自己的普通话达到“能够流利准确地使用”和“能熟练地使用”的比例高于农村居住者。农村居住者选择“能进行一般交际即可”“能听懂就行”和“没什么要求”的比例高于县城居住者。

表5-37　　希望自己的普通话达到什么程度与居住地交叉表

			居住地		合计
			县城	农村	
希望自己的普通话达到什么程度	能够流利准确地使用	样本数	128	48	176
		百分比	59.0	50.5	56.4
	能熟练地使用	样本数	54	19	73
		百分比	24.9	20.0	23.4
	能进行一般交际即可	样本数	27	16	43
		百分比	12.4	16.8	13.8
	能听懂就行	样本数	4	4	8
		百分比	1.8	4.2	2.6
	没有什么要求	样本数	4	8	12
		百分比	1.8	8.4	3.8
合计		样本数	217	95	312
		百分比	100.0	100.0	100.0

5.职业与希望自己的普通话达到什么程度

分析表5-38可知,学生、教师希望自己的普通话水平达到“能够流利准确地使用”的比例高于其他职业。商业、服务业人员选择“能熟练地使用”的比例最高。企业工人选择“能进行一般交际即可”的比例最高。在选择“能听懂就行”和“没什么要求”上,农牧业生产人员的比例最高。

表 5-38　　希望自己的普通话达到什么程度与职业交叉表

			职业									合计
			农牧业生产人员	企业工人	教师	教师以外的专业技术人员	公务员	公司职员	商业、服务业人员	学生	其他人员	
希望自己的普通话达到什么程度	能够流利准确地使用	样本数	1	4	28	35	28	10	7	59	4	176
		百分比	4.5	22.2	80.0	64.8	54.9	52.6	21.9	88.1	28.6	56.4
	能熟练地使用	样本数	4	7	3	11	17	4	15	7	5	73
		百分比	18.2	38.9	8.6	20.4	33.3	21.1	46.9	10.4	35.7	23.4
	能进行一般交际即可	样本数	7	6	4	8	4	4	6	0	4	43
		百分比	31.8	33.3	11.4	14.8	7.8	21.1	18.8	0.0	28.6	13.8
	能听懂就行	样本数	2	1	0	0	2	0	2	1	0	8
		百分比	9.1	5.6	0.0	0.0	3.9	0.0	6.3	1.5	0.0	2.6
	没有什么要求	样本数	8	0	0	0	0	1	2	0	1	12
		百分比	36.4	0.0	0.0	0.0	0.0	5.3	6.3	0.0	7.1	3.8
合计		样本数	22	18	35	54	51	19	32	67	14	312
		百分比	100.0	100.0	100.0	100.0	100.0	100.0	100.0	100.0	100.0	100.0

6.是否有外出打工或求学经历与希望自己的普通话达到什么程度

分析表 5-39,有外出经历者,希望自己的普通话水平达到“能够流利准确地使用”和“能熟练地使用”的比例高于没有外出经历者。没有外出经历者选择“能进行一般交际即可”“能听懂就行”和“没有什么要求”的比例高于有外出经历者。

表 5-39　希望自己的普通话达到什么程度与是否外出打工或求学交叉表

			是否外出打工或求学等		合计
			否	是	
希望自己的普通话达到什么程度	能够流利准确地使用	样本数	89	87	176
		百分比	51.1	63.0	56.4
	能熟练地使用	样本数	34	39	73
		百分比	19.5	28.3	23.4
	能进行一般交际即可	样本数	31	12	43
		百分比	17.8	8.7	13.8
	能听懂就行	样本数	8	0	8
		百分比	4.6	0.0	2.6
	没有什么要求	样本数	12	0	12
		百分比	6.9	0.0	3.8
合计		样本数	174	138	312
		百分比	100.0	100.0	100.0

二、对后代学习普通话的期待

(一)对后代学习普通话的期待的基本数据

分析图 5-5 可知,"非常希望"和"很希望"后代掌握普通话的被调查者达到了 97%,只有极少数人对此持无所谓的态度。由此可见,人们对普通话的重要性的认识非常到位,对后代学习与掌握普通话充满期待。

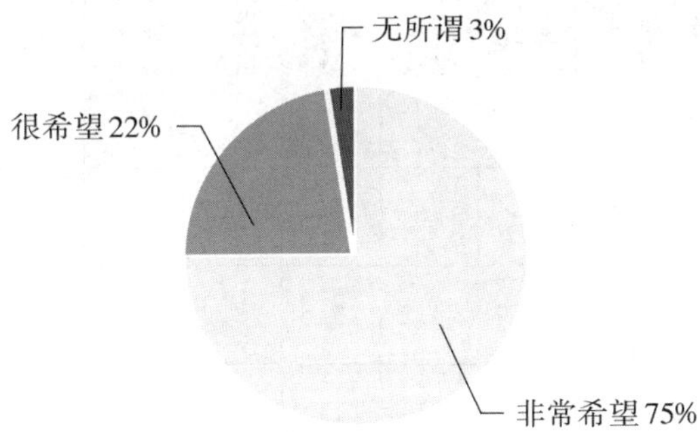

图 5-5　"对后代学习普通话的期待"统计图

(二)对后代学习普通话的期待与社会因素相关性分析

希望后代学习普通话在不同社会因素的分布上是否具有明显差异？通过分析表 5-40，经卡方检验，仅职业因素对后代学习普通话的期待具有显著影响，其他各因素不具有显著影响。几乎所有的被调查者都对后代会说普通话寄予了厚望，体现了普通话的作用已经为广大群众所接受，学习和掌握普通话成为了对子孙后代的期盼。

表 5-40　对自己的普通话水平的期待与社会因素分析差异显著性统计表

相关因素	V 值	P 值
希望孩子会说普通话 * 年龄	0.126	0.210
希望孩子会说普通话 * 性别	0.095	0.244
希望孩子会说普通话 * 出生地	0.088	0.323
希望孩子会说普通话 * 居住地	0.079	0.364
希望孩子会说普通话 * 受教育程度	0.080	0.821
希望孩子会说普通话 * 职业	0.212	0.031
希望孩子会说普通话 * 有无外出经历	0.066	0.506

分析表 5-41 可知，在“非常希望”这一选项上，学生、企业工人、教师的比例较高。在“很希望”这一选项上，农牧业生产人员的比例最高。在“无所谓”这一选项上，各职业的比例都不高，其他人员的比例略高一些。

表 5-41　是否希望后代学习普通话与职业交叉表

			职业									合计
			农牧业生产人员	企业工人	教师	教师以外的专业技术人员	公务员	公司职员	商业、服务业人员	学生	其他人员	
希望自己的孩子会说普通话吗	非常希望	样本数	11	15	29	40	39	15	21	57	7	234
		百分比	50.0	83.3	82.9	74.1	76.5	78.9	65.6	85.1	50.0	75.0
	很希望	样本数	11	2	6	11	11	3	11	9	6	70
		百分比	50.0	11.1	17.1	20.4	21.6	15.8	34.4	13.4	42.9	22.4

续表

			职业									合计
			农牧业生产人员	企业工人	教师	教师以外的专业技术人员	公务员	公司职员	商业、服务业人员	学生	其他人员	
希望自己的孩子会说普通话吗	无所谓	样本数	0	1	0	3	1	1	0	1	1	8
		百分比	0.0	5.6	0.0	5.6	2.0	5.3	0.0	1.5	7.1	2.6
合计		样本数	22	18	35	54	51	19	32	67	14	312
		百分比	100.0	100.0	100.0	100.0	100.0	100.0	100.0	100.0	100.0	100.0

三、希望后代会说普通话的理由

分析图 5-6，除去对后代学习普通话持“无所谓”的 8 名被调查者对此题未做选择外，“希望后代会说普通话的理由”中，选择“方便和更多的人交往、交流”这一理由的比例最高，其次是“对学习和工作有帮助”的实用性理由，“响应国家推广普通话的号召”这一理由占比最低。由此可见，被调查者希望后代学习普通话的初衷基本上以方便交往、交流的交际需要和对学习、工作有用的实用性需要为主。

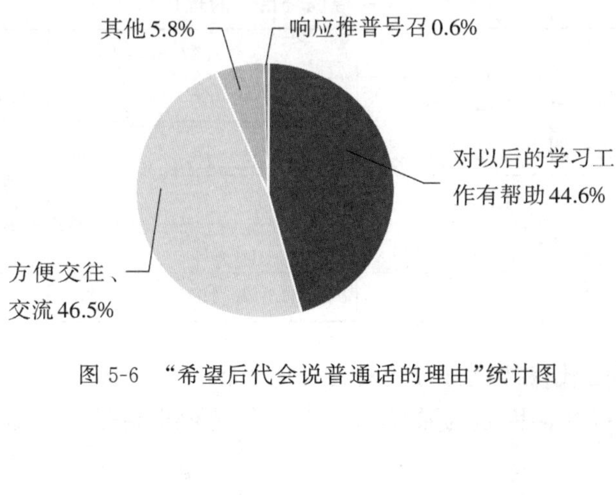

图 5-6　“希望后代会说普通话的理由”统计图

四、是否希望后代保持说奇台话

(一)希望后代保持说奇台话的基本数据

分析表5-42可知,“非常希望保持”与“希望保持”的比例合计达到了50.7%,“不太希望保持”和“不希望保持”的比例合计22.4%,还有26.9%的被调查者持无所谓的态度。由此可见,在方言保持上,态度积极和态度消极的被调查者几乎各占一半。这反映出被调查者对方言的忠诚度还是比较高的,未来的一个时期内奇台话与普通话将处于互相竞争与和谐共处的状态之中。

表5-42　是否希望后代继续保持说奇台话

	人数	百分比
非常希望保持	47	15.1
希望保持	111	35.6
无所谓	84	26.9
不太希望保持	44	14.1
不希望保持	26	8.3
合计	312	100.0

(二)保持说奇台话的理由

分析表5-43可知,希望后代保持说奇台话的理由中占比最多的是“便于与家乡人沟通”,其次是“有利于奇台地方文化的传承”,“说奇台话才能证明自己是奇台人”也占一定的比例。

表5-43　希望后代保持说奇台话的理由

	人数	百分比
便于与家乡人沟通	98	62.0
说奇台话才能证明自己是奇台人	13	8.2
有利于奇台地方文化的传承	47	29.7
其他	0	0
总计	158	100.0

(三)希望后代保持说奇台话与社会因素相关性分析

接下来分析社会因素与希望后代继续保持说奇台话之间有没有显著相关性。

分析表5-44可知，年龄、性别、出生地、居住地、受教育程度、职业、有无外出经历几个社会因素对希望后代继续保持说奇台话不具有显著性影响，也就是说，被调查者在是否希望后代保持说奇台话的态度上表现出一致性。

表5-44　　希望孩子保持说奇台话交叉分析差异显著性统计表

相关因素	V值	P值
希望孩子保持说奇台话＊年龄	0.124	0.263
希望孩子保持说奇台话＊性别	0.127	0.286
希望孩子保持说奇台话＊出生地	0.062	0.880
希望孩子保持说奇台话＊居住地	0.089	0.651
希望孩子会说普通话＊受教育程度	0.135	0.125
希望孩子保持说奇台话＊职业	0.169	0.295
希望孩子保持说奇台话＊有无外出经历	0.098	0.558

(四)不希望后代继续保持说奇台话的理由

分析表5-45可知，不希望后代继续保持说奇台话的理由中，占比最多的是“没有实用价值”和“听起来很土”，“会被认为是没有文化的表现”也是一个重要理由。

经交叉分析，年龄、性别、出生地、居住地、受教育程度、职业、有无外出经历几个社会因素对不希望后代继续保持说奇台话不具有显著性影响，也就是说，被调查者在不希望后代继续保持说奇台话的理由上表现出一致性。

表5-45　　不希望孩子保持说奇台话的理由

	人数	百分比
没有实用价值	26	36.6
听起来很土	26	36.6
会被认为是没有文化的表现	12	16.9
其他	7	9.9
总计	71	100.0

五、对奇台话消失的态度

(一)对奇台话消失的态度的基本数据

分析表5-46可知,在对奇台话消失的态度上,认为“很可惜”的占比超过了一半,还有相当一部分人选择“很正常、能接受”,认为“无所谓”“巴不得”的占比较低。

表5-46　对奇台话消失的态度的数据

	人数	百分比
很正常,能接受	132	42.3
很可惜	156	50.0
无所谓	23	7.4
巴不得	1	0.3
总计	312	100.0

(二)对奇台话消失的态度与社会因素的相关性分析

社会因素与对奇台话消失的态度之间是否具有显著相关性呢?我们对社会因素与对奇台话消失的态度做了交叉分析。分析表5-47可知,年龄、职业、有无外出经历三个因素对奇台话消失的态度存在显著影响,而性别、出生地、居住地、受教育程度四个因素对其影响不显著。

表5-47　对奇台话消失的态度与社会因素分析差异显著性统计表

相关因素	V 值	P 值
如果奇台话消失 * 年龄	0.216	0.000
如果奇台话消失 * 性别	0.145	0.069
如果奇台话消失 * 出生地	0.096	0.421
如果奇台话消失 * 居住地	0.105	0.305
如果奇台话消失 * 受教育程度	0.124	0.281
如果奇台话消失 * 职业	0.226	0.009
如果奇台话消失 * 有无外出经历	0.153	0.045

1.年龄与对奇台话消失的态度

分析表5-48可知,对奇台话消失的态度在年龄分布上的差异体现在:20岁以下、20～30岁两个年龄段选择“很可惜”的比例较高。31～40岁、41～50岁、50岁以上三个年龄段选择“很正常,能接受”的比例较高,其中,41～50岁年龄段的比例最高。选择“无所谓”的比例均不高,其中,20岁以下年龄段的比例最高，31～40 岁年龄段的比例最低。

表 5-48　　对奇台话消失的态度与年龄交叉表

<table>
<tr><td colspan="3" rowspan="2"></td><td colspan="5">年龄</td><td rowspan="2">合计</td></tr>
<tr><td>20 岁以下</td><td>20～30 岁</td><td>31～40 岁</td><td>41～50 岁</td><td>50 岁以上</td></tr>
<tr><td rowspan="8">如果奇台话消失，您会觉得</td><td rowspan="2">很正常，能接受</td><td>样本数</td><td>14</td><td>26</td><td>27</td><td>42</td><td>23</td><td>132</td></tr>
<tr><td>百分比</td><td>20.3</td><td>31.7</td><td>48.2</td><td>70.0</td><td>51.1</td><td>42.3</td></tr>
<tr><td rowspan="2">很可惜</td><td>样本数</td><td>46</td><td>51</td><td>26</td><td>14</td><td>19</td><td>156</td></tr>
<tr><td>百分比</td><td>66.7</td><td>62.2</td><td>46.4</td><td>23.3</td><td>42.2</td><td>50.0</td></tr>
<tr><td rowspan="2">无所谓</td><td>样本数</td><td>8</td><td>5</td><td>3</td><td>4</td><td>3</td><td>23</td></tr>
<tr><td>百分比</td><td>11.6</td><td>6.1</td><td>5.4</td><td>6.7</td><td>6.7</td><td>7.4</td></tr>
<tr><td rowspan="2">巴不得</td><td>样本数</td><td>1</td><td>0</td><td>0</td><td>0</td><td>0</td><td>1</td></tr>
<tr><td>百分比</td><td>1.4</td><td>0.0</td><td>0.0</td><td>0.0</td><td>0.0</td><td>0.3</td></tr>
<tr><td colspan="2" rowspan="2">合计</td><td>样本数</td><td>69</td><td>82</td><td>56</td><td>60</td><td>45</td><td>312</td></tr>
<tr><td>百分比</td><td>100.0</td><td>100.0</td><td>100.0</td><td>100.0</td><td>100.0</td><td>100.0</td></tr>
</table>

2. 职业与对奇台话消失的态度

分析表 5-49 可知，对奇台话消失的态度在职业分布上的差异体现在：企业工人、商业和服务业人员认为"很正常能接受"的比例高于其他职业，公司职员、学生认为"很可惜"的比例高于其他职业，其他人员、教师认为"无所谓"的比例高于其他职业。

表 5-49　　对奇台话消失的态度与职业交叉表

<table>
<tr><td colspan="3" rowspan="2"></td><td colspan="9">职业</td><td rowspan="2">合计</td></tr>
<tr><td>农牧业生产人员</td><td>企业工人</td><td>教师</td><td>教师以外的专业技术人员</td><td>公务员</td><td>公司职员</td><td>商业、服务业人员</td><td>学生</td><td>其他人员</td></tr>
<tr><td rowspan="6">如果奇台话消失，您会觉得</td><td rowspan="2">很正常，能接受</td><td>样本数</td><td>10</td><td>13</td><td>15</td><td>25</td><td>25</td><td>5</td><td>22</td><td>14</td><td>3</td><td>132</td></tr>
<tr><td>百分比</td><td>45.5</td><td>72.2</td><td>42.9</td><td>46.3</td><td>49.0</td><td>26.3</td><td>68.8</td><td>20.9</td><td>21.4</td><td>42.3</td></tr>
<tr><td rowspan="2">很可惜</td><td>样本数</td><td>10</td><td>5</td><td>16</td><td>23</td><td>25</td><td>13</td><td>10</td><td>45</td><td>9</td><td>156</td></tr>
<tr><td>百分比</td><td>45.5</td><td>27.8</td><td>45.7</td><td>42.6</td><td>49.0</td><td>68.4</td><td>31.3</td><td>67.2</td><td>64.3</td><td>50.0</td></tr>
<tr><td rowspan="2">无所谓</td><td>样本数</td><td>2</td><td>0</td><td>4</td><td>6</td><td>1</td><td>1</td><td>0</td><td>7</td><td>2</td><td>23</td></tr>
<tr><td>百分比</td><td>9.1</td><td>0.0</td><td>11.4</td><td>11.1</td><td>2.0</td><td>5.3</td><td>0.0</td><td>10.4</td><td>14.3</td><td>7.4</td></tr>
</table>

续表

			职业									合计
			农牧业生产人员	企业工人	教师	教师以外的专业技术人员	公务员	公司职员	商业、服务业人员	学生	其他人员	
如果奇台话消失，您会觉得	巴不得	样本数	0	0	0	0	0	0	0	1	0	1
		百分比	0.0	0.0	0.0	0.0	0.0	0.0	0.0	1.5	0.0	0.3
合计		样本数	22	18	35	54	51	19	32	67	14	312
		百分比	100.0	100.0	100.0	100.0	100.0	100.0	100.0	100.0	100.0	100.0

3. 有无外出经历与对奇台话消失的态度

分析表 5-50 可知，对奇台话消失的态度在是否有外出经历分布上的差异体现在：有外出经历者认为“很正常、能接受”的比例高于没有外出经历者。没有外出经历者认为“很可惜”的比例高于有外出经历者。

表 5-50　　对奇台话消失的态度与是否有外出经历交叉表

			是否有外出打工或求学等		合计
			否	是	
如果奇台话消失，您会觉得	很正常，能接受	样本数	63	69	132
		百分比	36.2	50.0	42.3
	很可惜	样本数	94	62	156
		百分比	54.0	44.9	50.0
	无所谓	样本数	16	7	23
		百分比	9.2	5.1	7.4
	巴不得	样本数	1	0	1
		百分比	0.6	0.0	0.3
合计		样本数	174	138	312
		百分比	100.0	100.0	100.0

第六章 语音变异

变异性是语言的一个基本特征。著名语言学家爱德华·萨丕尔的经典论断“人人都知道语言是变异的”早已为大家所熟知。日常生活中，语言变异与变化的点点滴滴我们都能感受到。南北各地的人们在语言行为上的差异较大，每个人说话也有差别，即使同一个人在不同场合说出来的话也有差异，语言变异与变化在语音、词汇和语法上都会体现出来。“时有古今，地有南北，字有更革，音有转移，亦势所必至。”陈第在《毛诗古音考·自序》中从时间、空间上阐述了文字、发音的变更，说明了语言变更的必然性。“社会语言学的语言结构研究把变异性视为语言的本质属性，研究的重点放在变异的制约条件上——既有语言内部的制约条件，也有社会制约条件。或者说，语言变异研究其实就是关于语言结构的研究，其中心任务就是对语言的异质性作出科学的解释。”①语音、词汇、语法是语言结构的三个基本要素，也是语言变异研究的主要研究对象。本章就奇台话语音的变异情况进行论述。

第一节 研究概述

语音变异部分采用判断抽样方法确定发音合作人。由于奇台话在农村各乡镇间几乎无大的差异，语言同质化程度较高，故本次抽样调查从中老年、中年、青年、青少年四个年龄段中各抽取 20 人，共计 80 人。样本具体信息见表 6-1。为了更好地考察奇台话语音变异的全貌，要求受访者虽祖籍不一定是奇台县，但本人必须是在奇台县长期居住的，在外地生活或居住的时间不超过三年，且以奇台话作为母方言的人。抽样时兼顾性别、受教育程度、职业、居住地等社会因素。

---

① 徐大明、蔡冰：《语言变异与变化》，第 91 页。

表 6-1　　　　样本基本信息表

<table>
<tr><th>背景</th><th>选项</th><th>样本数</th><th>百分比</th><th>背景</th><th>选项</th><th>样本数</th><th>百分比</th></tr>
<tr><td rowspan="2">居住地</td><td>县城</td><td>49</td><td>61.2</td><td rowspan="2">出生地</td><td>县城</td><td>15</td><td>18.8</td></tr>
<tr><td>乡镇</td><td>31</td><td>38.8</td><td>农村</td><td>65</td><td>81.2</td></tr>
<tr><td rowspan="2">性别</td><td>男性</td><td>41</td><td>51.3</td><td rowspan="2">是否有外地三年以上生活经历</td><td>有</td><td>28</td><td>35.0</td></tr>
<tr><td>女性</td><td>39</td><td>48.2</td><td>无</td><td>52</td><td>65.0</td></tr>
<tr><td rowspan="4">年龄段</td><td>中老年</td><td>20</td><td>25.0</td><td rowspan="9">职业</td><td>农牧业生产人员</td><td>16</td><td>20.0</td></tr>
<tr><td>中年</td><td>20</td><td>25.0</td><td>商业、服务业人员</td><td>8</td><td>10.0</td></tr>
<tr><td>青年</td><td>20</td><td>25.0</td><td>企事业单位职工</td><td>18</td><td>22.5</td></tr>
<tr><td>青少年</td><td>20</td><td>25.0</td><td>教师</td><td>18</td><td>22.5</td></tr>
<tr><td rowspan="5">受教育程度</td><td>小学及以下</td><td>11</td><td>13.8</td><td rowspan="5">在读学生</td><td rowspan="5">20</td><td rowspan="5">25.0</td></tr>
<tr><td>初中</td><td>24</td><td>30.0</td></tr>
<tr><td>高中（中专、技校）</td><td>13</td><td>16.2</td></tr>
<tr><td>大专</td><td>16</td><td>20.0</td></tr>
<tr><td>本科及以上</td><td>16</td><td>20.0</td></tr>
</table>

一、语言变项和语言变式

根据拉波夫的说法，语言变异就是“表达同一事物的（交替出现的）不同说法”，语言变项即“一组表达相同语义的不同语言形式”。[①] 奇台话语音中有一些典型的语音具有变异的特征。本书在参照有关奇台话前期研究成果

① 转引自徐大明、陶红印、谢天蔚：《当代社会语言学》，第 96 页。

的基础上结合前期的预调查结果选定三项声母变项和三项韵母变项作为考察的内容，分别是：不送气音发成送气音的变异，零声母开口字加“ng[ŋ]”的变异、声母“n[n]”“x[ɕ]”“j[tɕ]”“q[tɕʻ]”所属字的变异，韵母“e[ɤ]”所属字的变异，韵母“ai[ai]”所属字的变异，韵母[ei]与 l 相拼时的变异。

语言变化理论指出：“语言变化一定包括一个语言变异的阶段，即新旧形式并存并被交替使用的阶段。”①在这个变异阶段中，“同一个语言变项如有两个变式，社会语言学家将之分为两类：一类是‘旧形式’，即语言或方言的原有形式；一类是‘新形式’，即语言或方言新出现的形式。新旧两种形式对立存在，其演变过程是新形式最后战胜旧形式”②。为研究之便，我们将奇台话语音的方言形式记为“旧变式”，普通话形式记为“新变式”，同时使用普通话与方言形式记为“新、旧变式并用”。

二、研究假设的提出

语音变异部分提出三项研究假设：一是伴随着城镇化的进程，奇台话语音受到普通话的影响，逐渐向普通话演变。演变的过程中，各变式使用的情况较为复杂：既有方言变式的使用，也有普通话变式的使用，还有方言变式与普通话变式的并用。二是奇台话语音的新旧变式在各年龄段的分布不同，且与性别、受教育程度、职业、居住地等社会因素密切相关。三是奇台话语音的变异是语言因素与非语言因素共同作用的结果。

第二节　声母变异与韵母变异基本数据

一、不送气音发成送气音的变异

普通话中的不送气音在奇台话中常出现被发成送气音的现象。为了考察这一变异情况，我们在词表中设计了与“b[p]”和“p[pʻ]”、“z[ts]”和“c[tsʻ]”、“d[t]”和“t[tʻ]”相关的 12 个字，具体发音字组是“避免、哺乳、抓捕、波浪、三倍、停泊、民族、干燥、暴躁、大堤、抖一下、麻痹大意”。

分析表 6-2 可知，不送气音发成送气音的变异情况如下：总体上看，旧变式发音的占比为 21.6％，新变式发音的占比为 72.5％，新、旧变式并用发音

① 徐大明、陶红印、谢天蔚：《当代社会语言学》，第 135 页。

② Labov, W., *Principles of Linguistic Change, Volume 1: Internal Factors*, Oxford and Cambeidge: Blackwell, 1994, p. 66.

的占比为5.9%。我们将新变式发音的百分比分成高、中、低三类排列。其中百分比在90%以上的有“泊、燥”两字，百分比在60%～90%之间的有“避、哺、捕、波、倍、堤、抖、躁”八字，百分比在60%以下的有“族、痹”两字。新变式发音百分比最低的是“痹”，将近一半的被调查者将“痹”字发成旧变式发音“p[p‘]”，也有26.3%的被调查者在新变式发音“b[p]”和旧变式发音“p[p‘]”之间徘徊。新变式发音百分比最高的是“泊、燥”两字，被调查者基本上都发成新变式发音“b[p]”和“z[ts]”，只有个别被调查者发成旧变式发音“p[p‘]”和“c[ts‘]”。

表 6-2　　　　不送气字发音变异统计表

		旧变式	新变式	新、旧变式并用
避	个数	24	54	2
	百分比	30.0	67.5	2.5
哺	个数	14	62	4
	百分比	17.5	77.5	5.0
捕	个数	15	61	4
	百分比	18.8	76.2	5.0
波	个数	14	64	2
	百分比	17.5	80.0	2.5
倍	个数	32	48	0
	百分比	40.0	60.0	0.0
泊	个数	2	78	0
	百分比	2.5	97.5	0.0
族	个数	40	39	1
	百分比	50.0	48.8	1.2
燥	个数	2	78	0
	百分比	2.5	97.5	0.0
躁	个数	8	72	0
	百分比	10.0	90.0	0.0
堤	个数	18	62	0
	百分比	22.5	77.5	0.0

续表

		旧变式	新变式	新、旧变式并用
抖	个数	0	57	23
	百分比	0.0	71.3	28.7
痹	个数	38	21	21
	百分比	47.4	26.3	26.3
总计	个数	207	696	57
	百分比	21.6	72.5	5.9

通过图 6-1 可以更加清晰直观地看出被调查者在这 12 个不送气字发音中各变式的使用情况。

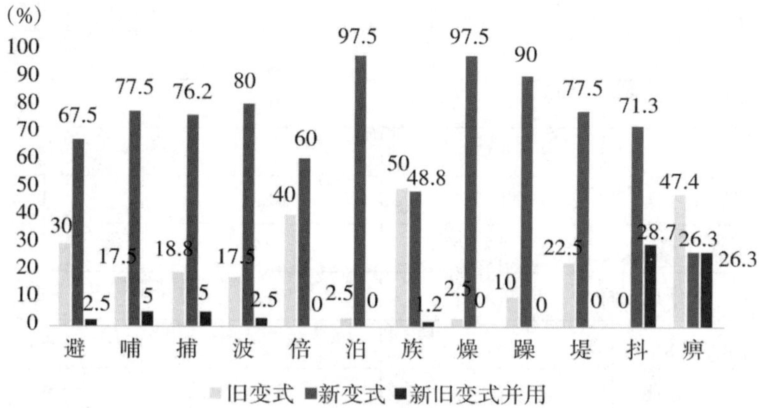

图 6-1　不送气字发音变异统计图

二、零声母开口字加“ng[ŋ]”的变异

普通话中的零声母开口字在奇台话的老一代发音中往往会发生变异，在零声母前加上“ng[ŋ]”。为了考察这一变异情况，我们在词表中设计了相关的 17 个字，具体发音字组是“河岸、案子、黑暗、热爱、挨打、棉袄、名额、天鹅、饿死、恩人、摁住、欧洲、莲藕、怄气、恶心、西安、俄罗斯”。

分析表 6-3 可知，零声母开口字加“ng[ŋ]”的变异情况如下：总体上看，旧变式发音的占比为 13.2%，新变式发音的占比为 86.8%，新、旧变式并用的发音占比为 0.0%。我们将新变式发音百分比分成高、中、低三类排列。其中，百分比在 90%以上的有“暗、摁、恩、岸、案、爱、欧、藕、怄”9 个字，百分比在 60%～90%之间的有“挨、袄、鹅、饿、恶、俄、安”7 个字，百分比在 60%

以下的有“额”字。

表 6-3　　零声母开口字加“ng[ŋ]”变异统计表

		旧变式	新变式	新、旧变式并用
岸	个数	4	76	0
	百分比	5.0	95.0	0.0
案	个数	2	78	0
	百分比	2.5	97.5	0.0
暗	个数	0	80	0
	百分比	0.0	100.0	0.0
爱	个数	2	78	0
	百分比	2.5	97.5	0.0
挨	个数	12	68	0
	百分比	15.0	85.0	0.0
袄	个数	14	66	0
	百分比	17.5	82.5	0.0
额	个数	33	47	0
	百分比	41.2	58.8	0.0
鹅	个数	26	54	0
	百分比	32.5	67.5	0.0
饿	个数	20	60	0
	百分比	25.0	75.0	0.0
恩	个数	0	80	0
	百分比	0.0	100.0	0.0
摁	个数	0	80	0
	百分比	0.0	100.0	0.0
欧	个数	2	78	0
	百分比	2.5	97.5	0.0
藕	个数	2	78	0
	百分比	2.5	97.5	0.0

续表

		旧变式	新变式	新、旧变式并用
怄	个数	4	76	0
	百分比	5.0	95.0	0.0
恶	个数	30	50	0
	百分比	37.5	62.5	0.0
安	个数	8	72	0
	百分比	10.0	90.0	0.0
俄	个数	20	60	0
	百分比	25.0	75.0	0.0
总计	个数	179	1181	0
	百分比	13.2	86.8	0.0

通过图 6-2 可以更加清晰直观地看出被调查者这 17 个零声母开口字发音中各变式的使用情况。可以看出，这些零声母开口字的发音中大多数字新变式发音的比例较高，例如“暗、恩、摁”3 字均发成新变式发音，这 3 个字的发音已经和普通话发音完全一致了。但也有个别字旧变式发音的比例依旧很高，如“额、恶、鹅”三字。

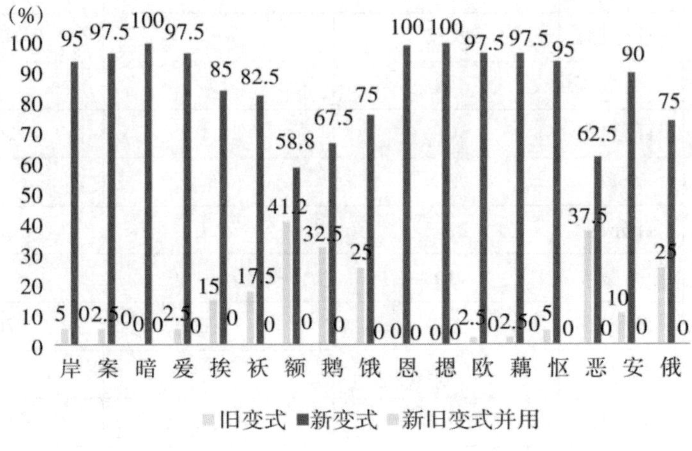

图 6-2　零声母开口字加“ng[ŋ]”发音变异统计图

三、声母 n[n]、x[ɕ]、j[tɕ]、q[tɕ']所属字的变异

“普通话的声母 n[n]、x[ɕ]、j[tɕ]、q[tɕ']所属的个别字在奇台方言中会被发成 l[l]、j[tɕ]、x[ɕ]、g[k]、[χ]，其中[χ]与[a]相拼时，声母又读作 x[ɕ]。”①新疆话中，有一些普通话声母 j[tɕ]、x[ɕ]所属的字，往往会被读成 g[k]、[χ]。所以这些字大多有两读的情况。为了考察这一变异情况，我们在词表中设计了相关的 15 个字，具体发音字组是“农民、糯米、刀鞘、机械化、街上、解开、牛角、穿鞋、瞎子、底下、吓人、下车、巷子、杏子、咸菜”。

分析表 6-4 可知，声母 n[n]、x[ɕ]、j[tɕ]、q[tɕ']所属字的变异情况如下：总体上看，旧变式发音的占比为 17.5%，新变式发音的占比为 55.0%，新、旧变式并用的发音占比为 27.5%。我们将新变式发音百分比分成高、中、低三类排列。其中，百分比在 90%以上的有“吓”字，百分比在 60%～90%之间的有“农、糯、械、解、角、下（下车）”6 个字。百分比在 60%以下的有“鞘、鞋、街、瞎、下（底下）、巷、杏、咸”8 个字。

表 6-4　　声母 n[n]、x[ɕ]、j[tɕ]、q[tɕ']所属字变异统计表

		旧变式	新变式	新、旧变式并用
农	个数	10	70	0
	百分比	12.5	87.5	0.0
糯	个数	16	64	0
	百分比	20.0	80.0	0.0
鞘	个数	48	16	16
	百分比	60.0	20.0	20.0
械	个数	22	56	2
	百分比	27.5	70.0	2.5
街	个数	10	14	56
	百分比	12.5	17.5	70.0
解	个数	10	58	12
	百分比	12.5	72.5	15.0

① 曾缇：《奇台方言语音研究》，山东大学硕士学位论文，2011 年。

续表

		旧变式	新变式	新、旧变式并用
角	个数	14	50	16
	百分比	17.5	62.5	20.0
鞋	个数	6	38	36
	百分比	7.5	47.5	45.0
瞎	个数	10	33	37
	百分比	12.5	41.2	46.3
下（底下）	个数	14	34	32
	百分比	17.5	42.5	40.0
吓	个数	0	76	4
	百分比	0.0	95.0	5.0
下（下车）	个数	4	53	23
	百分比	5.0	66.2	28.8
巷	个数	16	44	20
	百分比	20.0	55.0	25.0
杏	个数	16	34	30
	百分比	20.0	42.5	37.5
咸	个数	14	20	46
	百分比	17.5	25.0	57.5
总计	个数	210	660	330
	百分比	17.5	55.0	27.5

通过图 6-3 可以更加清晰直观地看出被调查者这 15 个字的发音中各变式的使用情况。可以看出，这些声母 n[n]、x[ɕ]、j[tɕ]、q[tɕʻ]所属字的发音中新、旧变式并用的情况十分明显，尤其是“街、咸、鞋、瞎、下（底下）”这几个字，新、旧变式并用率还是比较高的。通过这种新旧变式发音两读的现象可以看出，方言向普通话靠拢的趋势越来越明显，两读的情况其实也是新旧变式不断竞争的突出反映。

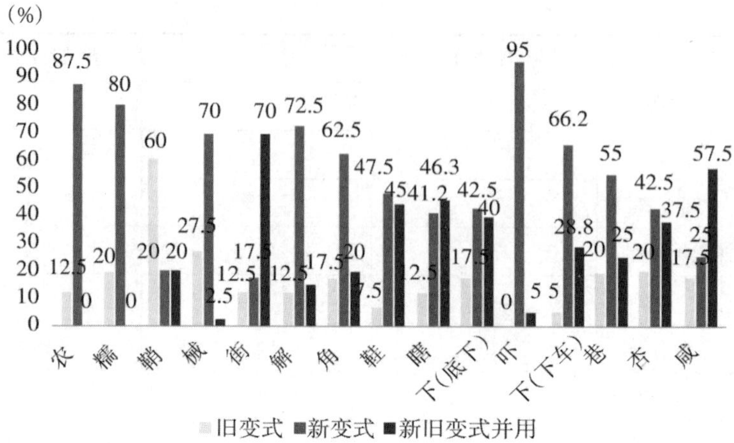

图 6-3　声母 n[n]、x[ɕ]、j[tɕ]、q[tɕʻ]所属字发音变异统计图

四、韵母“e[ɤ]”所属字的变异

有些普通话韵母“e[ɤ]”所属的字在奇台话中有时会发生变异，被读成其他的音。其中“得、德、这、涩、色、择、隔、客”读“[ei]”，“颗、棵、戈”读“[uo]”，“渴”读“[aŋ]”，“饿”读“[vɤ]”。为了考察这一类字的变异情况，我们在词表中设计了 13 个字，具体字组为“得到、品德、这个、戈壁、涩得很、颜色、选择、隔开、请客、一颗星、一棵树、渴了、饿了”。

分析表 6-5 可知，韵母“e[ɤ]”所属字的变异情况如下：总体来看，旧变式发音的数量占比为 6.3%，新变式发音的占比为 66.1%，新、旧变式并用的发音数量占比为 27.6%。我们将新变式发音百分比分成高、中、低三类排列。其中，百分比在 90%以上的有“得、德、择、颗、棵”5 个字，百分比在 60%～90%之间的有“隔”字，百分比在 60%以下的有“戈、涩、色、客、这、渴、饿”7 个字。

表 6-5　　韵母“e[ɤ]”所属字变异统计表

		旧变式	新变式	新、旧变式并用
得	个数	0	78	2
	百分比	0.0	97.5	2.5
德	个数	0	80	0
	百分比	0.0	100.0	0.0

续表

		旧变式	新变式	新、旧变式并用
戈	个数	8	47	25
	百分比	10.0	58.8	31.2
涩	个数	14	35	31
	百分比	17.5	43.8	38.7
色	个数	2	39	39
	百分比	2.5	48.8	48.8
择	个数	0	80	0
	百分比	0.0	100.0	0.0
隔	个数	0	70	10
	百分比	0.0	87.5	12.5
客	个数	0	45	35
	百分比	0.0	56.2	43.8
这	个数	21	8	51
	百分比	26.2	10.0	63.8
颗	个数	0	76	4
	百分比	0.0	95.0	5.0
棵	个数	0	78	2
	百分比	0.0	97.5	2.5
渴	个数	12	19	49
	百分比	15.0	23.8	61.3
饿	个数	8	33	39
	百分比	10.0	41.2	48.8
总计	个数	65	688	287
	百分比	6.3	66.1	27.6

通过图 6-4 可以更加清晰直观地看出，被调查者这 13 个字发音中各变式的使用情况：“得、德、择、颗、棵”5 个字的新变式使用率已达到或接近百分之百。有的字新旧变式并用率很高，比如，“涩、色、客、这、渴、饿”6 个字两读的情况比较明显。

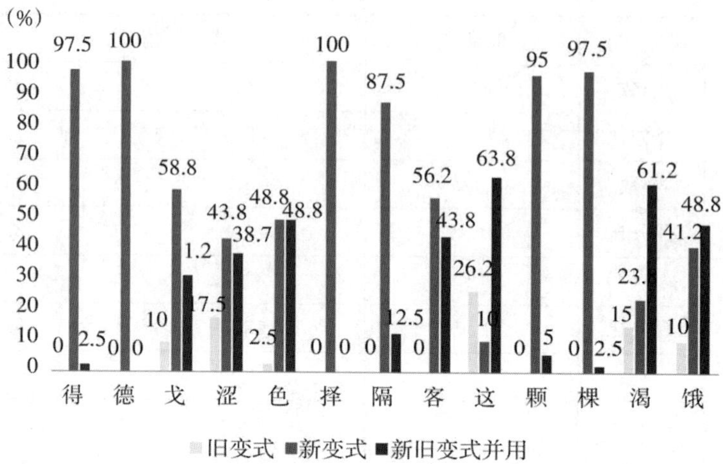

图 6-4　韵母“e[ɤ]”所属字发音变异统计图

五、韵母“ai[ai]”所属字的变异

奇台话中有些读“ai[ai]”的字常常被读成了“ei[ei]”或“e[ɤ]”，这些字绝大多数属于古入声字，一般存在文白异读现象。为了考察这一类字的变异情况，我们在词表中设计了 8 个字，具体字组是“白色、一百、小麦、摘掉、拆掉、宽窄、塞住、把脉”。

分析表 6-6 可知，韵母“ai[ai]”所属字的变异情况如下：总体来看，旧变式发音的占比为 24.3%，新变式发音的占比为 47.3%，新、旧变式并用的发音占比为 28.3%。我们将新变式发音百分比分成高、中、低三类排列。其中，百分比在 90%以上的只有“脉”字，百分比在 60%～90%之间的有“摘”字，百分比在 60%以下的有“白、百、麦、拆、窄、塞”6 个字。

表 6-6　　韵母“ai[ai]”所属字变异统计表

		旧变式	新变式	新、旧变式并用
白	个数	16	35	29
	百分比	20.0	43.8	36.2
百	个数	22	25	33
	百分比	27.5	31.2	41.3

续表

		旧变式	新变式	新、旧变式并用
麦	个数	18	26	36
	百分比	22.5	32.5	45.0
摘	个数	22	54	4
	百分比	27.5	67.5	5.0
拆	个数	30	27	23
	百分比	37.5	33.7	28.8
窄	个数	26	23	31
	百分比	32.5	28.8	38.7
塞	个数	20	39	21
	百分比	25.0	48.8	26.2
脉	个数	2	74	4
	百分比	2.5	92.5	5.0
总计	个数	156	303	181
	百分比	24.3	47.3	28.3

通过图 6-5 可以更加清晰直观地看出被调查者这 8 个字的发音中各变式的使用情况：这些韵母“ai[ai]”所属的 8 个字的新变式使用率普遍不高，新旧变式并用率很高。除了“脉”和“摘”字，其他 6 个字的新旧发音两读的比例都较高。

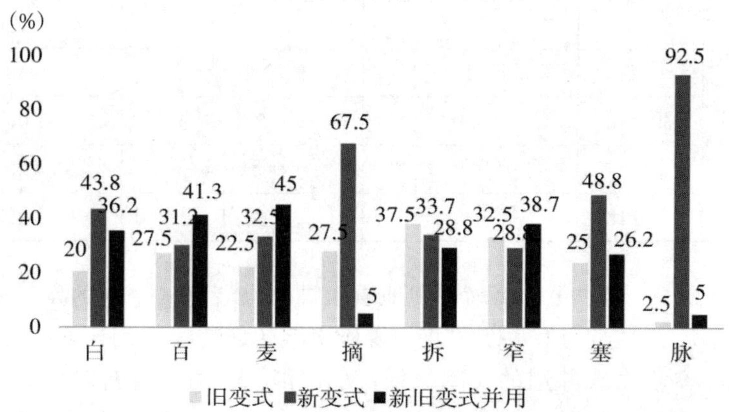

图 6-5　韵母“ai[ai]”发音变异统计图

六、韵母“[ei]”与“l”相拼时的变异

奇台话中有韵母“[ei]”与“l”相拼时韵母读成“[uei]”的变异特征，为了考察这一类字的变异情况，我们设计了 6 个字，相关字组分别是“眼泪、劳累、种类、木垒、光明磊落、打雷”。

分析表 6-7 可知，韵母“[ei]”与“l”相拼时的变异情况如下：总体来看，旧变式发音的占比为 9.2%，新变式发音的占比为 89.1%，新、旧变式并用的发音占比为 1.7%。我们将新变式发音百分比分成高、中两类排列。其中，百分比在 90%以上的有“类、垒、磊、雷”4 个字，百分比在 60%～90%之间的有“泪、累”2 个字。

表 6-7　　韵母“[ei]”与“l”相拼时的变异统计表

		旧变式	新变式	新、旧变式并用
泪	个数	14	62	4
	百分比	17.5	77.5	5.0
累	个数	12	64	4
	百分比	15.0	80.0	5.0
类	个数	4	76	0
	百分比	5.0	95.0	0.0
垒	个数	6	74	0
	百分比	7.5	92.5	0.0
磊	个数	4	76	0
	百分比	5.0	95.0	0.0
雷	个数	4	76	0
	百分比	5.0	95.0	0.0
总计	个数	44	428	8
	百分比	9.2	89.1	1.7

通过图 6-6 可以更加清晰直观地看出被调查者这 6 个字的发音中各变式的使用情况：这些韵母“[ei]”与“l”相拼所属字的新变式使用比率较高，旧变式使用率低，新旧变式并用的比率很低，仅有“泪、累”两字有新旧变式并用的情况。由此可见，韵母“[ei]”与“l”相拼时的发音基本上已经完成了向普通话发音的转化，只有少部分年龄较大的被调查者还保留着这一发音习惯。

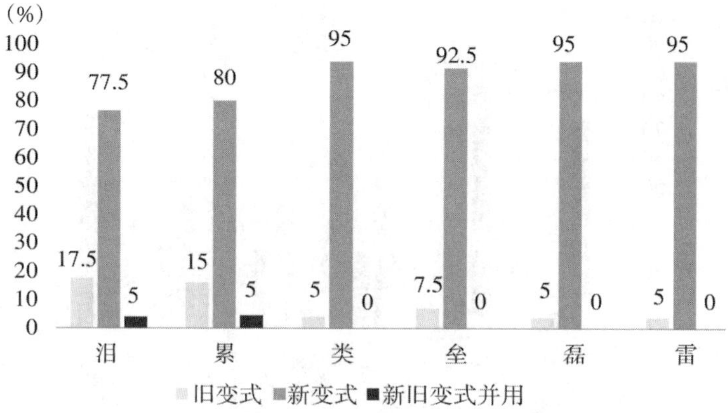

图 6-6　韵母“ei[ei]”与“l”相拼时发音变异统计图

“语言随着社会的发展变化而变化，但语言演变不会像社会变革那样发生突变，而是逐渐发展变化，具有稳定性。渐变性是语言演变的重要特点。语言各要素不能‘要变一起变’，只能是少部分的逐渐变化，大部分的稳定，才能保证交流的正常进行。”①

图 6-7 清晰直观地显示出奇台话语音六变项的变异情况，我们按照新变式使用率从高到低依次排列：韵母“ei[ei]”与“l”相拼时的变异＞零声母开口字加“ng[ŋ]”的变异＞不送气音发成送气音的变异＞韵母“e[ɤ]”所属字的变异＞声母“n[n]、x[ɕ]、j[tɕ]、q[tɕʻ]”所属字的变异＞韵母“ai[ai]”所属字的变异。新旧变式并用的使用率从高到低排列依次是：韵母“ai[ai]”所属字的变异＞韵母“e[ɤ]”所属字的变异＞声母“n[n]、x[ɕ]、j[tɕ]、q[tɕʻ]”所属字的变异＞不送气音发成送气音的变异＞韵母“ei[ei]”与“l”相拼时的变异＞零声母开口字加“ng[ŋ]”的变异。可见，语音六变项的变异速度有差异，变异速度最快的是韵母“ei[ei]”与“l”相拼时的变异，最慢的是韵母“ai[ai]”所属字的变异。“类、垒、磊、雷、泪、累”6 个字的发音基本上与普通话的发音一致，而“白、百、麦、摘、拆、窄、塞、脉”8 个字，既有旧变式发音，也有新变式发音，新旧发音两读的比率也很高。

① 王洪君：《〈语言学纲要（修订版）学习指导书〉练习与思考参考答案（第七至九章）》，https://www.docin.com/p-1660294230.html。

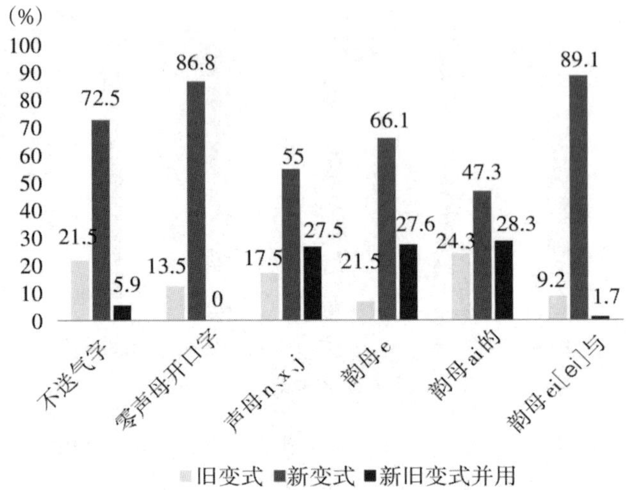

图 6-7　语音六变项发音变异比较图

第三节　语音变异的社会因素分析

社会语言学研究发现语言变异不仅受到语言系统内部因素的影响，还受到很多社会因素的影响，如年龄、性别、社会地位等。我们可以把由社会因素限定的语言变体称为语言的“社会变体”。与“社会变体”概念有关的一个概念是“社会变项”，如年龄、性别、社会阶层等社会范畴均可以视为不同的社会变项。[①] 拉波夫认为“考察语言变化时我们应该联系语言外部的诸因素，如年龄、性别、职业、受教育程度，以及种族、语体等”[②]。语言是人类交际的重要工具，社会因素属于非语言因素，它在交际过程中发挥着至关重要的作用，影响着语言发展变化的方向。下面我们将联系这些社会因素分析奇台话语音变异过程中的非语言因素的作用。

一、年龄与语音变异

在诸多的社会因素中，年龄绝对是最不可忽视的一个重要因素，因为“语音的变化不仅是动态的，而且是在时间维度上展开的。也就是说，不同

① 参见徐大明、蔡冰：《语言变异与变化》，第 138 页。

② 高玉娟：《大连方言五项语音变化的社会语言学分析》，《南开语言学刊》2005 年第 1 期。

年龄的人的语言状况也就代表了不同时期的语言面貌"[①]。我们知道,"不同年龄段的人说话存在差异,当语言变异标识某一变化时,最相关的社会因素就是年龄了"[②]。与年龄有关的语言变异有两类:一类是"进行中的变化",它表明一个言语社区中正在发生着的语言变化;另一类是"年龄级差",它代表的是同一代人在成长过程中在语言使用上所体现出来的变化。社会语言学家在研究语言变异时往往是通过语言在不同年龄段上的共时差异来研究语言的历时变化。

(一)年龄与各变式使用的基本情况

我们将 80 名发音合作人分为 4 个年龄组,分别统计各组 6 个语音变项中使用新变式、旧变式以及新旧变式并用的情况。

分析图 6-8、表 6-8 可知,各年龄组旧变式、新变式、新旧变式并用的平均数差异较大。旧变式方面,青少年组仅为 0.15,在 4 个年龄组内最低。随着年龄的增长平均数的值逐渐增加,至中老年组已经达到了 27.8。新变式方面,中老年组的平均数为 32.3,在 4 个年龄组内最低。随着年龄的降低数值逐渐增加,青少年组达到了 62.3,是 4 个年龄组中最高的。各组新旧变式并用的情况也不一。平均数最高的是中年组,最低的是青少年组,这恰好说明:青少年是潮流的引领者,虽然也存在新旧变式并用的情况,但还是以新式发音为主。中年阶段属于传承方言、逐渐接受普通话发音的阶段,中年人开始越来越多地使用普通话变式,但也没有丢弃方言变式。中老年人是方言的忠实守卫者,但随着方言与普通话的接触,中老年人逐渐受到影响并开始使用一些新式发音,但多年的积习难改,这就造成了中老年人新旧变式并用也很明显的特征。透过四代人发音上的差异情况,我们可以看出奇台话语音几十年来向普通话演变的轨迹。

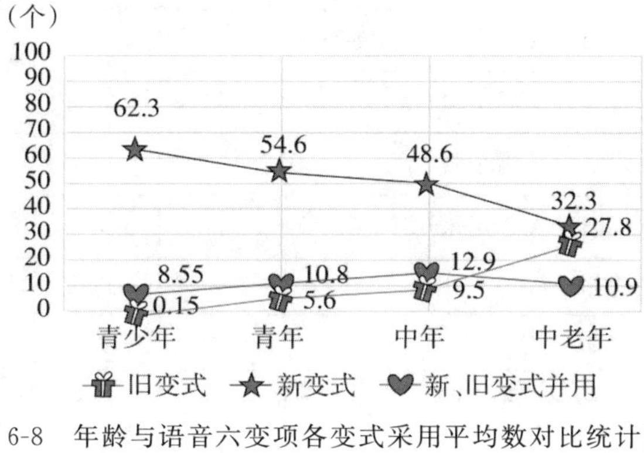

图 6-8　年龄与语音六变项各变式采用平均数对比统计图

① 王士元,沈中伟:《词汇扩散的动态描写》,《王士元语言学论文集》,商务印书馆 2002 年版,第 119～120 页。

② 郭骏:《方言变异与变化:溧水街上话的调查研究》,北京大学出版社 2009 年版,第 85 页。

表 6-8　　年龄与语音六变项各变式采用数量对比统计表

		年龄			
		青少年	青年	中年	中老年
1. 不送气字的变异	旧变式采用个数(个)	1	30	60	116
	新变式采用个数(个)	224	200	166	106
	新旧变式并用采用个数(个)	15	10	14	18
2. 零声母开口字加“ng[ŋ]”变异	旧变式采用个数(个)	1	10	36	132
	新变式采用个数(个)	339	330	304	208
	新旧变式并用采用个数(个)	0	0	0	0
3. 声母“n[n]、x[ɕ]、j[tɕ]、q[tɕʻ]”所属字的变异	旧变式采用个数(个)	0	34	50	126
	新变式采用个数(个)	234	182	156	88
	新旧变式并用采用个数(个)	66	84	94	86
4. 韵母“e[ɤ]”所属字变异	旧变式采用个数(个)	1	18	8	38
	新变式采用个数(个)	212	180	162	134
	新旧变式并用采用个数(个)	47	62	90	88
5. 韵母“ai[ai]”所属字的变异	旧变式采用个数(个)	0	20	34	102
	新变式采用个数(个)	117	84	70	32
	新旧变式并用采用个数(个)	43	56	56	26
6. 韵母“ei[ei]”与“l”相拼时的变异	旧变式采用个数(个)	0	0	2	42
	新变式采用个数(个)	120	116	114	78
	新旧变式并用采用个数(个)	0	4	4	0
旧变式总个数(个)		3	112	190	556
新变式总个数(个)		1246	1092	972	646
新旧变式并用总个数(个)		171	216	258	218
组人数(人)		20	20	20	20
旧变式人均数(个)		0.15	5.6	9.5	27.8
新变式人均数(个)		62.3	54.6	48.6	32.3
新、旧变式并用人均数(个)		8.55	10.8	12.9	10.9

(二)年龄与各变项交叉分析差异

为了进一步细致考察年龄因素对奇台话语音六变项各变式使用情况是否具有显著影响，我们对年龄与语音六变项各变式的使用进行了交叉卡方检验。分析表6-9可知，12个不送气字中，“避、哺、捕、波、倍、族、堤、抖、痹”9个字的发音在年龄分布上体现出明显的差异性，而“泊、燥、躁”3字的发音在年龄分布上的差异不明显。17个零声母开口字中，“挨、袄、额、鹅、饿、恶、安、俄”8个字的发音在年龄分布上具有显著的差异性，而“岸、案、暗、爱、恩、摁、欧、藕、怄”9个字的发音不具有年龄分布上明显的差异性。声母“n[n]、x[ɕ]、j[tɕ]、q[tɕʻ]”所属的15个字中，“农、糯、鞘、械、街、解、角、鞋、瞎、巷、杏、咸”12个字的发音具有年龄分布上明显的差异性，“下(底下)、吓、下(下车)”3个字的发音不具有年龄分布上的明显差异性。韵母“e[ɤ]”所属的13个字中，“戈、涩、这、颗、渴、饿”6个字的发音在年龄分布上的差异性明显，“得、德、色、择、隔、客、棵”7个字的发音在不同年龄段上没有表现出显著的差异性。韵母“ai[ai]”所属的8个字中，“白、百、麦、摘、拆、窄、塞、脉”8个字的发音均表现出年龄分布上的显著差异性。韵母“ei[ei]”与“l”相拼所属的6个字“泪、累、垒、类、磊、雷”的发音在年龄分布上的差异性均不明显。

表6-9　　年龄与语音六变项各变式交叉分析统计表①

	不送气字的变异	零声母开口字加“ng[ŋ]”变异	声母“n[n]、x[ɕ]、j[tɕ]、q[tɕʻ]”所属字的变异	韵母“e[ɤ]”所属字的变异	韵母“ai[ai]”所属字的变异	韵母“ei[ei]”与“l”相拼时的变异
年龄	避　＋	岸　－	农　＋	得　－	白　＋	泪　－
	哺　＋	案　－	糯　＋	德　－	百　＋	累　－
	捕　＋	暗　－	鞘　＋	戈　＋	麦　＋	类　－
	波　＋	爱　－	械　＋	涩　＋	摘　＋	垒　－
	倍　＋	挨　＋	街　＋	色　－	拆　＋	磊　－
	泊　－	袄　＋	解　＋	择　－	窄　＋	雷　－
	族　＋	额　＋	角　＋	隔　－	塞　＋	

① 此表中用“＋”表示具有显著影响，用“－”表示不具有显著影响。

续表

	不送气字的变异	零声母开口字加“ng[ŋ]”变异	声母“n[n]、x[ɕ]、j[tɕ]、q[tɕʻ]”所属字的变异	韵母“e[ɤ]”所属字的变异	韵母“ai[ai]”所属字的变异	韵母“ei[ei]”与“l”相拼时的变异
年龄	燥 －	鹅 ＋	鞋 ＋	客 －	脉 ＋	
	躁 －	饿 ＋	瞎 ＋	这 ＋		
	堤 ＋	恩 －	下(底下)－	颗 ＋		
	抖 ＋	摁 －	吓 －	棵 －		
	痹 ＋	欧 －	下(下车)－	渴 ＋		
		藕 －	巷 ＋	饿 ＋		
		怄 －	杏 ＋			
		恶 ＋	咸 ＋			
		安 ＋				
		俄 ＋				

1. 年龄与不送气字变异交叉分析

为了进一步考察不送气字的发音在年龄分布上显示出的差异性，我们挑选出“避、族”两个字作为特例进行分析。

(1)“避”与年龄交叉分析

分析表 6-10 可知：青少年组的新变式使用率为 100%，没有一人再使用旧变式。青年组使用旧变式的比例为 10%，使用新变式的比例为 80%，同时使用新旧两种变式的比例为 10%。中年组使用旧变式的比例为 30%，使用新变式的比例为 70%。中老年组使用旧变式的比例达到了 80%，使用新变式的比例仅有 20%。

表 6-11 显示的卡方检验结果中，费雪精确检验 P 值为 0.000，小于 0.05，说明不送气字“避”的发音在年龄分布上具有显著性差异。年龄越小，使用新变式发音的比例越高；年龄越大，使用旧变式发音的比例越高。

表 6-10　　　　　　　　“避”与年龄段交叉表

			不送气字“避”			合计
			旧变式 “p[pʻ]”	新变式 “b[p]”	新旧变式并用 “b[p]、p[pʻ]”	
年龄	青少年	采用数	0	20	0	20
		百分比	0.0	100.0	0.0	100.0
	青年	采用数	2	16	2	20
		百分比	10.0	80.0	10.0	100.0
	中年	采用数	6	14	0	20
		百分比	30.0	70.0	0.0	100.0
	中老年	采用数	16	4	0	20
		百分比	80.0	20.0	0.0	100.0
合计		采用数	24	54	2	80
		百分比	30.0	67.5	2.5	100.0

表 6-11　　　　　　　　“避”与年龄段交叉分析

	数值	df	渐进显著性(2 端)	精确显著性(2 端)
皮尔逊卡方	41.630a①	6	0.000	0.000
概似比	44.983	6	0.000	0.000
费雪精确检验	38.722			0.000
有效观察值个数	80			

(2)“族”与年龄交叉分析

分析表 6-12 可知:青少年组使用新变式的比例为 95%,同时使用新旧两种变式的比例为 5%,没有一人再使用旧变式。青年组旧变式的使用率为 40%,新变式的使用率为 60%。中年组使用旧变式的比例占 60%,使用新变式的比例占 40%。中老年组使用旧变式比例占 100%,无一人使用新变式。

表 6-13 显示的卡方检验结果中,费雪精确检验 P 值为 0.000,小于 0.05,说明不送气字“族”的发音在年龄分布上具有显著性差异。年龄越小越容易使用新变式发音,年龄越大越容易使用旧变式发音。

① 4 资料格(33.3%)预期计数小于 5。预期的计数下限为 0.50。

表 6-12　　　　"族"与年龄段交叉表

			不送气字"族"			合计
			旧变式"c[tsʻ]"	新变式"z[ts]"	新旧变式并用"z[ts]、c[tsʻ]"	
年龄	青少年	采用数	0	19	1	20
		百分比	0.0	95.0	5.0	100.0
	青年	采用数	8	12	0	20
		百分比	40.0	60.0	0.0	100.0
	中年	采用数	12	8	0	20
		百分比	60.0	40.0	0.0	100.0
	中老年	采用数	20	0	0	20
		百分比	100.0	0.0	0.0	100.0
合计		采用数	40	39	1	80
		百分比	50.0	48.8	1.3	100.0

表 6-13　　　　"族"与年龄段交叉分析

	数值	df	渐进显著性(2 端)	精确显著性(2 端)
皮尔逊卡方	43.159a①	6	0.000	0.000
概似比	58.475	6	0.000	0.000
费雪精确检验	51.627			0.000
有效观察值个数	80			

2.年龄与零声母开口字加"ng[ŋ]"变异交叉分析

为了进一步考察零声母开口字的发音在年龄分布上显示出的差异性，我们挑选出"额、恶"两字作为特例进行分析。

(1)"额"与年龄交叉分析

分析表 6-14 可知：青少年组使用旧变式的比例为 5%，使用新变式的比例为 95%。青年组旧变式的使用率为 20%，新变式的使用率为 80%。中年组使用旧变式和新变式的各为 50%。中老年组使用旧变式的比例为 90%，使用新变式的比例为 10%。

① 4 资料格(33.3%)预期计数小于 5。预期的计数下限为 0.25。

表 6-15 显示的卡方检验结果中，皮尔逊卡方检验 P 值为 0.000，小于 0.05，说明零声母开口字“额”的发音在年龄的分布上具有显著性差异。年龄越小，使用新变式发音的比例越高；年龄越大，使用旧变式发音的比例越高。

表 6-14　　　　**“额”与年龄段交叉表**

			零声母开口字“额”		合计
			旧变式“ng[ŋ]”	新变式	
年龄	青少年	采用数	1	19	20
		百分比	5.0	95.0	100.0
	青年	采用数	4	16	20
		百分比	20.0	80.0	100.0
	中年	采用数	10	10	20
		百分比	50.0	50.0	100.0
	中老年	采用数	18	2	20
		百分比	90.0	10.0	100.0
合计		采用数	33	47	80
		百分比	41.3	58.8	100.0

表 6-15　　　　**“额”与年龄段交叉分析**

	数值	df	渐进显著性(2 端)	精确显著性(2 端)
皮尔逊卡方	34.816a①	3	0.000	0.000
概似比	39.755	3	0.000	0.000
费雪精确检验	37.059			0.000
有效观察值个数	80			

① 0 资料格(0.0%)预期计数小于 5。预期的计数下限为 8.25。

(2)“恶”与年龄交叉分析

分析表 6-16 可知：青少年组、青年组使用旧变式的比例均为零，使用新变式的比例为 100%。中年组使用旧变式和新变式的比例各占 50%。中老年组所有人均使用旧变式。

表 6-17 显示的卡方检验结果中，皮尔逊卡方检验 P 值为 0.000，小于 0.05，说明零声母开口字“恶”的发音在年龄的分布上具有显著性差异。年龄越小越趋向于使用新变式，年龄越大越偏爱使用旧变式。

表 6-16　“恶”与年龄段交叉表

			零声母开口字“恶”		合计
			旧变式“ng[ŋ]”	新变式	
年龄	青少年	采用数	0	20	20
		百分比	0.0	100.0	100.0
	青年	采用数	0	20	20
		百分比	0.0	100.0	100.0
	中年	采用数	10	10	20
		百分比	50.0	50.0	100.0
	中老年	采用数	20	0	20
		百分比	100.0	0.0	100.0
合计		采用数	30	50	80
		百分比	37.5	62.5	100.0

表 6-17　“恶”与年龄段交叉分析

	数值	df	渐进显著性(2 端)	精确显著性(2 端)
皮尔逊卡方	58.667a①	3	0.000	0.000
概似比	78.124	3	0.000	0.000
费雪精确检验	68.059			0.000
有效观察值个数	80			

3. 年龄与声母“n[n]、x[ɕ]、j[tɕ]、q[tɕʻ]”所属字变异交叉分析

为了进一步考察声母“n[n]、x[ɕ]、j[tɕ]、q[tɕʻ]”所属字的发音在年龄分

① 0 资料格(0.0%)预期计数小于 5。预期的计数下限为 7.50。

布上显示出的明显差异，我们挑选出“糯、械”两字作为特例进行分析。

(1)“糯”与年龄交叉分析

分析表 6-18 可知：青少年组和青年组的“糯”的发音完全和普通话发音一致，新变式使用率均为 100%。中年组旧变式的使用率为 20%，新变式的使用率为 80%。中老年组旧变式的使用率为 60%，新变式的使用率为 40%。

表 6-19 显示的卡方检验结果中，费雪精确检验 P 值为 0.000，小于 0.05，说明声母“n[n]、x[ɕ]、j[tɕ]、q[tɕʻ]”所属字“糯”的发音在年龄的分布上具有显著性差异。年龄越小越易于使用新变式，年龄越大越易于使用旧变式。

表 6-18　　**“糯”与年龄段交叉表**

			声母“n[n]、x[ɕ]、j[tɕ]、q[tɕʻ]”所属字“糯”		合计
			旧变式“l[l]”	新变式“n[n]”	
年龄	青少年	采用数	0	20	20
		百分比	0.0	100.0	100.0
	青年	采用数	0	20	20
		百分比	0.0	100.0	100.0
	中年	采用数	4	16	20
		百分比	20.0	80.0	100.0
	中老年	采用数	12	8	20
		百分比	60.0	40.0	100.0
合计		采用数	16	64	80
		百分比	20.0	80.0	100.0

表 6-19　　**“糯”与年龄段交叉分析**

	数值	df	渐进显著性(2 端)	精确显著性(2 端)
皮尔逊卡方	30.000a①	3	0.000	0.000
概似比	33.128	3	0.000	0.000
费雪精确检验	27.590			0.000
有效观察值个数	80			

① 4 资料格(50.0%)预期计数小于 5。预期的计数下限为 4.00。

(2)“械”与年龄交叉分析

分析表6-20可知:青少年组的发音完全和普通话发音一致,新变式的使用率为100%。青年组新变式的使用率为90%,新旧变式并用的使用率为10%。中年组旧变式的使用率为30%,新变式的使用率为70%。中老年组旧变式的使用率为80%,新变式的使用率为20%。

表6-21显示的卡方检验结果中,费雪精确检验 P 值为0.000,小于0.05,说明声母“n[n]、x[ɕ]、j[tɕ]、q[tɕʻ]”所属字“械”的发音在年龄的分布上具有显著性差异。年龄越小,使用新变式发音的比例越高;年龄越大,使用旧变式发音的比例越高。

表6-20　“械”与年龄段交叉表

			声母“n[n]、x[ɕ]、j[tɕ]、q[tɕʻ]”所属字“械”			合计
			旧变式“j[tɕ]”	新变式“x[ɕ]”	新旧变式并用“x[ɕ]、j[tɕ]”	
年龄	青少年	采用数	0	20	0	20
		百分比	0.0	100.0	0.0	100.0
	青年	采用数	0	18	2	20
		百分比	0.0	90.0	10.0	100.0
	中年	采用数	6	14	0	20
		百分比	30.0	70.0	0.0	100.0
	中老年	采用数	16	4	0	20
		百分比	80.0	20.0	0.0	100.0
合计		采用数	22	56	2	80
		百分比	27.5	70.0	2.5	100.0

表6-21　“械”与年龄段交叉分析

	数值	df	渐进显著性(2端)	精确显著性(2端)
皮尔逊卡方	47.948a①	6	0.000	0.000
概似比	54.052	6	0.000	0.000
费雪精确检验	45.497			0.000
有效观察值个数	80			

① 4资料格(33.3%)预期计数小于5。预期的计数下限为0.50。

4. 年龄与韵母“e[ɤ]”所属字交叉分析

为了进一步考察韵母“e[ɤ]”所属字的发音在年龄分布上显示出的显著差异，我们挑选出“涩、戈”两字作为特例进行分析。

(1)“涩”与年龄交叉分析

分析表6-22可知：青少年组新变式的使用率为65%，新旧变式并用的使用率为35%。青年组旧变式的使用率为10%，新变式的使用率为60%，新旧变式并用的使用率为30%。中年组旧变式和新旧变式并用的使用率各为50%。中老年组新变式的使用率为20%，新旧变式并用的使用率为80%。

表6-23显示的卡方检验结果中，费雪精确检验 P 值为0.007，小于0.05，说明韵母“e[ɤ]”所属字“涩”的发音在年龄分布上具有显著性差异。新变式的使用上，青少年组最高，中老年组最低，说明随年龄的增长，新变式使用率呈现逐渐下降的趋势。在新旧变式并用上，青年组最低，中老年组最高，除青少年组外，新旧变式并用的使用率基本上随年龄的增长而递增。

表6-22　“涩”与年龄段交叉表

			韵母“e[ɤ]”所属字“涩”			合计
			旧变式 “ei[ei]”	新变式 “e[ɤ]”	新旧变式并用 “e[ɤ]、ei[ei]”	
年龄	青少年	采用数	0	13	7	20
		百分比	0.0	65.0	35.0	100.0
	青年	采用数	2	12	6	20
		百分比	10.0	60.0	30.0	100.0
	中年	采用数	0	10	10	20
		百分比	0.0	50.0	50.0	100.0
	中老年	采用数	0	4	16	20
		百分比	0.0	20.0	80.0	100.0
合计		采用数	2	39	39	80
		百分比	2.5	48.8	48.8	100.0

表 6-23　　“涩”与年龄段交叉分析

	数值	df	渐进显著性(2 端)	精确显著性(2 端)
皮尔逊卡方	17.231a①	6	0.008	0.004
概似比	17.278	6	0.008	0.005
费雪精确检验	14.688			0.007
有效观察值个数	80			

(2)“戈”与年龄交叉分析

分析表 6-24 可知:在旧变式的使用上,除中老年组的使用率为 40%外,青少年组、青年组、中年组的旧变式使用率均为零。新变式的使用率与年龄呈反比,年龄越大,使用新变式的比例越低。在新旧变式并用上,青少年组最低,中年组最高。

表 6-25 显示的卡方检验结果中,费雪精确检验 *P* 值为 0.000,小于 0.05,说明韵母“e[ɤ]”所属字“戈”的发音在年龄的分布上具有显著性差异。

表 6-24　　“戈”与年龄段交叉表

<table>
<tr><td colspan="3" rowspan="2"></td><td colspan="3">韵母“e[ɤ]”所属字“戈”</td><td rowspan="2">合计</td></tr>
<tr><td>旧变式
“[uo]”</td><td>新变式
“e[ɤ]”</td><td>新旧变式并用
“e[ɤ]、[uo]”</td></tr>
<tr><td rowspan="8">年龄</td><td rowspan="2">青少年</td><td>采用数</td><td>0</td><td>17</td><td>3</td><td>20</td></tr>
<tr><td>百分比</td><td>0.0</td><td>85.0</td><td>15.0</td><td>100.0</td></tr>
<tr><td rowspan="2">青年</td><td>采用数</td><td>0</td><td>12</td><td>8</td><td>20</td></tr>
<tr><td>百分比</td><td>0.0</td><td>60.0</td><td>40.0</td><td>100.0</td></tr>
<tr><td rowspan="2">中年</td><td>采用数</td><td>0</td><td>10</td><td>10</td><td>20</td></tr>
<tr><td>百分比</td><td>0.0</td><td>50.0</td><td>50.0</td><td>100.0</td></tr>
<tr><td rowspan="2">中老年</td><td>采用数</td><td>8</td><td>8</td><td>4</td><td>20</td></tr>
<tr><td>百分比</td><td>40.0</td><td>40.0</td><td>20.0</td><td>100.0</td></tr>
<tr><td colspan="2" rowspan="2">合计</td><td>采用数</td><td>8</td><td>47</td><td>25</td><td>80</td></tr>
<tr><td>百分比</td><td>10.0</td><td>58.8</td><td>31.3</td><td>100.0</td></tr>
</table>

① 4 资料格(33.3%)预期计数小于 5。预期的计数下限为 0.50。

表 6-25 “戈”与年龄段交叉分析

	数值	df	渐近显著性(2 端)	精确显著性(2 端)
皮尔逊卡方	33.049a①	6	0.000	0.000
概似比	31.244	6	0.000	0.000
费雪精确检验	24.573			0.000
有效观察值个数	80			

5. 年龄与韵母“ai[ai]”所属字交叉分析

为了进一步考察韵母“ai[ai]”所属字的发音在年龄分布上显示出的差异性，我们挑选出“百、窄”两字作为特例进行分析。

(1)“百”与年龄交叉分析

分析表 6-26 可知：青少年组新变式的使用率为 65%，新旧变式并用的使用率为 35%。青年组旧变式的使用率为 20%，新变式使用率为 20%，新旧变式并用的使用率为 60%。中年组的旧变式使用率为 40%，新变式使用率为 10%，新旧变式并用的使用率为 50%。中老年组旧变式的使用率为 50%，新变式使用率为 30%，新旧变式并用的使用率为 20%。

表 6-27 显示的卡方检验结果中，皮尔逊卡方检验 P 值为 0.000，小于 0.05，说明韵母“ai[ai]”所属字“百”的发音在年龄的分布上具有显著性差异。年龄越大，使用旧变式“ei[ei]”的比例越高。

表 6-26 “百”与年龄段交叉表

			韵母“ai[ai]”所属字“百”			合计
			旧变式“ei[ei]”	新变式“ai[ai]”	新旧变式并用“ai[ai]、ei[ei]”	
年龄	青少年	采用数	0	13	7	20
		百分比	0.0	65.0	35.0	100.0
	青年	采用数	4	4	12	20
		百分比	20.0	20.0	60.0	100.0
	中年	采用数	8	2	10	20
		百分比	40.0	10.0	50.0	100.0
	中老年	采用数	10	6	4	20
		百分比	50.0	30.0	20.0	100.0

① 4 资料格(33.3%)预期计数小于 5。预期的计数下限为 2.00。

续表

		韵母“ai[ai]”所属字“百”			合计
		旧变式“ei[ei]”	新变式“ai[ai]”	新旧变式并用“ai[ai]、ei[ei]”	
合计	采用数	22	25	33	80
	百分比	27.5	31.3	41.3	100.0

表 6-27　“百”与年龄段交叉分析

	数值	df	渐进显著性(2 端)	精确显著性(2 端)
皮尔逊卡方	26.182a①	6	0.000	0.000
概似比	30.576	6	0.000	0.000
费雪精确检验	26.762			0.000
有效观察值个数	80			

(2)“窄”与年龄交叉分析

分析表 6-28 可知:青少年组的新变式使用率为 55%,新旧变式并用的使用率为 45%。青年组旧变式的使用率为 10%,新变式使用率为 50%,新旧变式并用的使用率为 40%。中年组的旧变式使用率为 20%,新变式使用率为 10%,新旧变式并用的使用率为 70%。中老年组均使用旧变式。

表 6-29 显示的卡方检验结果中,皮尔逊卡方检验 P 值为 0.000,小于 0.05,说明韵母“ai[ai]”所属字“窄”的发音在年龄的分布上具有显著性差异。年龄越大越爱使用旧变式“ei[ei]”,年龄越小越爱使用新变式“ai[ai]”。

表 6-28　“窄”与年龄段交叉表

			韵母“ai[ai]”所属字“窄”			合计
			旧变式“ei[ei]”	新变式“ai[ai]”	新旧变式并用“ai[ai]、ei[ei]”	
年龄	青少年	采用数	0	11	9	20
		百分比	0.0	55.0	45.0	100.0
	青年	采用数	2	10	8	20
		百分比	10.0	50.0	40.0	100.0

① 0 资料格(0.0%)预期计数小于 5。预期的计数下限为 5.50。

续表

			韵母“ai[ai]”所属字“窄”			合计
			旧变式“ei[ei]”	新变式“ai[ai]”	新旧变式并用“ai[ai]、ei[ei]”	
年龄	中年	采用数	4	2	14	20
		百分比	20.0	10.0	70.0	100.0
	中老年	采用数	20	0	0	20
		百分比	100.0	0.0	0.0	100.0
合计		采用数	26	23	31	80
		百分比	32.5	28.8	38.8	100.0

表 6-29　“窄”与年龄段交叉分析

	数值	df	渐进显著性(2 端)	精确显著性(2 端)
皮尔逊卡方	67.746a①	6	0.000	0.000
概似比	77.231	6	0.000	0.000
费雪精确检验	66.675			0.000
有效观察值个数	80			

6.年龄与韵母“ei[ei]”与“l”相拼时所属字变异交叉分析

韵母“ei[ei]”与“l”相拼所属的 6 个字在年龄分布上均没有表现出明显的差异性，在此不做分析。

二、性别与语音变异

社会语言学研究结果表明：“女性比男性更多地使用高威信的标准变式。”②

(一)性别与各变式使用的基本情况

为了验证奇台话语音变异在性别方面是否存在明显差异，我们将 80 名发音合作人分为男女两组，分别统计各组 6 个语音变项中使用新变式、旧变式、新旧变式并用的情况。

分析表 6-30、图 6-9，男女组旧变式、新变式使用的平均数具有差异性。

---

① 0 资料格(0.0%)预期计数小于 5。预期的计数下限为 5.75。

② 徐大明、蔡冰:《语言变异与变化》，第 161 页。

旧变式上，男性组为 14.6，女性组为 7.2。新变式上，男性组为 45.5，女性组为 53.2。男女新、旧变式并用的差异不大。

表 6-30　　性别与语音六变项各变式采用数量对比统计表

		性别	
		男性	女性
1. 不送气字变异	旧变式采用个数(个)	138	69
	新变式采用个数(个)	322	374
	新旧变式并用采用个数(个)	32	25
2. 零声母开口字加“ng[ŋ]”变异	旧变式采用个数(个)	121	58
	新变式采用个数(个)	576	605
	新旧变式并用采用个数(个)	0	0
3. 声母“n[n]、x[ɕ]、j[tɕ]、q[tɕʻ]”所属字的变异	旧变式采用个数(个)	144	66
	新变式采用个数(个)	312	348
	新旧变式并用采用个数(个)	159	171
4. 韵母“e[ɤ]”所属字的变异	旧变式采用个数(个)	45	20
	新变式采用个数(个)	321	367
	新旧变式并用采用个数(个)	167	120
5. 韵母“ai[ai]”所属字的变异	旧变式采用个数(个)	108	48
	新变式采用个数(个)	138	165
	新旧变式并用采用个数(个)	82	99
6. 韵母“ei[ei]”与“l”相拼时的变异	旧变式采用个数(个)	42	20
	新变式采用个数(个)	196	214
	新旧变式并用采用个数(个)	8	0
旧变式总个数(个)		598	281
新变式总个数(个)		1865	2073
新旧变式并用总个数(个)		448	415
组人数(人)		41	39
旧变式人均数(个)		14.6	7.2
新变式人均数(个)		45.5	53.2
新、旧变式并用人均数(个)		10.9	10.6

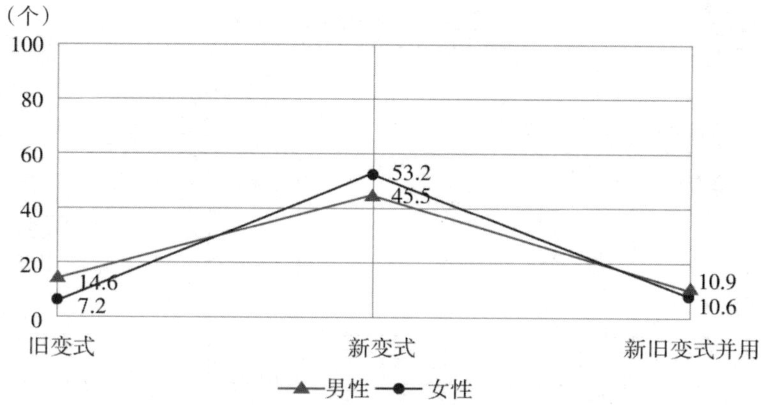

图 6-9　性别与语音六变项各变式采用平均数对比统计图

(二)性别与各变项交叉分析差异

为了进一步细致考察不同性别的被调查者在语音六变项各变式的使用上有无明显差异,我们对性别与语音六变项各变式的使用进行了交叉卡方检验。分析表 6-31 可知,12 个不送气字中,“避、倍、族、痹”4 个字的发音在性别分布上体现出明显的差异性,“哺、捕、波、泊、燥、躁、堤、抖”8 个字的发音在性别分布上的差异不明显,所有被调查者的发音都具有明显的一致性。17 个零声母开口字中,“挨、鹅”两个字的发音在性别分布上具有明显的差异性,而“岸、案、暗、爱、袄、额、饿、恩、摁、欧、藕、怄、恶、安、俄”15 个字的发音在性别分布上不具有明显的差异性,所有被调查者的发音都具有明显的一致性。声母“n[n]、x[ɕ]、j[tɕ]、q[tɕʻ]”所属的 15 个字中,“鞘、杏”2 个字的发音在性别分布上具有明显的差异性,“农、糯、械、街、解、角、鞋、瞎、下(底下)、吓、下(下车)、巷、咸”13 个字的发音在性别分布上不具有明显的差异性,所有被调查者的发音都具有明显的一致性。韵母“e[ɤ]”所属的 13 个字中,“戈、色”2 个字的发音在性别分布上的差异性明显,“得、德、涩、择、隔、客、这、颗、棵、渴、饿”11 个字的发音在性别分布上没有表现出显著的差异性,所有被调查者这 11 个字的发音具有很大的同质性。韵母“ai[ai]”所属的 8 个字中,“百、摘、拆、脉”4 个字的发音在性别分布上表现出显著差异性,“白、麦、窄、塞”4 个字的发音在不同性别分布上没有表现出明显的差异性,所有被调查者这 4 个字的发音具有很大的同质性。韵母“ei[ei]”与“l”相拼时所属的 6 个字的发音在性别分布上的差异性均不明显。

表 6-31　　性别与语音六变项各变式交叉分析统计表①

	不送气字的变异	零声母开口字加"ng[ŋ]"变异	声母"n[n]、x[ɕ]、j[tɕ]、q[tɕʻ]"所属字的变异	韵母"e[ɤ]"所属字的变异	韵母"ai[ai]"所属字的变异	韵母"ei[ei]"与"l"相拼时的变异
性别	避　+	岸　−	农　−	得　−	白　−	泪　−
	哺　−	案　−	糯　−	德　−	百　+	累　−
	捕　−	暗　−	鞘　+	戈　+	麦　−	类　−
	波　−	爱　−	械　−	涩　−	摘　+	垒　−
	倍　+	挨　+	街　−	色　+	拆　+	磊　−
	泊　−	袄　−	解　−	择　−	窄　−	雷　−
	族　+	额　−	角　−	隔　−	塞　−	
	燥　−	鹅　+	鞋　−	客　−	脉　+	
	躁　−	饿　−	瞎　−	这　−		
	堤　−	恩　−	下（底下）−	颗　−		
	抖　−	摁　−	吓　−	棵　−		
	痹　+	欧　−	下（下车）−	渴　−		
		藕　−	巷　−	饿　−		
		怄　−	杏　+			
		恶　−	咸　−			
		安　−				
		俄　−				

1. 性别与不送气字变异交叉分析

为了进一步考察不送气字的发音在性别分布上的明显差异，我们挑选出"避、痹"两字作为特例进行分析。

(1)"避"与性别交叉分析

分析表 6-32 可知：不送气字"避"，在旧变式的使用率上，男性远高于女性。在新变式的使用率上，女性远高于男性。

① 此表中用"+"表示具有显著影响，用"−"表示不具有显著影响。

表 6-33 显示的卡方检验结果中,费雪精确检验 P 值为 0.003,小于 0.05,也说明不送气字“避”的发音在性别的分布上具有显著性差异。女性更倾向于使用新变式“b[p]”,男性更喜欢使用旧变式“p[pʻ]”。

表 6-32　“避”与性别交叉表

			不送气字“避”			合计
			旧变式“p[pʻ]”	新变式“b[p]”	新旧变式并用“b[p]、p[pʻ]”	
性别	男	采用数	18	21	2	41
		百分比	43.9	51.2	4.9	100.0
	女	采用数	6	33	0	39
		百分比	15.4	84.6	0.0	100.0
合计		采用数	24	54	2	80
		百分比	30.0	67.5	2.5	100.0

表 6-33　“避”与性别交叉分析

	数值	df	渐进显著性(2 端)	精确显著性(2 端)
皮尔逊卡方	10.623a①	2	0.005	0.003
概似比	11.691	2	0.003	0.003
费雪精确检验	10.243			0.003
有效观察值个数	80			

(2)“痹”与性别交叉分析

分析表 6-34 可知:不送气字“痹”,在旧变式的使用率上,男性远高于女性。在新变式的使用率上,女性高于男性。在新旧变式并用的使用率上,女性的比例也高于男性的比例。

表 6-35 显示的卡方检验结果中,皮尔逊卡方检验 P 值为 0.013,小于 0.05,也说明不送气字“痹”的发音在性别的分布上具有显著性差异。女性相较于男性会更多地使用新变式。

① 2 资料格(33.3%)预期计数小于 5。预期的计数下限为 0.98。

表 6-34　　“痹”与性别交叉表

			不送气字“痹”			合计
			旧变式“p[p‘]”	新变式“b[p]”	新旧变式并用“b[p]、p[p‘]”	
性别	男	采用数	26	7	8	41
		百分比	63.4	17.1	19.5	100.0
	女	采用数	12	14	13	39
		百分比	30.8	35.9	33.3	100.0
合计		采用数	38	21	21	80
		百分比	47.5	26.3	26.3	100.0

表 6-35　　“痹”与性别交叉分析

	数值	df	渐进显著性(2 端)	精确显著性(2 端)
皮尔逊卡方	8.637a①	2	0.013	0.014
概似比	8.812	2	0.012	0.015
费雪精确检验	8.555			0.015
有效观察值个数	80			

2. 性别与零声母开口字加“ng[ŋ]”变异交叉分析

为了进一步考察零声母开口字的发音在性别分布上显示出的明显差异，我们以“挨、鹅”两字作为特例进行分析。

(1)“挨”与性别交叉分析

分析表 6-36 可知：零声母开口字“挨”，男性旧变式的使用率为 24.4%，远高于女性的 5.1%。女性新变式的使用率为 94.9%，也远高于男性的 75.6%。

表 6-37 显示的卡方检验结果中，皮尔逊卡方检验 P 值为 0.016，小于 0.05，也说明零声母开口字“挨”的发音在性别分布上具有显著性差异。女性更倾向于使用标准变式。

① 0 资料格(0.0%)预期计数小于 5。预期的计数下限为 10.24。

表 6-36　　　　　　　　“挨”与性别交叉表

			零声母开口字“挨”		合格
			旧变式“ng[ŋ]”	新变式	
性别	男	采用数	10	31	41
		百分比	24.4	75.6	100.0
	女	采用数	2	37	39
		百分比	5.1	94.9	100.0
合格		采用数	12	68	80
		百分比	15.0	85.0	100.0

表 6-37　　　　　　　　“挨”与性别交叉分析

	数值	df	渐进显著性(2 端)	精确显著性(2 端)
皮尔逊卡方	5.816a①	1	0.016	
持续更正 b	4.404	1	0.036	
概似比	6.302	1	0.012	
费雪精确检验				0.026
有效观察值个数	80			

(2)“鹅”与性别交叉分析

分析表 6-38 可知:零声母开口字“鹅”,男性旧变式的使用率为 43.9%,高于女性的 20.5%。女性新变式的使用率为 79.5%,也高于男性的 56.1%。

表 6-39 显示的卡方检验结果中,皮尔逊卡方检验 P 值为 0.026,小于 0.05,也说明零声母开口字“鹅”的发音在性别的分布上具有显著性差异。与男性相比,女性更喜欢选择新变式。

表 6-38　　　　　　　　“鹅”与性别交叉表

			零声母开口字“鹅”		合计
			旧变式“ng[ŋ]”	新变式	
性别	男	采用数	18	23	41
		百分比	43.9	56.1	100.0

① 0 资料格(0.0%)预期计数小于 5。预期的计数下限为 5.85。

续表

			零声母开口字“鹅”		合计
			旧变式“ng[ŋ]”	新变式	
性别	女	采用数	8	31	39
		百分比	20.5	79.5	100.0
合计		采用数	26	54	80
		百分比	32.5	67.5	100.0

表 6-39　　“鹅”与性别交叉分析

	数值	df	渐进显著性(2 端)	精确显著性(2 端)
皮尔逊卡方	4.984a①	1	0.026	
持续更正 b	3.975	1	0.046	
概似比	5.087	1	0.024	
费雪精确检验				0.033
有效观察值个数	80			

3. 性别与声母“n[n]、x[ɕ]、j[tɕ]、q[tɕʻ]”所属字变异交叉分析

为了进一步考察声母“n[n]、x[ɕ]、j[tɕ]、q[tɕʻ]”所属字的发音在性别分布上显示出的差异，我们以“鞘、杏”两字作为特例进行分析。

(1)“鞘”与性别交叉分析

分析表 6-40 可知：声母“n[n]、x[ɕ]、j[tɕ]、q[tɕʻ]”所属字“鞘”，男性旧变式的使用率为 68.3%，高于女性的 51.3%。女性新变式的使用率为 15.4%，虽略低于男性的 24.4%，但女性兼用新旧两种变式的比率为 33.3%，远高于男性的 7.3%。

表 6-41 显示的卡方检验结果中，皮尔逊卡方检验 P 值为 0.014，小于 0.05，也说明声母“n[n]、x[ɕ]、j[tɕ]、q[tɕʻ]”所属字“鞘”的发音在性别分布上具有显著性差异。男性喜欢使用旧变式，女性更倾向于兼用新旧两种变式。

① 0 资料格(0.0%)预期计数小于 5。预期的计数下限为 12.68。

表 6-40　　　　　　　　　　　　"鞘"与性别交叉表

			声母"n[n]、x[ɕ]、j[tɕ]、q[tɕʻ]"所属字"鞘"			合计
			旧变式 "x[ɕ]"	新变式 "q[tɕʻ]"	新旧变式并用 "q[tɕʻ]、x[ɕ]"	
性别	男	采用数	28	10	3	41
		百分比	68.3	24.4	7.3	100.0
	女	采用数	20	6	13	39
		百分比	51.3	15.4	33.3	100.0
合计		采用数	48	16	16	80
		百分比	60.0	20.0	20.0	100.0

表 6-41　　　　　　　　　　　　"鞘"与性别交叉分析

	数值	df	渐进显著性(2 端)	精确显著性(2 端)
皮尔逊卡方	8.539a[①]	2	0.014	0.017
概似比	9.038	2	0.011	0.014
费雪精确检验	8.549			0.015
有效观察值个数	80			

(2)"杏"与性别交叉分析

分析表 6-42 可知：声母"n[n]、x[ɕ]、j[tɕ]、q[tɕʻ]"所属字"杏"，男性旧变式的使用率为 29.3%，高于女性的 10.3%。女性使用新变式的比率为 38.5%，虽略低于男性的 46.3%，但女性兼用新旧变式的比率为 51.3%，远高于男性的 24.4%。

表 6-43 显示的卡方检验结果中，皮尔逊卡方检验 P 值为 0.021，小于 0.05，也说明声母"n[n]、x[ɕ]、j[tɕ]、q[tɕʻ]"所属字"杏"的发音在性别分布上具有显著性差异。男性的旧变式使用率高，女性兼用新旧两种变式的使用率高。

① 0 资料格(0.0%)预期计数小于 5。预期的计数下限为 7.80。

表 6-42　　　　“杏”与性别交叉表

			声母“n[n]、x[ɕ]、j[tɕ]、q[tɕ]”所属字“杏”			合计
			旧变式“[χ]”	新变式“x[ɕ]”	新旧变式并用“x[ɕ]、[χ]”	
性别	男	采用数	12	19	10	41
		百分比	29.3	46.3	24.4	100.0
	女	采用数	4	15	20	39
		百分比	10.3	38.5	51.3	100.0
合计		采用数	16	34	30	80
		百分比	20.0	42.5	37.5	100.0

表 6-43　　　　“杏”与性别交叉分析

	数值	df	渐进显著性(2 端)	精确显著性(2 端)
皮尔逊卡方	7.759a①	2	0.021	0.019
概似比	8.006	2	0.018	0.020
费雪精确检验	7.661			0.020
有效观察值个数	80			

4. 性别与韵母“e[ɤ]”所属字变异交叉分析

为了进一步考察韵母“e[ɤ]”所属字的发音在性别分布上显示出的差异，我们挑选出“色”字作为特例进行分析。

(1)“色”与性别交叉分析

分析表 6-44 可知：韵母“e[ɤ]”所属字“色”，男性的旧变式使用率为 4.9%，女性的旧变式使用率为零。女性的新变式的使用率为 61.5%，远高于男性的 36.6%，男性兼用新旧变式的使用率为 58.5%，高于女性的 38.5%。

表 6-45 显示的卡方检验结果中，费雪精确检验 P 值为 0.040，小于 0.05，也说明韵母“e[ɤ]”所属字“色”的发音在性别的分布上具有显著性差异。女性习惯使用新变式，男性习惯兼用新旧变式。

① 0 资料格(0.0%)预期计数小于 5。预期的计数下限为 7.80。

表 6-44　　“色”与性别交叉表

			韵母“e[ɤ]”所属字“色”			合计
			旧变式“ei[ei]”	新变式“e[ɤ]”	新旧变式并用“e[ɤ]、ei[ei]”	
性别	男	采用数	2	15	24	41
		百分比	4.9	36.6	58.5	100.0
	女	采用数	0	24	15	39
		百分比	0.0	61.5	38.5	100.0
合计		采用数	2	39	39	80
		百分比	2.5	48.8	48.8	100.0

表 6-45　　“色”与性别交叉分析

	数值	df	渐进显著性(2 端)	精确显著性(2 端)
皮尔逊卡方	6.108a①	2	0.047	0.040
概似比	6.914	2	0.032	0.040
费雪精确检验	5.683			0.040
有效观察值个数	80			

5. 性别与韵母“ai[ai]”所属字变异交叉分析

为了进一步考察韵母“ai[ai]”所属字的发音在性别分布上显示出的差异，我们挑选出“百、拆”两字作为特例进行分析。

(1)“百”与性别交叉分析

分析表 6-46 可知：韵母“ai[ai]”所属字“百”，男性的旧变式使用率为 39%，高于女性的旧变式使用率 15.4%。在新变式的使用率上男女相差不大，但女性的新旧变式并用的使用率远高于男性。

表 6-47 显示的卡方检验结果中，皮尔逊卡方检验 P 值为 0.030，小于 0.05，也说明韵母“ai[ai]”所属字“百”的发音在性别的分布上具有显著性差异，男性喜欢用旧变式“ei[ei]”，女性喜欢兼用新变式“ai[ai]”和旧变式“ei[ei]”。

① 2 资料格(33.3%)预期计数小于 5。预期的计数下限为 0.98。

表 6-46　　“百”与性别交叉表

			韵母“ai[ai]”所属字“百”			合计
			旧变式“ei[ei]”	新变式“ai[ai]”	新旧变式并用“ai[ai]、ei[ei]”	
性别	男	采用数	16	13	12	41
		百分比	39.0	31.7	29.3	100.0
	女	采用数	6	12	21	39
		百分比	15.4	30.8	53.8	100.0
合计		采用数	22	25	33	80
		百分比	27.5	31.3	41.3	100.0

表 6-47　　“百”与性别交叉分析

	数值	df	渐进显著性(2端)	精确显著性(2端)
皮尔逊卡方	6.994a①	2	0.030	0.031
概似比	7.192	2	0.027	0.031
费雪精确检验	6.945			0.031
有效观察值个数	80			

(2)“拆”与性别交叉分析

分析表 6-48 可知：韵母“ai[ai]”所属字“拆”，男性的旧变式使用率为 53.7%，高于女性的 20.5%。女性的新变式使用率为 43.6%，远高于男性的 24.4%。女性兼用新旧变式的比例也高于男性。

表 6-49 的卡方检验结果中，皮尔逊卡方检验 P 值为 0.009，小于 0.05，也说明韵母“ai[ai]”所属字“拆”的发音在性别分布上具有显著性差异。在旧变式的使用率上，男性更突出，在新变式和新旧变式并用的使用率上女性更明显。

① 0资料格(0.0%)预期计数小于5。预期的计数下限为 10.73。

表 6-48　　“拆”与性别交叉表

			韵母“ai[ai]”所属字“拆”			合计
			旧变式“ei[ei]”	新变式“ai[ai]”	新旧变式并用“ai[ai]、ei[ei]”	
性别	男	采用数	22	10	9	41
		百分比	53.7	24.4	22.0	100.0
	女	采用数	8	17	14	39
		百分比	20.5	43.6	35.9	100.0
合计		采用数	30	27	23	80
		百分比	37.5	33.8	28.8	100.0

表 6-49　　“拆”与性别交叉分析

	数值	df	渐进显著性(2 端)	精确显著性(2 端)
皮尔逊卡方	9.391a①	2	0.009	0.010
概似比	9.675	2	0.008	0.010
费雪精确检验	9.374			0.010
有效观察值个数	80			

6.性别与韵母“ei[ei]”与“l”相拼时所属字变异交叉分析

韵母“ei[ei]”与“l”相拼所属的 6 个字的发音在性别的分布上没有表现出明显的差异性，在此不做分析。

三、受教育程度与语音变异

在社会语言学研究中，“社会阶层一直以来都是一个重要的影响因素，同时它也是一个复杂的因素。说它重要，是因为人们对社会阶层造成的语言差异极为敏感，这方面的语言变异能显示讲话人的社会身份；说它复杂，是因为到目前学术界还没有一个统一的标准来度量社会阶层。现在一般用经济地位、教育程度、收入水平等指标来划分”②。一般来说，“受教育程度越高的人，选择使用代表有声望、有地位的标准语的几率越大，反之则越低”③。

① 0 资料格(0.0%)预期计数小于 5。预期的计数下限为 11.21。

② 徐大明：《社会语言学实验教程》，第 28 页。

③ 高玉娟：《社会语言学视角下的庄河方言语音变异研究》，《大连海事大学学报》2017 年第 5 期。

(一)受教育程度与语音变异的基本数据

为了考察奇台话语音六变项在不同受教育程度的分布上是否具有差异性,我们将发音人分为三组进行统计。分析表 6-50、图 6-10 可知,奇台话语音六变项的变异与受教育程度密切相关。旧变式的使用上,初中及以下程度的平均数最高,大专及以上程度的平均数最低。新变式的使用上,大专及以上程度的平均数最高,初中及以下程度的平均数最低。新旧变式的并用上,高中(中专、技校)程度的平均数最高,初中及以下程度的平均数最低。由此可以看出,教育经历对人们语言使用的影响很大。接受教育的程度越高,时间越久,接受普通话标准变式的机会就越多。

表 6-50　受教育程度与语音六变项各变式采用数量对比统计表

		受教育程度		
		初中及以下	高中(中专、技校)	大专及以上
1. 不送气字变异	旧变式采用个数(个)	131	26	50
	新变式采用个数(个)	265	115	316
	新旧变式并用采用个数(个)	24	15	18
2. 零声母开口字加 ng[ŋ]变异	旧变式采用个数(个)	104	24	51
	新变式采用个数(个)	491	197	493
	新旧变式并用采用个数(个)	0	0	0
3. 声母 n[n]、x[ɕ]、j[tɕ]、q[tɕʻ]所属字的变异	旧变式采用个数(个)	148	24	38
	新变式采用个数(个)	243	98	319
	新旧变式并用采用个数(个)	134	73	123
4. 韵母 e[ɤ]所属字变异	旧变式采用个数(个)	50	3	12
	新变式采用个数(个)	278	104	306
	新旧变式并用采用个数(个)	127	62	98
5. 韵母 ai[ai]所属字变异	旧变式采用个数(个)	114	14	28
	新变式采用个数(个)	118	38	147
	新旧变式并用采用个数(个)	48	52	81
6. 韵母 ei[ei]与 l 相拼时的变异	旧变式采用个数(个)	38	2	4
	新变式采用个数(个)	168	76	184
	新旧变式并用采用个数(个)	4	0	4

续表

	受教育程度		
	初中及以下	高中(中专、技校)	大专及以上
旧变式总个数(个)	585	93	183
新变式总个数(个)	1563	628	1765
新旧变式并用总个数)(个)	337	202	324
组人数(人)	35	13	32
旧变式人均数(个)	16.7	7.2	5.7
新变式人均数(个)	44.7	48.3	55.2
新、旧变式并用人均数(个)	9.6	15.5	10.1

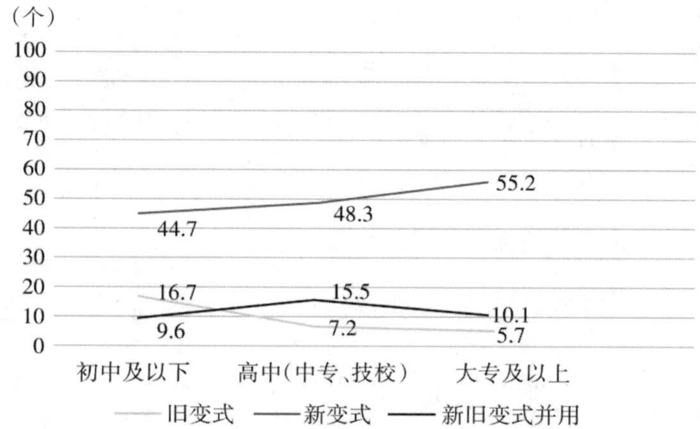

图 6-10 受教育程度与语音六变项各变式采用平均数对比统计图

(二)受教育程度与各变项交叉分析差异

为了进一步细致考察受教育程度对语音六变项各变式的使用是否具有显著影响,我们对受教育程度与语音六变项各变式的使用进行了交叉卡方检验。分析表 6-51 可知,12 个不送气字中,“哺、倍、堤、抖、痹”5 个字的发音在不同受教育程度的分布上具有明显的差异性,而“避、捕、波、泊、族、燥、躁”7 个字的发音在受教育程度分布上的差异不明显,所有被调查者的发音都具有明显的一致性。17 个零声母开口字中,“安”字的发音在受教育程度分布上具有明显的差异性,而“岸、案、暗、爱、挨、袄、额、鹅、饿、恩、摁、怄、欧、藕、恶、俄”16 个字的发音不具有不同受教育程度分布上明显的差异性,所有被调查者的发音都具有明显的一致性。声母“n[n]、x[ɕ]、j[tɕ]、q[tɕʻ]”

所属的15个字中，“农、糯、鞘、械、街、解、角、鞋、瞎、吓、下(下车)、巷、杏”13个字的发音具有受教育程度分布上明显的差异性，“下(底下)、咸”两个字的发音不具有不同受教育程度分布上的差异性，所有被调查者这两个字的发音具有很大的同质性。韵母“e[ɤ]”所属的13个字中，“戈、色、这、渴、饿”5个字的发音在受教育程度分布上的差异性明显，“得、德、涩、择、隔、客、颗、棵”8个字的发音在不同受教育程度分布上没有表现出显著的差异性，所有被调查者的发音都具有明显的一致性。韵母“ai[ai]”所属的8个字中，“白、百、麦、摘、塞”5个字的发音在受教育程度分布上表现出显著差异性，而“拆、窄、脉”3个字的发音在受教育程度分布上的差异性不明显，所有被调查者的发音都具有明显的一致性。韵母“ei[ei]”与“l”相拼时所属的6个字中“泪”字的发音在受教育程度分布上表现出显著的差异性，“累、类、垒、磊、雷”5个字的发音在受教育程度的分布上的差异性不明显，所有被调查者的发音都具有明显的一致性。

表6-51　　受教育程度与语音六变项各变式交叉分析统计表①

	不送气字的变异	零声母开口字加“ng[ŋ]”变异	声母“n[n]、x[ɕ]、j[tɕ]、q[tɕʻ]”所属字的变异	韵母“e[ɤ]”所属字的变异	韵母“ai[ai]”所属字的变异	韵母“ei[ei]”与“l”相拼时的变异
受教育程度	避　－	岸　－	农　＋	得　－	白　＋	泪　＋
	哺　＋	案　－	糯　＋	德　－	百　＋	累　－
	捕　－	暗　－	鞘　＋	戈　＋	麦　＋	类　－
	波　－	爱　－	械　＋	涩　－	摘　＋	垒　－
	倍　＋	挨　－	街　＋	色　＋	拆　－	磊　－
	泊　－	袄　－	解　＋	择　－	窄　－	雷　－
	族　－	额　－	角　＋	隔　－	塞　＋	
	燥　－	鹅　－	鞋　＋	客　－	脉　－	
	躁　－	饿　－	瞎　＋	这　＋		
	堤　＋	恩　－	下(底下)－	颗　－		
	抖　＋	摁　－	吓　＋	棵　－		
	痹　＋	欧　－	下(下车)＋	渴　＋		
		藕　－	巷　＋	饿　＋		

① 此表中用“＋”表示具有显著影响，用“－”表示不具有显著影响。

续表

	不送气字的变异	零声母开口字加"ng[ŋ]"变异	声母"n[n]、x[ɕ]、j[tɕ]、q[tɕʻ]"所属字的变异	韵母"e[ɤ]"所属字的变异	韵母"ai[ai]"所属字的变异	韵母"ei[ei]"与"l"相拼时的变异
受教育程度		怄　−	杏　+			
		恶　−	咸　−			
		安　+				
		俄　−				

1. 受教育程度与不送气字变异交叉分析

为了进一步考察不送气字的发音在受教育程度分布上显示出来的差异性，我们挑选"倍、堤"两字作为特例进行分析。

(1)"倍"与受教育程度交叉分析

分析表6-52可知，不送气字"倍"，在旧变式的使用率上，初中及以下程度最高，大专及以上程度最低。在新变式的使用率上，初中及以下程度最低，大专及以上程度最高。

表6-53的卡方检验结果中，皮尔逊卡方检验 P 值为0.001，小于0.05，也说明不送气字"倍"的发音在受教育程度的分布上具有显著性差异。总体上看，受教育程度越高的被调查者往往更易于使用新变式，受教育程度越低的被调查者更趋向于使用旧变式。

表6-52　"倍"与受教育程度交叉表

			不送气字"倍"		总计
			旧变式"p[pʻ]"	新变式"b[p]"	
受教育程度	初中及以下	采用数	22	13	35
		百分比	62.9	37.1	100.0
	高中(中专、技校)	采用数	4	9	13
		百分比	30.8	69.2	100.0
	大专及以上	采用数	6	26	32
		百分比	18.8	81.3	100.0
总计		采用数	32	48	80
		百分比	40.0	60.0	100.0

表 6-53　　　　"倍"与受教育程度交叉分析

	数值	df	渐进显著性（2 端）	精确显著性(2 端）
皮尔逊卡方	14.101a①	2	0.001	0.001
概似比	14.569	2	0.001	0.001
费雪精确检验	14.053			0.001
有效观察值个数	80			

(2)"堤"与受教育程度交叉分析

分析表 6-54 可知，不送气字"堤"，在旧变式的使用率上，初中及以下程度最高，大专及以上程度最低。在新变式的使用率上，初中及以下程度最低，大专及以上程度最高。

表 6-55 的卡方检验结果中，费雪精确检验 P 值为 0.005，小于 0.05，也说明不送气字"堤"的发音在受教育程度的分布上具有显著性差异。总体上看，受教育程度越低的被调查者更容易使用旧变式，受教育程度越高的被调查者更易于使用新变式。

表 6-54　　　　"堤"与受教育程度交叉表

			不送气字"堤"的发音		总计
			旧变式"t[tʻ]"	新变式"d[t]"	
受教育程度	初中及以下	采用数	14	21	35
		百分比	40.0	60.0	100.0
	高中(中专、技校)	采用数	2	11	13
		百分比	15.4	84.6	100.0
	大专及以上	采用数	2	30	32
		百分比	6.3	93.7	100.0
总计		采用数	18	62	80
		百分比	22.5	77.5	100.0

① 4 资料格（0.0%）预期计数小于 5。预期的计数下限为 5.20。

表 6-55　　　　“堤”与受教育程度交叉分析

	值	自由度	渐进显著性(双侧)	精确显著性(双侧)
皮尔逊卡方	12.087a[①]	3	0.007	0.006
概似比	14.976	3	0.002	0.003
费雪精确检验	11.848			0.005
有效观察值个数	80			

2.受教育程度与零声母开口字变异交叉分析

为了进一步考察零声母开口字的发音在受教育程度分布上显示出来的差异性，我们以“安”字作为特例进行分析。

(1)“安”与受教育程度交叉分析

分析表 6-56 可知：零声母开口字“安”，初中及以下程度旧变式的使用率最高，大专及以上程度旧变式的使用率为零。初中及以下程度新变式的使用率最低，大专及以上程度新变式的使用率达到了百分之百。

表 6-57 的卡方检验结果中，费雪精确检验 P 值为 0.012，小于 0.05，也说明零声母开口字“安”的发音在受教育程度的分布上具有显著性差异。总体上看，受教育程度低的被调查者更容易使用旧变式，受教育程度高的被调查者更易于使用新变式。

表 6-56　　　　“安”与受教育程度交叉表

<table>
<tr><td colspan="3" rowspan="2"></td><td colspan="2">零声母开口字“安”</td><td rowspan="2">总计</td></tr>
<tr><td>旧变式
“ng[ŋ]”</td><td>新变式</td></tr>
<tr><td rowspan="6">受教育程度</td><td rowspan="2">初中及以下</td><td>采用数</td><td>6</td><td>29</td><td>35</td></tr>
<tr><td>百分比</td><td>17.1</td><td>82.9</td><td>100.0</td></tr>
<tr><td rowspan="2">高中(中专、技校)</td><td>采用数</td><td>2</td><td>11</td><td>13</td></tr>
<tr><td>百分比</td><td>15.4</td><td>84.6</td><td>100.0</td></tr>
<tr><td rowspan="2">大专及以上</td><td>采用数</td><td>0</td><td>32</td><td>32</td></tr>
<tr><td>百分比</td><td>0.0</td><td>100.0</td><td>100.0</td></tr>
<tr><td colspan="2" rowspan="2">总计</td><td>采用数</td><td>8</td><td>72</td><td>80</td></tr>
<tr><td>百分比</td><td>10.0</td><td>90.0</td><td>100.0</td></tr>
</table>

① 4 资料格（37.5%）预期计数小于 5。预期的计数下限为 2.93。

表 6-57　　“安”与受教育程度交叉分析

	数值	df	渐进显著性（2 端）	精确显著性(2 端)
皮尔逊卡方	12.543a①	4	0.014	0.010
概似比	12.662	4	0.013	0.016
费雪精确检验	9.604			0.012
有效观察值个数	80			

3. 受教育程度与声母“n[n]、x[ɕ]、j[tɕ]、q[tɕ‘]”所属字变异交叉分析

为了进一步考察声母“n[n]、x[ɕ]、j[tɕ]、q[tɕ‘]”所属字的发音在受教育程度分布上显示出的差异，我们挑选出“农、下(下车)”两字作为特例进行分析。

(1)“农”与受教育程度交叉分析

分析表 6-58 可知，声母“n[n]、x[ɕ]、j[tɕ]、q[tɕ‘]”所属字“农”，初中及以下程度的旧变式使用率最高，大专及以上程度旧变式的使用率为零。初中及以下程度新变式的使用率最低，大专及以上程度新变式的使用率达到了百分之百。

表 6-59 的卡方检验结果中，费雪精确检验 P 值为 0.007，小于 0.05，也说明声母“n[n]、x[ɕ]、j[tɕ]、q[tɕ‘]”所属字“农”的发音在受教育程度的分布上具有显著性差异。总体上看，受教育程度低的被调查者更喜欢使用旧变式，受教育程度高的被调查者更偏爱使用新变式。

表 6-58　　“农”与受教育程度交叉表

			声母“n[n]、x[ɕ]、j[tɕ]、q[tɕ‘]”所属字“农”		总计
			旧变式“l[l]”	新变式“n[n]”	
受教育程度	初中及以下	采用数	8	27	35
		百分比	22.9	77.1	100.0
	高中(中专、技校)	采用数	2	11	13
		百分比	15.4	84.6	100.0
	大专及以上	采用数	0	32	32
		百分比	0.0	100.0	100.0

① 5 资料格（50.0%）预期计数小于 5。预期的计数下限为 1.10。

续表

		声母“n[n]、x[ɕ]、j[tɕ]、q[tɕʻ]”所属字“农”		总计
		旧变式“l[l]”	新变式“n[n]”	
总计	采用数	10	70	80
	百分比	12.5	87.5	100.0

表 6-59　　“农”与受教育程度交叉分析

	值	自由度	渐进显著性(双侧)	精确显著性(双侧)
皮尔逊卡方	8.103a①	2	0.017	0.015
概似比	11.493	2	0.003	0.006
费雪精确检验	9.144			0.007
有效观察值个数	80			

(2)“下(下车)”与受教育程度交叉分析

分析表 6-60 可知,声母“n[n]、x[ɕ]、j[tɕ]、q[tɕʻ]”所属字“下(下车)”,在旧变式使用率上,初中及以下程度最高,其他两个程度的均为零。新变式的使用率随着受教育程度的上升而增加。新旧变式并用的使用率随着受教育程度的上升而减少。

表 6-61 的卡方检验结果中,费雪精确检验 P 值为 0.000,小于 0.05,也说明声母“n[n]、x[ɕ]、j[tɕ]、q[tɕʻ]”所属字“下(下车)”的发音在受教育程度的分布上具有显著性差异。总体上看,受教育程度低的被调查者更容易使用旧变式,受教育程度高的被调查者更易于使用新变式。

表 6-60　　“下(下车)”与受教育程度交叉表

			声母“n[n]、x[ɕ]、j[tɕ]、q[tɕʻ]”所属字“下(下车)”			总计
			旧变式“[χ]”	新变式“x[ɕ]”	新旧变式并用“x[ɕ]、[χ]”	
受教育程度	初中及以下	采用数	4	15	16	35
		百分比	11.4	42.9	45.7	100.0

① 5资料格(50.0%)预期计数小于5。预期的计数下限为1.38。

续表

			声母“n[n]、x[ɕ]、j[tɕ]、q[tɕʻ]”所属字“下（下车）”			总计
			旧变式“[χ]”	新变式“x[ɕ]”	新旧变式并用“x[ɕ]、[χ]”	
受教育程度	高中（中专、技校）	采用数	0	9	4	13
		百分比	0.0	69.2	30.8	100.0
	大专及以上	采用数	0	29	3	32
		百分比	0.0	90.6	9.4	100.0
总计		采用数	4	53	23	80
		百分比	5.0	66.3	28.7	100.0

表 6-61　　　　“下(下车)”与受教育程度交叉分析

	值	自由度	渐进显著性（双侧）	精确显著性（双侧）
皮尔逊卡方	18.621a①	4	0.001	0.001
概似比	21.170	4	0.000	0.000
费雪精确检验	17.726			0.000
有效观察值个数	80			

4.受教育程度与韵母“e[ɤ]”所属字变异交叉分析

为了进一步考察韵母“e[ɤ]”所属字的发音在受教育程度分布上显示出的差异，我们挑选出“色、饿”两字作为特例进行分析。

(1)“色”与受教育程度交叉分析

分析表 6-62 可知：韵母“e[ɤ]”所属字“色”，在旧变式的使用上，初中及以下程度的使用率最高，高中（中专、技校）和大专及以上程度的使用率均为零。在新变式的使用上，大专及以上程度的使用率最高。虽然初中及以下程度新变式的使用率略高于高中（中专、技校）程度的，但在新旧变式并用的使用率上，后者高于前者。

表 6-63 的卡方检验结果中，费雪精确检验 P 值为 0.001，小于 0.05，也说明韵母“e[ɤ]”所属字“色”的发音在受教育程度的分布上具有显著性差异。

① 9 资料格（44.4.%）预期计数小于 5。预期的计数下限为 0.65。

表 6-62　　　　“色”与受教育程度交叉表

			韵母“e[ɤ]”所属字“色”			总计
			旧变式“ei[ei]”	新变式“e[ɤ]”	新旧变式并用“e[ɤ]、ei[ei]”	
受教育程度	初中及以下	采用数	2	11	22	35
		百分比	5.7	31.4	62.9	100.0
	高中(中专、技校)	采用数	0	4	9	13
		百分比	0.0	30.8	69.2	100.0
	大专及以上	采用数	0	24	8	32
		百分比	0.0	75.0	25.0	100.0
总计		采用数	2	39	39	80
		百分比	2.5	48.8	48.8	100.0

表 6-63　　　　“色”与受教育程度交叉分析

	值	自由度	渐进显著性(双侧)	精确显著性(双侧)
皮尔逊卡方	16.361a[①]	4	0.003	0.002
概似比	17.456	4	0.002	0.001
费雪精确检验	15.504			0.001
有效观察值个数	5.569b	1	0.018	0.019
有效观察值个数	80			

(2)“饿”与受教育程度交叉分析

分析表 6-64 可知,韵母“e[ɤ]”所属字“饿”,初中及以下程度的旧变式使用率最高,高中(中专、技校)和大专及以上两个程度的旧变式使用率均为零。大专及以上程度的新变式使用率最高,高中(中专、技校)程度的新变式使用率略低于初中及以下程度,但其新旧变式并用的使用率却远高于初中及以下程度。

表 6-65 的卡方检验结果中,费雪精确检验 P 值为 0.000,小于 0.05,也说明韵母“e[ɤ]”所属字“饿”的发音在受教育程度的分布上具有显著性差异。

① 5资料格(33.3%)预期计数小于5。预期的计数下限为0.28。

表 6-64 “饿”与受教育程度交叉表

			韵母“e[ɤ]”饿的发音			总计
			旧变式“vɤ[vɤ]”	新变式“e[ɤ]”	新旧变式并用“e[ɤ]、vɤ[vɤ]”	
受教育程度	初中及以下	采用数	8	9	18	35
		百分比	22.9	25.7	51.4	100.0
	高中(中专、技校)	采用数	0	3	10	13
		百分比	0.0	23.1	76.9	100.0
	大专及以上	采用数	0	21	11	32
		百分比	0.0	65.6	34.4	100.0
总计		采用数	8	33	39	80
		百分比	10.0	41.3	48.8	100.0

表 6-65 “饿”与受教育程度交叉分析

	值	自由度	渐进显著性(双侧)	精确显著性(双侧)
皮尔逊卡方	21.508a①	4	0.000	0.000
概似比	24.097	4	0.000	0.000
费雪精确检验	19.487			0.000
有效观察值个数	80			

5. 受教育程度与韵母“ai[ai]”所属字变异交叉分析

为了进一步考察韵母“ai[ai]”所属字的发音在受教育程度分布上显示出的差异,我们挑选出“摘、塞”两字作为特例进行分析。

(1)“摘”与受教育程度交叉分析

分析表 6-66 可知,韵母“ai[ai]”所属字“摘”,在旧变式的使用率上,初中及以下程度的最高,大专及以上程度的最低。在新变式的使用率上,初中及以下的程度的最低,大专及以上程度的最高。在新旧变式并用的使用率上,高中(中专、技校)程度的最高。

表 6-67 的卡方检验结果中,费雪精确检验 P 值为 0.004,小于 0.05,也说明韵母“ai[ai]”所属字“摘”的发音在受教育程度的分布上具有显著性差异。

① 6 资料格(33.3%)预期计数小于 5。预期的计数下限为 1.30。

表 6-66 “摘”与受教育程度交叉表

			韵母“ai[ai]”所属字“摘”			总计
			旧变式“e[ɤ]”	新变式“ai[ai]”	新旧变式并用“ai[ai]”“e[ɤ]”	
受教育程度	初中及以下	采用数	16	19	0	35
		百分比	45.7	54.3	0.0	100.0
	高中(中专、技校)	采用数	2	9	2	13
		百分比	15.4	69.2	15.4	100.0
	大专及以上	采用数	4	26	2	32
		百分比	12.5	81.3	6.3	100.0
总计		采用数	22	54	4	80
		百分比	27.5	67.5	5.0	100.0

表 6-67 “摘”与受教育程度交叉分析

	值	自由度	渐进显著性(双侧)	精确显著性(双侧)
皮尔逊卡方	13.996a①	4	0.007	0.006
概似比	14.838	4	0.005	0.006
费雪精确检验	13.180			0.004
有效观察值个数	80			

(2)“塞”与受教育程度交叉分析

分析表 6-68 可知，韵母“ai[ai]”所属字“塞”，在旧变式的使用率上，初中及以下程度的最高，大专及以上程度的最低。在新变式的使用率上，初中及以下的程度的最低，大专及以上程度的最高。在新旧变式并用的使用率上，高中(中专、技校)程度的最高。

表 6-69 的卡方检验结果中，费雪精确检验 P 值为 0.004，小于 0.05，也说明韵母“ai[ai]”所属字“塞”的发音在受教育程度的分布上具有显著性差异，总体上看，受教育程度低的被调查者更偏爱旧变式，受教育程度高的被调查者更喜欢新变式。

① 9 资料格(60.0%)预期计数小于 5。预期的计数下限为 0.55。

表 6-68 “塞”与受教育程度交叉表

<table>
<tr><th colspan="3" rowspan="2"></th><th colspan="3">韵母“ai[ai]”所属字“塞”</th><th rowspan="2">总计</th></tr>
<tr><th>旧变式
“ei[ei]”</th><th>新变式
“ai[ai]”</th><th>新旧变式并用
“ai[ai]、ei[ei]”</th></tr>
<tr><td rowspan="6">受教育程度</td><td rowspan="2">初中及以下</td><td>采用数</td><td>16</td><td>19</td><td>0</td><td>35</td></tr>
<tr><td>百分比</td><td>45.7</td><td>54.3</td><td>0.0</td><td>100.0</td></tr>
<tr><td rowspan="2">高中(中专、技校)</td><td>采用数</td><td>2</td><td>9</td><td>2</td><td>13</td></tr>
<tr><td>百分比</td><td>15.4</td><td>69.2</td><td>15.4</td><td>100.0</td></tr>
<tr><td rowspan="2">大专及以上</td><td>采用数</td><td>4</td><td>26</td><td>2</td><td>32</td></tr>
<tr><td>百分比</td><td>12.5</td><td>81.3</td><td>6.3</td><td>100.0</td></tr>
<tr><td colspan="2" rowspan="2">总计</td><td>采用数</td><td>22</td><td>54</td><td>4</td><td>80</td></tr>
<tr><td>百分比</td><td>27.5</td><td>67.5</td><td>5.0</td><td>100.0</td></tr>
</table>

表 6-69 “塞”与受教育程度交叉分析

	值	自由度	渐进显著性(双侧)	精确显著性(双侧)
皮尔逊卡方	13.996a①	4	0.007	0.006
概似比	14.838	4	0.005	0.006
费雪精确检验	13.180			0.004
有效观察值个数	80			

6. 受教育程度与韵母“ei[ei]”与“l”相拼时所属字变异交叉分析

为了进一步考察韵母“ei[ei]”与“l”相拼时所属字的发音在受教育程度分布上显示出的差异性，我们将“泪”字作为特例进行分析。

分析表 6-70 可知：韵母“ei[ei]”与“l”相拼时所属字“泪”，初中及以下程度的旧变式使用率最高，大专及以上程度的旧变式使用率最低。初中及以下程度的新变式使用率最低，大专及以上程度的新变式使用率最高。

表 6-71 的卡方检验结果中，费雪精确检验 P 值为 0.019，小于 0.05，也说明韵母“ei[ei]”与“l”相拼时所属字“泪”的发音在受教育程度的分布上具有显著性差异。总体上看，受教育程度低的被调查者更容易使用旧变式，受教育程度高的被调查者更易于使用新变式。

① 9 资料格（60.0%）预期计数小于 5。预期的计数下限为 0.55。

表 6-70　　　　　　　　**“泪”与受教育程度交叉表**

			韵母“ei[ei]”与“l”相拼时读成“[uei]”所属字“泪”			总计
			旧变式“[uei]”	新变式“[ei]”	新旧变式变式并用“[ei]、[uei]”	
受教育程度	初中及以下	采用数	10	23	2	35
		百分比	28.6	65.7	5.7	100.0
	高中(中专、技校)	采用数	2	11	0	13
		百分比	15.4	84.6	0.0	100.0
	大专及以上	采用数	2	28	2	32
		百分比	6.3	87.5	6.3	100.0
总计		采用数	14	62	4	80
		百分比	17.5	77.5	5.0	100.0

表 6-71　　　　　　　　**“泪”与受教育程度交叉分析**

	值	自由度	渐进显著性(双侧)	精确显著性(双侧)
皮尔逊卡方	8.340a①	2	0.015	0.014
概似比	10.551	2	0.005	0.011
费雪精确检验	6.899			0.019
有效观察值个数	80			

四、职业与语音变异

社会语言学研究者一直将社会阶层看作影响语言使用的一个重要外部因素。“社会阶层变项在语言变异，至少是在工业化地区的语言变异中，起到了十分关键的作用。任何一个有责任的社会研究者都不能回避，至少是在某个研究层面，考虑社会阶层变项。”②由于“社会分层的一个最重要的指数就是职业区分”③，故本部分中按照职业因素将发音合作人进行归类。我

① 10 资料格 (50.0%) 预期计数小于 5。预期的计数下限为 0.65。

② Milroy, L. and Gordon, M., *Sociolinguistics: Method and Interpretation*, Oxford and Cambridge: Blackwell, 2003, p.40.

③ [美]威廉·拉波夫:《纽约市百货公司(r)的社会分层》，祝畹瑾编:《社会语言学译文集》，北京大学出版社 1995 年，第 121 页。

们将本次调查涉及的职业归纳为农牧业生产人员、商业服务业人员、企事业单位工作人员(教师除外)、教师、学生五组(退休人员按退休前的职业并入相应组中)。值得注意的是,虽然学生的职业不好去界定,但为研究方便,我们将在读学生单列出来与其他职业一起进行分析。

(一)职业与各变式使用的基本情况

通过表 6-72、图 6-11 可以看出,不同职业的人群,在各变式的使用率上有一定的差异。各职业使用新变式的人均数排序为:农牧业生产人员(30.9)＜企事业单位职工(45.3)＜商业、服务业人员＜(47.8)＜教师(56.6)＜学生(62.3),学生、教师在标准变式的使用上遥遥领先于其他职业。各职业使用旧变式的人均数最高的是农牧业生产人员,最低的是学生。在访谈中我们得知:近年来奇台县重视基础教育中普通话的推广与普及。学生是使用与推广普通话的先行者,再加上对教师的普通话要求比较高,整个奇台县推广与使用普通话的氛围较好。十八名教师中,除去已经退休的六名教师,其余的十二名教师中有八人取得了二级甲等证书,四人取得了二级乙等证书。教师是普通话的领跑者,教师对标准变式的使用率会远远高于其他行业。与其他职业相比,商业、服务业人员从事的职业属于相对开放性的职业,接触到社会各个阶层的人员的机会较多。尤其是近几年随着旅游业的发展到奇台旅游的各地游客络绎不绝,这就必然影响商业、服务业人员的语言使用,使他们在标准变式的选择率上较之于从事农牧业生产这种封闭性职业的人员要高很多。由于奇台话在奇台人语言生活中的比重还很大,去企事业单位办事的各族群众使用标准变式的比率并不高,所以企事业单位的工作人员使用标准变式的比率也不是很高。

表 6-72　职业与语音六变项各变式采用数量对比统计表

		职业				
		农牧业生产人员	商业、服务业人员	企事业单位工作人员	教师	学生
1.不送气字变异	旧变式采用个数(个)	96	22	60	28	1
	新变式采用个数(个)	82	68	146	176	224
	新旧变式并用采用个数(个)	14	6	10	12	15

续表

		职业				
		农牧业生产人员	商业、服务业人员	企事业单位工作人员	教师	学生
2. 零声母开口字加“ng[ŋ]”变异	旧变式采用个数(个)	86	6	52	34	1
	新变式采用个数(个)	186	130	254	272	339
	新旧变式并用采用个数(个)	0	0	0	0	0
3. 声母“n[n]、x[ɕ]、j[tɕ]、q[tɕʻ]”所属字的变异	旧变式采用个数(个)	124	22	48	16	0
	新变式采用个数(个)	52	60	122	192	234
	新旧变式并用采用个数(个)	64	38	100	62	66
4. 韵母“e[ɤ]”所属字变异	旧变式采用个数(个)	42	4	16	2	1
	新变式采用个数(个)	92	56	146	182	212
	新旧变式并用采用个数(个)	74	44	72	50	47
5. 韵母“ai[ai]”所属字变异	旧变式采用个数(个)	84	8	48	16	0
	新变式采用个数(个)	20	24	52	90	117
	新旧变式并用采用个数(个)	24	32	44	38	43
6. 韵母“ei[ei]”与“l”相拼时的变异	旧变式采用个数(个)	30	0	12	2	0
	新变式采用个数(个)	62	44	96	106	120
	新旧变式并用采用个数(个)	4	4	0	0	0
旧变式总个数(个)		462	62	236	98	3
新变式总个数(个)		494	382	816	1018	1246
新旧变式并用总个数)(个)		180	124	226	162	171
组人数(人)		16	8	18	18	20
旧变式人均数(个)		28.9	7.8	13.1	5.4	0.15
新变式人均数(个)		30.9	47.8	45.3	56.6	62.3
新、旧变式并用人均数(个)		11.3	15.5	12.6	9.0	8.6

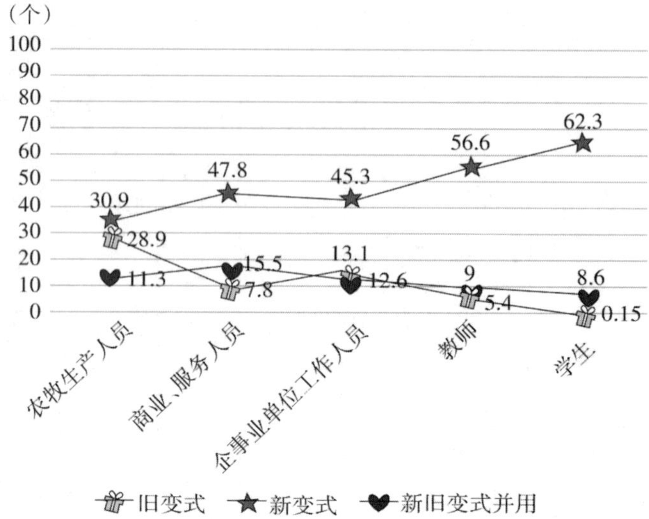

图 6-11　职业与语音六变项各变式采用平均数对比统计图

（二）职业与各变项交叉分析差异

为了进一步细致考察职业与语音六变项各变式的使用有无显著相关性，我们对职业与语音六变项各变式的使用进行了卡方检验。分析表 6-73 可知，12 个不送气字中，“避、哺、捕、波、倍、族、躁、堤、抖、痹”10 个字的发音在不同职业的分布上具有明显的差异性，而“泊、燥”2 个字的发音在不同职业分布上的差异不明显，所有被调查者在这 2 个字的发音上都具有明显的一致性。17 个零声母开口字中，“岸、挨、袄、额、鹅、饿、恶、安、俄”9 个字的发音在不同职业分布上具有明显的差异性，而“案、暗、爱、恩、摁、欧、藕、怄”8 个字的发音在不同职业分布上不具有明显的差异性，所有被调查者的发音都具有明显的一致性。声母“n[n]、x[ɕ]、j[tɕ]、q[tɕʻ]”所属的 15 个字中，“农、糯、鞘、械、街、解、角、鞋、瞎、下（底下）、下（下车）、巷、杏、咸”14 个字的发音在不同职业分布上具有明显的差异性，“吓”字的发音在不同职业分布上不具有明显差异性，所有被调查者这个字的发音具有很大的同质性。韵母“e[ɤ]”所属的 13 个字中，“戈、涩、色、隔、客、这、渴、饿”8 个字的发音在不同职业分布上的差异性明显，“得、德、择、颗、棵”5 个字的发音在不同职业分布上没有表现出显著的差异性，所有被调查者这 5 个字的发音都具有明显的一致性。韵母“ai[ai]”所属的 8 个字中，“白、百、麦、摘、塞、拆、窄”7 个字的发音在不同职业分布上表现出显著差异性，而“脉”字的发音在不同职业分布上的差异不明显，所有被调查者在这个字的发音上具有明显的一致性。韵母“ei[ei]”与“l”相拼时所属的 6 个字的发音在职业分布上均表现出显著的差异性。

表 6-73　　职业与语音六变项各变式交叉分析统计表①

	不送气字的变异	零声母开口字加“ng[ŋ]”变异	声母“n[n]、x[ɕ]、j[tɕ]、q[tɕʻ]”所属字的变异	韵母“e[ɤ]”所属字的变异	韵母“ai[ai]”所属字的变异	韵母“ei[ei]”与“l”相拼时的变异
职业	避　＋	岸　＋	农　＋	得　—	白　＋	泪　＋
	哺　＋	案　—	糯　＋	德　—	百　＋	累　＋
	捕　＋	暗　—	鞘　＋	戈　＋	麦　＋	类　＋
	波　＋	爱　—	械　＋	涩　＋	摘　＋	垒　＋
	倍　＋	挨　＋	街　＋	色　＋	拆　＋	磊　＋
	泊　—	袄　＋	解　＋	择　—	窄　＋	雷　＋
	族　＋	额　＋	角　＋	隔　＋	塞　＋	
	燥　—	鹅　＋	鞋　＋	客　＋	脉　—	
	躁　＋	饿　＋	瞎　＋	这　＋		
	堤　＋	恩　—	下(底下)＋	颗　—		
	抖　＋	摁　—	吓　—	棵　—		
	痹　＋	欧　—	下(下车)＋	渴　＋		
		藕　—	巷　＋	饿　＋		
		怄　—	杏　＋			
		恶　＋	咸　＋			
		安　＋				
		俄　＋				

1. 职业与不送气字变异交叉分析

为了进一步考察不送气字发音在职业分布上显示出的差异，我们挑选出“避、族”两字作为特例进行分析。

① 此表中用“＋”表示具有显著影响，用“—”表示不具有显著影响。

(1)"避"与职业交叉分析

分析表6-74可知:不送气字"避",旧变式使用率上,农牧业生产人员的比例最高,商业、服务业人员和学生的比例最低。新变式使用率上,农牧业生产人员的比例最低,学生的比例最高。商业、服务业人员新旧变式并用的使用率高于其他职业人群。

表6-75的卡方检验结果中,费雪精确检验 P 值为0.000,小于0.05,也说明不送气字"避"的发音在职业的分布上具有显著性差异。

表6-74　"避"与职业交叉表

			不送气字"避"			合计
			旧变式"p[pʻ]"	新变式"b[p]"	新旧变式并用"b[p]、p[pʻ]"	
职业	农牧业生产人员	采用数	12	4	0	16
		百分比	75.0	25.0	0.0	100.0
	商业、服务业人员	采用数	0	6	2	8
		百分比	0.0	75.0	25.0	100.0
	企事业单位工作人员	采用数	8	10	0	18
		百分比	44.4	55.6	0.0	100.0
	教师	采用数	4	14	0	18
		百分比	22.2	77.8	0.0	100.0
	学生	采用数	0	20	0	20
		百分比	0.0	100.0	0.0	100.0
合计		采用数	24	54	2	80
		百分比	30.0	67.5	2.5	100.0

表6-75　"避"与职业交叉分析

	数值	df	渐进显著性(2端)	精确显著性(2端)
皮尔逊卡方	46.955a①	8	0.000	0.000
概似比	44.203	8	0.000	0.000
费雪精确检验	36.595			0.000
有效观察值个数	80			

① 7资料格(46.7%)预期计数小于5。预期的计数下限为0.20。

(2)“族”与职业交叉分析

分析表6-76可知：不送气字“族”，农牧业生产人员的旧变式使用率最高，学生的旧变式使用率最低。新变式的使用情况则相反。

表6-77的卡方检验结果中，费雪精确检验 P 值为0.000，小于0.05，也说明不送气字“族”的发音在职业的分布上具有显著性差异。

表6-76　“族”与职业交叉表

			不送气字“族”			合计
			旧变式“c[tsʻ]”	新变式“z[ts]”	新旧变式并用“c[tsʻ]、z[ts]”	
职业	农牧业生产人员	采用数	14	2	0	16
		百分比	87.5	12.5	0.0	100.0
	商业、服务业人员	采用数	6	2	0	8
		百分比	75.0	25.0	0.0	100.0
	企事业单位工作人员	采用数	12	6	0	18
		百分比	66.7	33.3	0.0	100.0
	教师	采用数	8	10	0	18
		百分比	44.4	55.6	0.0	100.0
	学生	采用数	0	19	1	20
		百分比	0.0	95.0	5.0	100.0
合计		采用数	40	39	1	80
		百分比	50.0	48.8	1.3	100.0

表6-77　“族”与职业交叉分析

	数值	df	渐进显著性(2端)	精确显著性(2端)
皮尔逊卡方	34.674a①	8	0.000	0.000
概似比	43.616	8	0.000	0.000
费雪精确检验	40.158			0.000
有效观察值个数	80			

2.职业与零声母开口字加“ng[ŋ]”变异交叉分析

为了进一步考察零声母开口字的发音在职业分布上显示出的差异，我

① 7资料格(46.7%)预期计数小于5。预期的计数下限为0.10。

们挑选出“鹅、安”两个字作为特例进行分析。

(1)“鹅”与职业交叉分析

分析表6-78可知:零声母开口字“鹅”,在旧变式使用率上,最高的是农牧业生产人员,最低的是学生。在新变式使用率上,学生百分之百使用新变式,教师和商业、服务业人员的使用率都较高,农牧业生产人员的使用率最低。

表6-79的卡方检验结果中,费雪精确检验 P 值为0.000,小于0.05,也说明零声母开口字“鹅”的发音在职业的分布上具有显著性差异。

表6-78　　“鹅”与职业交叉表

			零声母开口字“鹅”		合计
			旧变式“ng[ŋ]”	新变式	
职业	农牧业生产人员	采用数	12	4	16
		百分比	75.0	25.0	100.0
	商业、服务业人员	采用数	2	6	8
		百分比	25.0	75.0	100.0
	企事业单位工作人员	采用数	8	10	18
		百分比	44.4	55.6	100.0
	教师	采用数	4	14	18
		百分比	22.2	77.8	100.0
	学生	采用数	0	20	20
		百分比	0.0	100.0	100.0
合计		采用数	26	54	80
		百分比	32.5	67.5	100.0

表6-79　　“鹅”与职业交叉分析

	数值	df	渐进显著性(2端)	精确显著性(2端)
皮尔逊卡方	25.046a①	4	0.000	0.000
概似比	30.101	4	0.000	0.000
费雪精确检验	26.550			0.000
有效观察值个数	80			

① 1资料格(10.0%)预期计数小于5。预期的计数下限为2.60。

(2)“安”与职业交叉分析

分析表 6-80 可知：零声母开口字“安”，农牧业生产人员、企事业单位工作人员旧变式的使用率高于学生、教师、商业和服务业人员的使用率。在新变式的使用率上，教师、学生、商业和服务业人员这三类人员领先于企事业单位工作人员、农牧业生产人员。

表 6-81 的卡方检验结果中，费雪精确检验 P 值为 0.001，小于 0.05，也说明零声母开口字“安”的发音在职业的分布上具有显著性差异。

表 6-80　　“安”与职业交叉表

			零声母开口字“安”		合计
			旧变式“ng[ŋ]”	新变式	
职业	农牧业生产人员	采用数	6	10	16
		百分比	37.5	62.5	100.0
	商业、服务业人员	采用数	0	8	8
		百分比	0.0	100.0	100.0
	企事业单位工作人员	采用数	2	16	18
		百分比	11.1	88.9	100.0
	教师	采用数	0	18	18
		百分比	0.0	100.0	100.0
	学生	采用数	0	20	20
		百分比	0.0	100.0	100.0
合计		采用数	8	72	80
		百分比	10.0	90.0	100.0

表 6-81　　“安”与职业交叉分析

	数值	df	渐进显著性(2 端)	精确显著性(2 端)
皮尔逊卡方	18.580a①	4	0.001	0.001
概似比	18.285	4	0.001	0.001
费雪精确检验	13.177			0.001
有效观察值个数	80			

① 5 资料格(50.0%)预期计数小于 5。预期的计数下限为 0.80。

3. 职业与声母"n[n]、x[ɕ]、j[tɕ]、q[tɕʻ]"所属字变异交叉分析

为了进一步考察声母"n[n]、x[ɕ]、j[tɕ]、q[tɕʻ]"所属字的发音在职业分布上显示出的差异，我们挑选出"械、鞋"两字作为特例进行分析。

(1)"械"与职业交叉分析

分析表6-82可知：声母"n[n]、x[ɕ]、j[tɕ]、q[tɕʻ]"所属字"械"，在旧变式的使用率上，依旧是农牧业生产人员的最高，学生的最低。在新变式的使用率上，学生、教师遥遥领先。与其他职业相比，农牧业生产人员新旧变式并用的趋势也较明显。

表6-83的卡方检验结果中，费雪精确检验 P 值为0.000，小于0.05，也说明声母"n[n]、x[ɕ]、j[tɕ]、q[tɕʻ]"所属字"械"的发音在职业的分布上具有显著性差异。

表 6-82　"械"与职业交叉表

			声母"n[n]、x[ɕ]、j[tɕ]、q[tɕʻ]"所属字"械"			合计
			旧变式"j[tɕ]"	新变式"x[ɕ]"	新旧变式并用"x[ɕ]、j[tɕ]"	
职业	农牧业生产人员	采用数	10	4	2	16
		百分比	62.5	25.0	12.5	100.0
	商业、服务业人员	采用数	2	6	0	8
		百分比	25.0	75.0	0.0	100.0
	企事业单位工作人员	采用数	8	10	0	18
		百分比	44.4	55.6	0.0	100.0
	教师	采用数	2	16	0	18
		百分比	11.1	88.9	0.0	100.0
	学生	采用数	0	20	0	20
		百分比	0.0	100.0	0.0	100.0
合计		采用数	22	56	2	80
		百分比	27.5	70.0	2.5	100.0

表 6-83 “械”与职业交叉分析

	数值	df	渐进显著性(2 端)	精确显著性(2 端)
皮尔逊卡方	32.965a①	8	0.000	0.000
概似比	36.412	8	0.000	0.000
费雪精确检验	30.972			0.000
有效观察值个数	80			

(2)“鞋”与职业交叉分析

分析表 6-84 可知:声母“n[n]、x[ɕ]、j[tɕ]、q[tɕʻ]”所属字“鞋”,在旧变式的使用上,除了农牧业生产人员、企事业单位工作人员以外,其他职业的使用率为零。在新变式的使用上,教师、学生的比例高于其他职业。此外,“鞋”字在新旧变式并用上的特征非常明显,各职业均表现出这一特征,商业、服务业人员的比例达到了百分之百。

表 6-85 的卡方检验结果中,费雪精确检验 P 值为 0.000,小于 0.05,也说明声母“n[n]、x[ɕ]、j[tɕ]、q[tɕʻ]”所属字“鞋”的发音在职业的分布上具有显著性差异。

表 6-84 “鞋”与职业交叉表

			声母“n[n]、x[ɕ]、j[tɕ]、q[tɕʻ]”所属字“鞋”			合计
			旧变式“[χ]”	新变式“x[ɕ]”	新旧变式并用“x[ɕ]、[χ]”	
职业	农牧业生产人员	采用数	4	0	12	16
		百分比	25.0	0.0	75.0	100.0
	商业、服务业人员	采用数	0	0	8	8
		百分比	0.0	0.0	100.0	100.0
	企事业单位工作人员	采用数	2	10	6	18
		百分比	11.1	55.6	33.3	100.0
	教师	采用数	0	14	4	18
		百分比	0.0	77.8	22.2	100.0
	学生	采用数	0	14	6	20
		百分比	0.0	70.0	30.0	100.0
合计		采用数	6	38	36	80
		百分比	7.5	47.5	45.0	100.0

① 9 资料格(60.0%)预期计数小于 5。预期的计数下限为 0.20。

表 6-85　　　　"鞋"与职业交叉分析

	数值	df	渐进显著性(2 端)	精确显著性(2 端)
皮尔逊卡方	39.745a①	8	0.000	0.000
概似比	49.927	8	0.000	0.000
费雪精确检验	39.916			0.000
有效观察值个数	80			

4. 职业与韵母"e[ɤ]"所属字变异交叉分析

为了进一步考察韵母"e[ɤ]"所属字的发音在职业分布上显示出的差异,我们挑选出"色、这"两字作为特例进行分析。

(1)"色"与职业交叉分析

分析表 6-86 可知:韵母"e[ɤ]"所属字"色",在旧变式的使用上,除了农牧业生产人员以外,其他职业的使用率均为零。在新变式的使用上,教师、学生的使用率明显高于其他职业。此外,"色"字在新旧变式并用上特征明显,农牧业生产人员、商业服务业人员、企事业单位工作人员的使用率都较高。

表 6-87 的卡方检验结果中,费雪精确检验 P 值为 0.001,小于 0.05,也说明韵母"e[ɤ]"所属字"色"的发音在职业的分布上具有显著性差异。

表 6-86　　　　"色"与职业交叉表

			韵母"e[ɤ]"所属字"色"			合计
			旧变式"ei[ei]"	新变式"e[ɤ]"	新旧变式并用"e[ɤ]、ei[ei]"	
职业	农牧业生产人员	采用数	2	2	12	16
		百分比	12.5	12.5	75.0	100.0
	商业、服务业人员	采用数	0	2	6	8
		百分比	0.0	25.0	75.0	100.0
	企事业单位工作人员	采用数	0	8	10	18
		百分比	0.0	44.4	55.6	100.0
	教师	采用数	0	14	4	18
		百分比	0.0	77.8	22.2	100.0
	学生	采用数	0	13	7	20
		百分比	0.0	65.0	35.0	100.0
合计		采用数	2	39	39	80
		百分比	2.5	48.8	48.8	100.0

① 7 资料格(46.7%)预期计数小于 5。预期的计数下限为 0.60。

表 6-87　　　　　　“色”与职业交叉分析

	数值	df	渐进显著性(2 端)	精确显著性(2 端)
皮尔逊卡方	24.439a①	8	0.002	0.002
概似比	24.601	8	0.002	0.001
费雪精确检验	21.537			0.001
有效观察值个数	80			

(2)“这”与职业交叉分析

分析表 6-88 可知:韵母“e[ɤ]”所属字“这”,在旧变式的使用上,农牧业生产人员的使用率最高,教师的使用率最低。在新变式的使用上,除了学生外,其他职业均为零。各职业新旧变式并用的使用率都不低,最高的是教师,最低的是农牧业生产人员。

表 6-89 的卡方检验结果中,费雪精确检验 P 值为 0.000,小于 0.05,也说明韵母“e[ɤ]”所属字“这”的发音在职业的分布上具有显著性差异。

表 6-88　　　　　　“这”与职业交叉表

			韵母“e[ɤ]”所属字“这”			合计
			旧变式“ei[ei]”	新变式“e[ɤ]”	新旧变式并用“e[ɤ]、ei[ei]”	
职业	农牧业生产人员	采用数	10	0	6	16
		百分比	62.5	0.0	37.5	100.0
	个体、服务人员	采用数	4	0	4	8
		百分比	50.0	0.0	50.0	100.0
	企事业单位工作人员	采用数	6	0	12	18
		百分比	33.3	0.0	66.7	100.0
	教师	采用数	0	0	18	18
		百分比	0.0	0.0	100.0	100.0
	学生	采用数	1	8	11	20
		百分比	5.0	40.0	55.0	100.0
合计		采用数	21	8	51	80
		百分比	26.3	10.0	63.8	100.0

① 7 资料格(46.7%)预期计数小于 5。预期的计数下限为 0.20。

表 6-89 “这”与职业交叉分析

	数值	df	渐进显著性(2 端)	精确显著性(2 端)
皮尔逊卡方	48.179a①	8	0.000	0.000
概似比	49.958	8	0.000	0.000
费雪精确检验	39.134			0.000
有效观察值个数	80			

5. 职业与韵母“ai[ai]”所属字变异交叉分析

为了进一步考察韵母“ai[ai]”所属字读音在职业分布上显示出的差异，我们挑选出“摘、白”两字作为特例进行分析。

(1)“摘”与职业交叉分析

分析表 6-90 可知：韵母“ai[ai]”所属字“摘”，在旧变式的使用上，农牧业生产人员的使用率最高，学生的使用率最低。在新变式的使用上，学生百分之百采用新变式，农牧业生产人员的使用率最低。新旧变式并用上，只有教师占有一定的比例。

表 6-91 的卡方检验结果中，费雪精确检验 P 值为 0.000，小于 0.05，也说明韵母“ai[ai]”所属字“摘”的发音在职业的分布上具有显著性差异。

表 6-90 “摘”与职业交叉表

			韵母 ai[ai]所属字“摘”			合计
			旧变式“e[ɤ]”	新变式“ai[ai]”	新旧变式并用“ai[ai]”“e[ɤ]”	
职业	农牧业生产人员	采用数	10	6	0	16
		百分比	62.5	37.5	0.0	100.0
	商业、服务业人员	采用数	2	6	0	8
		百分比	25.0	75.0	0.0	100.0
	企事业单位工作人员	采用数	8	10	0	18
		百分比	44.4	55.6	0.0	100.0
	教师	采用数	2	12	4	18
		百分比	11.1	66.7	22.2	100.0
	学生	采用数	0	20	0	20
		百分比	0.0	100.0	0.0	100.0
合计		采用数	22	54	4	80
		百分比	27.5	67.5	5.0	100.0

① 9 资料格(60.0%)预期计数小于 5。预期的计数下限为 0.80。

表 6-91　　　　　　“摘”与职业交叉分析

	数值	df	渐进显著性(2 端)	精确显著性(2 端)
皮尔逊卡方	35.773a①	8	0.000	0.000
概似比	37.767	8	0.000	0.000
费雪精确检验	29.843			0.000
有效观察值个数	80			

(2)“白”与职业交叉分析

分析表 6-92 可知:韵母“ai[ai]”所属字“白”,在旧变式的使用上,农牧业生产人员、企事业单位工作人员的使用率高于其他职业。在新变式的使用上,教师、学生的使用率高于其他职业。在新旧变式并用上,各职业都有不低的比例。

表 6-93 的卡方检验结果中,费雪精确检验 P 值为 0.000,小于 0.05,也说明韵母“ai[ai]”所属字“白”的发音在职业的分布上具有显著性差异。

表 6-92　　　　　　“白”与职业交叉表

			韵母“ai[ai]”所属字“白”			合计
			旧变式“ei[ei]”	新变式“ai[ai]”	新旧变式并用“ai[ai]”“ei[ei]”	
职业	农牧业生产人员	采用数	10	0	6	16
		百分比	62.5	0.0	37.5	100.0
	商业、服务业人员	采用数	0	4	4	8
		百分比	0.0	50.0	50.0	100.0
	企事业单位工作人员	采用数	6	6	6	18
		百分比	33.3	33.3	33.3	100.0
	教师	采用数	0	12	6	18
		百分比	0.0	66.7	33.3	100.0
	学生	采用数	0	13	7	20
		百分比	0.0	65.0	35.0	100.0
合计		采用数	16	35	29	80
		百分比	20.0	43.8	36.3	100.0

① 9 资料格(60.0%)预期计数小于 5。预期的计数下限为 0.40。

表 6-93　　“白”与职业交叉分析

	数值	df	渐进显著性(2端)	精确显著性(2端)
皮尔逊卡方	37.510a①	8	0.000	0.b
概似比	47.601	8	0.000	0.000
费雪精确检验	37.860			0.000
有效观察值个数	80			

6. 职业与韵母“ei[ei]”与“l”相拼时所属字变异交叉分析

为了进一步考察韵母“ei[ei]”与“l”相拼时的发音在职业分布上显示出的差异，我们挑选出“泪、累”两字作为特例进行分析。

(1)“泪”与职业交叉分析

分析表 6-94 可知：韵母“ei[ei]”与“l”相拼时所属字“泪”，在旧变式的使用方面，企事业单位工作人员、农牧业生产人员的使用率高于其他职业。在新变式的使用方面，教师、学生的使用率高于其他职业。在新旧变式并用方面，只有商业、服务业人员和农牧业生产人员有较低的比例。

表 6-95 的卡方检验结果中，费雪精确检验 P 值为 0.000，小于 0.05，也说明韵母“ei[ei]”与“l”相拼时所属字“泪”的发音在职业的分布上具有显著性差异。

表 6-94　　“泪”与职业交叉表

			韵母“ei[ei]”与“l”相拼时读成“[uei]”所属字“泪”			合计
			旧变式“[uei]”	新变式“[ei]”	新旧变式并用“[ei]、[uei]”	
职业	农牧业生产人员	采用数	6	8	2	16
		百分比	37.5	50.0	12.5	100.0
	商业、服务业人员	采用数	0	6	2	8
		百分比	0.0	75.0	25.0	100.0
	企事业单位工作人员	采用数	8	10	0	18
		百分比	44.4	55.6	0.0	100.0
	教师	采用数	0	18	0	18
		百分比	0.0	100.0	0.0	100.0
	学生	采用数	0	20	0	20
		百分比	0.0	100.0	0.0	100.0
合计		采用数	14	62	4	80
		百分比	17.5	77.5	5.0	100.0

① 7资料格(46.7%)预期计数小于5。预期的计数下限为1.60。

表 6-95　　“泪”与职业交叉分析

	数值	df	渐进显著性(2 端)	精确显著性(2 端)
皮尔逊卡方	35.343a[①]	8	0.000	0.000
概似比	39.470	8	0.000	0.000
费雪精确检验	30.027			0.000
有效观察值个数	80			

(2)“累”与职业交叉分析

分析表 6-96 可知:韵母“ei[ei]”与“l”相拼时所属字“累”,在旧变式的使用方面,学生和商业、服务业人员比例为零,农牧业生产人员、企事业单位工作人员、教师还有一定的比例。在新变式的使用方面,学生、教师的使用率领先于其他职业。在新旧变式并用方面,只有商业、服务业人员和农牧业生产人员还有一定的占比。

表 6-97 的卡方检验结果中,费雪精确检验 P 值为 0.001,小于 0.05,也说明韵母“ei[ei]”与“l”相拼时所属字“累”在职业的分布上具有显著性差异。

表 6-96　　“累”与职业交叉表

			韵母“ei[ei]”与“l”相拼时读成“[uei]”所属字“累”			合计
			旧变式“[uei]”	新变式“[ei]”	新旧变式并用“[ei]、[uei]”	
职业	农牧业生产人员	采用数	6	8	2	16
		百分比	37.5	50.0	12.5	100.0
	商业、服务业人员	采用数	0	6	2	8
		百分比	0.0	75.0	25.0	100.0
	企事业单位工作人员	采用数	4	14	0	18
		百分比	22.2	77.8	0.0	100.0
	教师	采用数	2	16	0	18
		百分比	11.1	88.9	0.0	100.0
	学生	采用数	0	20	0	20
		百分比	0.0	100.0	0.0	100.0
合计		采用数	12	64	4	80
		百分比	15.0	80.0	5.0	100.0

① 10 资料格(66.7%)预期计数小于 5。预期的计数下限为 0.40。

表 6-97　　“累”与职业交叉分析

	数值	df	渐进显著性(2 端)	精确显著性(2 端)
皮尔逊卡方	24.421a①	8	0.002	0.002
概似比	26.256	8	0.001	0.001
费雪精确检验	19.580			0.001
有效观察值个数	80			

五、居住地与语音变异

在讨论语言变异问题时，我们不能避开居住地域因素。在调查中我们发现居住在县城与农村的被调查者在各种变式的选择上存在明显差异，尤其是居住在县城与农村的学生的差异更为明显。为了考察居住地因素对语音变异的影响，我们将 80 名发音合作人分为县城与农村两个居住地进行统计。具体数据见表 6-98。

(一)居住地与语音变异的基本数据

分析表 6-98 与图 6-12 可知，在采用新变式上，县城居住者的平均数高于农村居住者。在采用旧变式上，县城居住者的平均数低于农村居住者。农村居住者采用新、旧变式并用的平均数略高于县城居住者，各变式使用率体现出较为明显的城乡差异。人们会根据不同的交际对象选择不同的语言变体。生活在城乡的被调查者接触和使用普通话的机会不同，受到普通话影响的程度不一，在语音变异上出现差异的程度也就不同了。

表 6-98　　居住地与语音六变项各变式采用数量对比统计表

		居住地	
		县城	农村
1. 不送气字变异	旧变式采用个数(个)	82	125
	新变式采用个数(个)	482	214
	新旧变式并用采用个数(个)	24	33
2. 零声母开口字加“ng[ŋ]”变异	旧变式采用个数(个)	78	101
	新变式采用个数(个)	755	426
	新旧变式并用采用个数(个)	0	0
3. 声母“n[n]、x[ɕ]、j[tɕ]、q[tɕʻ]”所属字的变异	旧变式采用个数(个)	62	148
	新变式采用个数(个)	487	173
	新旧变式并用采用个数(个)	186	144

① 10资料格(66.7%)预期计数小于5。预期的计数下限为0.40。

续表

		居住地	
		县城	农村
4. 韵母“e[ɤ]”所属字变异	旧变式采用个数(个)	13	52
	新变式采用个数(个)	466	222
	新旧变式并用采用个数(个)	158	129
5. 韵母“ai[ai]”所属字变异	旧变式采用个数(个)	52	104
	新变式采用个数(个)	224	79
	新旧变式并用采用个数(个)	116	65
6. 韵母“ei[ei]”与“l”相拼时的变异	旧变式采用个数(个)	8	36
	新变式采用个数(个)	286	142
	新旧变式并用采用个数(个)	0	8
旧变式总个数(个)		295	566
新变式总个数(个)		2700	1256
新旧变式并用总个数)(个)		484	379
组人数(人)		49	31
旧变式人均数(个)		6.0	18.3
新变式人均数(个)		55.1	40.5
新、旧变式并用人均数(个)		9.9	12.2

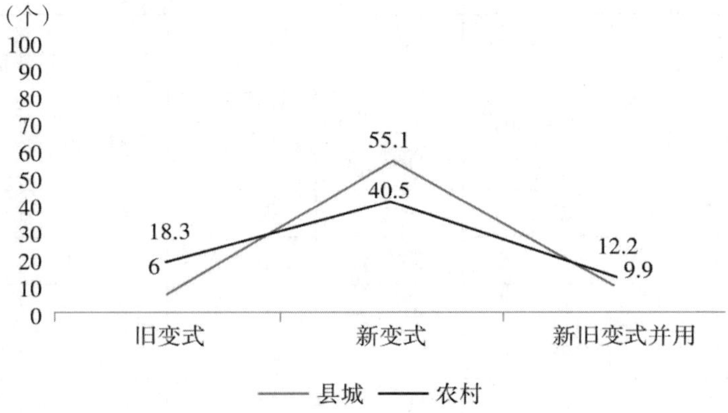

图 6-12 居住地与语音六变项各变式采用平均数对比统计图

(二)居住地与各变项交叉分析差异

为了进一步细致考察居住地与语音六变项各变式使用情况有无明显的

相关性,我们对居住地与语音六变项各变式的使用进行了卡方检验。分析表 6-99 可知,12 个不送气字中,"避、哺、捕、波、倍、族、抖、痹"8 个字的发音在不同居住地的分布上具有明显的差异性,而"泊、燥、躁、堤"4 个字的发音在居住地分布上的差异不明显,所有的被调查者这 4 个字的发音都具有明显的一致性。17 个零声母开口字中,"岸、袄、额、鹅"4 个字的发音在居住地分布上具有明显的差异性,而"案、暗、爱、挨、饿、恩、摁、欧、藕、怄、恶、安、俄"13 个字的发音在居住地分布上不具有明显的差异性,所有被调查者这些字的发音都具有明显的一致性。声母"n[n]、x[ɕ]、j[tɕ]、q[tɕʻ]"所属的 15 个字中,"农、糯、鞘、械、街、解、角、鞋、瞎、下(底下)、下(下车)、杏、咸"13 个字的发音在居住地分布上具有明显的差异性,"吓、巷"2 个字的发音在居住地分布上不具有差异性,所有被调查者这 2 个字的发音具有很大的同质性。韵母"e[ɤ]"所属的 13 个字中,"戈、色、客、这、渴、饿"6 个字的发音在居住地分布上的差异性明显,"得、德、涩、择、隔、颗、棵"7 个字的发音在居住地分布上没有表现出显著的差异性,所有被调查者这 7 个字的发音具有很大的同质性。韵母"ai[ai]"所属的 8 个字中,"白、百、麦、拆、塞"5 个字的发音在居住地分布上表现出显著的差异性,而"摘、窄、脉"3 个字的发音在居住地分布上的差异不明显,所有被调查者这 3 个字的发音具有很大的同质性。韵母"ei[ei]"与"l"相拼时所属的 6 个字中"泪、累、类、磊、雷"5 个字的发音在居住地分布上表现出显著的差异性,"垒"字的发音在居住地分布上的差异性不明显,所有的被调查者这个字的发音具有很大的同质性。

表 6-99　　居住地与语音六变项各变式交叉分析统计表①

	不送气字的变异	零声母开口字加"ng[ŋ]"变异	声母"n[n]、x[ɕ]、j[tɕ]、q[tɕʻ]"所属字的变异	韵母"e[ɤ]"所属字的变异	韵母"ai[ai]"所属字的变异	韵母"ei[ei]"与"l"相拼时的变异
居住地	避　+	岸　+	农　+	得　—	白　+	泪　+
	哺　+	案　—	糯　+	德　—	百　+	累　+
	捕　+	暗　—	鞘　+	戈　+	麦　+	类　+
	波　+	爱　—	械　+	涩　—	摘　—	垒　—
	倍　+	挨　—	街　+	色　+	拆　+	磊　+
	泊　—	袄　+	解　+	择　—	窄　—	雷　+
	族　+	额　+	角　+	隔　—	塞　+	

① 此表中用"+"表示具有相关性,用"—"表示不具有相关性。

续表

	不送气字的变异	零声母开口字加“ng[ŋ]”变异	声母“n[n]、x[ɕ]、j[tɕ]、q[tɕʻ]”所属字的变异	韵母“e[ɤ]”所属字的变异	韵母“ai[ai]”所属字的变异	韵母“ei[ei]”与“l”相拼时的变异
居住地	燥 −	鹅 +	鞋 +	客 +	脉 −	
	躁 −	饿 −	瞎 +	这 +		
	堤 −	恩 −	下(底下)+	颗 −		
	抖 +	摁 −	吓 −	棵 −		
	痹 +	欧 −	下(下车)+	渴 +		
		藕 −	巷 −	饿 +		
		怄 −	杏 +			
		恶 −	咸 +			
		安 −				
		俄 −				

1. 居住地与不送气字变异交叉分析

为了进一步考察不送气字的发音在居住地分布上显示出的差异，我们挑选出“族、痹”两字作为特例进行分析。

(1)“族”与居住地交叉分析

分析表 6-100 可知：不送气字“族”，在旧变式的使用上，农村居住者的使用率远高于县城居住者，在新变式的使用上，县城居住者的使用率远高于农村居住者。

表 6-101 的卡方检验结果中，皮尔逊卡方检验 P 值为 0.000，小于 0.05，也说明不送气字“族”的发音在居住地分布上具有显著性差异。居住地在县城的被调查者更倾向于使用标准变式。

表 6-100　“族”与居住地交叉表

			不送气字“族” 旧变式“c[tsʻ]”	不送气字“族” 新变式“z[ts]”	合计
居住地	县城	采用数	10	39	49
		百分比	20.4	79.6	100.0

续表

			不送气字“族”		合计
			旧变式“c[ts‘]”	新变式“z[ts]”	
居住地	农村	采用数	22	9	31
		百分比	71.0	29.0	100.0
合计		采用数	32	48	80
		百分比	40.0	60.0	100.0

表 6-101　　“族”与居住地交叉分析

	数值	df	渐进显著性(2 端)	精确显著性(2 端)
皮尔逊卡方	20.224a①	1	0.000	0.000
持续更正 b	18.172	1	0.000	
概似比	20.742	1	0.000	0.000
费雪精确检验				0.000
有效观察值个数	80			

(2)“痹”与居住地交叉分析

分析表 6-102 可知：不送气字“痹”，农村居住者的旧变式使用率高于县城居住者，县城居住者的新变式使用率高于农村居住者。

表 6-103 的卡方检验结果中，皮尔逊卡方检验 P 值为 0.001，小于 0.05，也说明不送气字“痹”的发音在不同居住地的分布上具有显著性差异。县城的被调查者使用新变式的趋势更明显。

表 6-102　　“痹”与居住地交叉表

			不送气字“痹”			合计
			旧变式“p[p‘]”	新变式“b[p]”	新旧变式并用“b[p]、p[p‘]”	
居住地	县城	采用数	16	19	14	49
		百分比	32.7	38.8	28.6	100.0
	农村	采用数	22	2	7	31
		百分比	71.0	6.5	22.6	100.0

① 0 资料格(0.0%)预期计数小于 5。预期的计数下限为 12.40。

续表

		不送气字“痹”			合计
		旧变式“p[pʻ]”	新变式“b[p]”	新旧变式并用“b[p]、p[pʻ]”	
合计	采用数	38	21	21	80
	百分比	47.5	26.3	26.3	100.0

表 6-103　　“痹”与居住地交叉分析

	数值	df	渐进显著性(2 端)	精确显著性(2 端)
皮尔逊卡方	13.685a①	2	0.001	0.001
持续更正 b	15.149	2	0.001	0.001
概似比	14.214			0.001
费雪精确检验				0.000
有效观察值个数	80			

2. 居住地与零声母开口字加“ng[ŋ]”变异交叉分析

为了进一步考察零声母开口字的发音在居住地分布上显示出的差异，我们挑选出“额、鹅”两字作为特例进行分析。

(1)“额”与居住地交叉分析

分析表 6-104 可知：零声母开口字“额”，在旧变式的使用上，农村居住者的使用率高于县城居住者，在新变式的使用上，县城居住者的使用率高于农村居住者。

表 6-105 的卡方检验结果中，皮尔逊卡方检验 P 值为 0.004，小于 0.05，也说明零声母开口字“额”的发音在居住地分布上具有显著性差异。居住地在县城的被调查者偏爱新变式。

表 6-104　　“额”与居住地交叉表

			零声母开口字“额”		合计
			旧变式“ng[ŋ]”	新变式	
居住地	县城	采用数	14	35	49
		百分比	28.6	71.4	100.0
	农村	采用数	19	12	31
		百分比	61.3	38.7	100.0

① 0 资料格(0.0%)预期计数小于 5。预期的计数下限为 8.14。

续表

		零声母开口字"额"		合计
		旧变式"ng[ŋ]"	新变式	
合计	采用数	33	47	80
	百分比	41.3	58.8	100.0

表 6-105　　"额"与居住地交叉分析

	数值	df	渐进显著性(2 端)	精确显著性(2 端)
皮尔逊卡方	8.388a①	1	0.004	0.005
持续更正 b	7.092	1	0.008	
概似比	8.430	1	0.004	0.005
费雪精确检验				0.005
有效观察值个数	80			

(2)"鹅"与居住地交叉分析

分析表 6-106 可知:零声母开口字"鹅",农村居住者的旧变式使用率高于县城居住者,县城居住者的新变式使用率高于农村居住者。

表 6-107 的卡方检验结果中,皮尔逊卡方检验 P 值为 0.004,小于 0.05,也说明零声母开口字"鹅"的发音在居住地分布上具有显著性差异。县城居住的被调查者使用新变式的更多。

表 6-106　　"鹅"与居住地交叉表

			零声母开口字"鹅"		合计
			旧变式"ng[ŋ]"	新变式	
居住地	县城	采用数	10	39	49
		百分比	20.4	79.6	100.0
	农村	采用数	16	15	31
		百分比	51.6	48.4	100.0
合计		采用数	26	54	80
		百分比	32.5	67.5	100.0

① 0 资料格(0.0%)预期计数小于 5。预期的计数下限为 12.79。

表 6-107　　“鹅”与居住地交叉分析

	数值	df	渐进显著性(2 端)	精确显著性(2 端)
皮尔逊卡方	8.428a①	1	0.004	0.006
持续更正 b	7.066	1	0.008	
概似比	8.361	1	0.004	0.006
费雪精确检验				0.006
有效观察值个数	80			

3. 居住地与声母“n[n]、x[ɕ]、j[tɕ]、q[tɕʻ]”所属字变异交叉分析

为了进一步考察声母“n[n]、x[ɕ]、j[tɕ]、q[tɕʻ]”所属字的发音在居住地分布上显示出的差异，我们挑选出“杏、咸”两字作为特例进行分析。

(1)“杏”与居住地交叉分析

分析表 6-108 可知：声母“n[n]、x[ɕ]、j[tɕ]、q[tɕʻ]”所属字“杏”，在旧变式的使用上，农村居住者的使用率高于县城居住者。在新变式的使用上，县城居住者的使用率高于农村居住者。在新旧变式并用上，城乡差异不大。

表 6-109 的卡方检验结果中，皮尔逊卡方检验 P 值为 0.001，小于 0.05，也说明声母“n[n]、x[ɕ]、j[tɕ]、q[tɕʻ]”所属字“杏”的发音在居住地分布上具有显著性差异。县城居住者更易于选择新变式。

表 6-108　　“杏”与居住地交叉表

			声母“n[n]、x[ɕ]、j[tɕ]、q[tɕ]”所属字“杏”			合计
			旧变式“[χ]”	新变式“x[ɕ]”	新旧变式并用“x[ɕ]、[χ]”	
居住地	县城	采用数	4	27	18	49
		百分比	8.2	55.1	36.7	100.0
	农村	采用数	12	7	12	31
		百分比	38.7	22.6	38.7	100.0
合计		采用数	16	34	30	80
		百分比	20.0	42.5	37.5	100.0

① 0 资料格(0.0%)预期计数小于 5。预期的计数下限为 10.08。

表 6-109　　“杏”与居住地交叉分析

	数值	df	渐进显著性(2 端)	精确显著性(2 端)
皮尔逊卡方	13.603a①	2	0.001	0.001
概似比	13.869	2	0.001	0.001
费雪精确检验	13.352			0.001
有效观察值个数	80			

(2)“咸”与居住地交叉分析

分析表 6-110 可知：声母“n[n]、x[ɕ]、j[tɕ]、q[tɕʻ]”所属字“咸”，在旧变式的使用上，农村居住者的使用率高于县城居住者。在新变式使用上，县城居住者的使用率高于农村居住者。在新旧变式并用上，城乡都表现得很明显。

表 6-111 的卡方检验结果中，皮尔逊卡方检验 P 值为 0.000，小于 0.05，也说明声母“n[n]、x[ɕ]、j[tɕ]、q[tɕʻ]”所属字“咸”的发音在居住地分布上具有显著性差异。县城居住者在标准变式的使用上更具优势。

表 6-110　　“咸”与居住地交叉表

			声母“n[n]、x[ɕ]、j[tɕ]、q[tɕʻ]”所属字“咸”			合计
			旧变式“[χ]”	新变式“x[ɕ]”	新旧变式并用“x[ɕ]、[χ]”	
居住地	县城	采用数	2	18	29	49
		百分比	4.1	36.7	59.2	100.0
	农村	采用数	12	2	17	31
		百分比	38.7	6.5	54.8	100.0
合计		采用数	14	20	46	80
		百分比	17.5	25.0	57.5	100.0

表 6-111　　“咸”与居住地交叉分析

	数值	df	渐进显著性(2 端)	精确显著性(2 端)
皮尔逊卡方	20.038a②	2	0.000	0.000
概似比	21.729	2	0.000	0.000
费雪精确检验	20.253			0.000
有效观察值个数	80			

① 0 资料格(0.0%)预期计数小于 5。预期的计数下限为 6.20。

② 0 资料格(0.0%)预期计数小于 5。预期的计数下限为 5.43。

4.居住地与韵母“e[ɤ]”所属字变异交叉分析

为了进一步考察韵母“e[ɤ]”所属字的发音在居住地分布上显示出的差异性，我们挑选出“色、客”两字作为特例进行分析。

(1)“色”与居住地交叉分析

分析表6-112可知：韵母“e[ɤ]”所属字“色”，在旧变式的使用率上，农村居住者的较高。在新变式的使用率上，县城居住者的较高。在新旧变式并用的使用率上，农村居住者的较高。

表6-113的卡方检验结果中，费雪精确检验 P 值为0.000，小于0.05，也说明韵母“e[ɤ]”所属字“色”的发音在居住地分布上具有显著性差异。县城居住者喜欢用新变式，农村居住者更喜欢新旧两种变式交替使用。

表6-112　“色”与居住地交叉表

			韵母“e[ɤ]”所属字“色”			合计
			旧变式“ei[ei]”	新变式“e[ɤ]”	新旧变式并用“e[ɤ]、ei[ei]”	
居住地	县城	采用数	0	32	17	49
		百分比	0.0	65.3	34.7	100.0
	农村	采用数	2	7	22	31
		百分比	6.5	22.6	71.0	100.0
合计		采用数	2	39	39	80
		百分比	2.5	48.8	48.8	100.0

表6-113　“色”与居住地交叉分析

	数值	df	渐进显著性(2端)	精确显著性(2端)
皮尔逊卡方	15.396a①	2	0.000	0.000
概似比	16.688	2	0.000	0.000
费雪精确检验	15.185			0.000
有效观察值个数	80			

① 2资料格(33.3%)预期计数小于5。预期的计数下限为0.78。

(2)“客”与居住地交叉分析

分析表 6-114 可知:韵母“e[ɤ]”所属字“客”,县城居住者的新变式使用率高于农村居住者,农村居住者的新旧变式并用的使用率高于县城居住者。

表 6-115 的卡方检验结果中,皮尔逊卡方检验 P 值为 0.003,小于 0.05,也说明韵母“e[ɤ]”所属字“客”的发音在居住地分布上具有显著性差异。县城居住者更爱使用标准变式“e[ɤ]”,农村居住者“e[ɤ]、ei[ei]”两种变式都喜欢用。

表 6-114　　　　“客”与居住地交叉表

			韵母“e[ɤ]”所属字“客”		合计
			新变式“e[ɤ]”	新旧变式并用“e[ɤ]、ei[ei]”	
居住地	县城	采用数	34	15	49
		百分比	69.4	30.6	100.0
	农村	采用数	11	20	31
		百分比	35.5	64.5	100.0
合计		采用数	45	35	80
		百分比	56.3	43.8	100.0

表 6-115　　　　“客”与居住地交叉分析

	数值	df	渐进显著性(2 端)	精确显著性(2 端)
皮尔逊卡方	8.869a①	1	0.003	0.005
持续更正 b	7.545	1	0.006	
概似比	8.962	1	0.003	0.005
费雪精确检验				0.005
有效观察值个数	80			

5.居住地与韵母“ai[ai]”所属字变异交叉分析

为了进一步考察韵母“ai[ai]”所属字的发音在居住地分布上显示出的差异性,我们挑选出“白、麦”两字作为特例进行分析。

① 0资料格(0.0%)预期计数小于 5。预期的计数下限为 13.56。

(1)“白”与居住地交叉分析

分析表 6-116 可知：韵母“ai[ai]”所属字“白”，农村居住者的旧变式使用率高于县城居住者，县城居住者的新变式使用率高于农村居住者，农村与县城都有一定比例的被调查者在兼用新旧两种变式。

表 6-117 的卡方检验结果中，皮尔逊卡方检验 P 值为 0.000，小于 0.05，也说明韵母“ai[ai]”所属字“白”的发音在居住地分布上具有显著性差异。县城居住者在新变式使用率上比农村居住者更高。

表 6-116　　“白”与居住地交叉表

			韵母“ai[ai]”所属字“白”			合计
			旧变式“ei[ei]”	新变式“ai[ai]”	新旧变式并用“ai[ai]、ei[ei]”	
居住地	县城	采用数	2	29	18	49
		百分比	4.1	59.2	36.7	100.0
	农村	采用数	14	6	11	31
		百分比	45.2	19.4	35.5	100.0
合计		采用数	16	35	29	80
		百分比	20.0	43.8	36.3	100.0

表 6-117　　“白”与居住地交叉分析

	数值	df	渐进显著性(2 端)	精确显著性(2 端)
皮尔逊卡方	22.914a①	2	0.000	0.000
概似比	24.196	2	0.000	0.000
费雪精确检验	23.025			0.000
有效观察值个数	80			

(2)“麦”与居住地

分析表 6-118 可知：韵母“ai[ai]”所属字“麦”，农村居住者的旧变式使用率远高于县城居住者，县城居住者的新变式使用率远高于农村居住者，在县城与农村兼用新旧两种变式的比例都不低。

---

① 0 资料格(0.0%)预期计数小于 5。预期的计数下限为 6.20。

表 6-119 的卡方检验结果中，皮尔逊卡方检验 P 值为 0.000，小于 0.05，也说明韵母“ai[ai]”所属字“麦”的发音在居住地分布上具有显著性差异。县城居住者倾向于使用新变式“ai[ai]”，农村居住者习惯于使用旧变式“ei[ei]”。

表 6-118　“麦”与居住地交叉表

			韵母“ai[ai]”所属字“麦”			合计
			旧变式“ei[ei]”	新变式“ai[ai]”	新旧变式并用“ai[ai]、ei[ei]”	
居住地	县城	采用数	4	23	22	49
		百分比	8.2	46.9	44.9	100.0
	农村	采用数	14	3	14	31
		百分比	45.2	9.7	45.2	100.0
合计		采用数	18	26	36	80
		百分比	22.5	32.5	45.0	100.0

表 6-119　“麦”与居住地交叉分析

	数值	df	渐进显著性(2 端)	精确显著性(2 端)
皮尔逊卡方	19.663a①	2	0.000	0.000
概似比	21.039	2	0.000	0.000
费雪精确检验	19.988			0.000
有效观察值个数	80			

6. 居住地与韵母“ei[ei]”与“l”相拼时所属字变异交叉分析

为了进一步考察韵母“ei[ei]”与“l”相拼时所属字的发音在居住地分布上显示出的差异，我们挑选出“类、雷”两字作为特例进行分析。

(1)“类”与居住地交叉分析

分析表 6-120 可知：韵母“ei[ei]”与“l”相拼时所属字“类”，农村还有部分被调查者使用旧变式，但县城的被调查者已经全部使用新变式。

表 6-121 的卡方检验结果中，连续校正检验 P 值为 0.040，小于 0.05，也说明韵母“ei[ei]”与“l”相拼时所属字“类”的发音在居住地分布上具有显著

① 0 资料格(0.0%)预期计数小于 5。预期的计数下限为 6.98。

性差异。县城的被调查者已经完全转向使用新变式。

表 6-120　　“类”与居住地交叉表

			韵母“ei[ei]”与“l”相拼时读成“[uei]”所属字“类”		合计
			旧变式“[uei]”	新变式“[ei]”	
居住地	县城	采用数	0	49	49
		百分比	0.0	100.0	100.0
	农村	采用数	4	27	31
		百分比	12.9	87.1	100.0
合计		采用数	4	76	80
		百分比	5.0	95.0	100.0

表 6-121　　“类”与居住地交叉分析

	数值	df	渐进显著性(2 端)	精确显著性(2 端)
皮尔逊卡方	6.655a①	1	0.010	0.020
持续更正 b	4.216	1	0.040	
概似比	7.921	1	0.005	0.020
费雪精确检验				0.020
有效观察值个数	80			

(2)“雷”与居住地交叉分析

分析表 6-122 可知:韵母“ei[ei]”与“l”相拼时所属字“雷”,农村的被调查者中使用旧变式的还占一定比例,但县城的被调查者已经全部使用新变式。

表 6-123 的卡方检验结果中,连续校正检验 P 值为 0.040,小于 0.05,也说明韵母“ei[ei]”与“l”相拼时所属字“雷”的发音在居住地分布上具有显著性差异。县城的被调查者已经百分之百地转向使用新变式。

表 6-122　　“雷”与居住地交叉表

			韵母“ei[ei]”与“l”相拼时读成“[uei]”所属字“雷”		合计
			旧变式“[uei]”	新变式“[ei]”	
居住地	县城	采用数	0	49	49
		百分比	0.0	100.0	100.0
	农村	采用数	4	27	31
		百分比	12.9	87.1	100.0

① 2 资料格(50.0%)预期计数小于 5。预期的计数下限为 1.55。

续表

		韵母“ei[ei]”与“l”相拼时读成“[uei]”所属字“雷”		合计
		旧变式“[uei]”	新变式“[ei]”	
合计	采用数	4	76	80
	百分比	5.0	95.0	100.0

表 6-123　“雷”与居住地交叉分析

	数值	df	渐进显著性(2 端)	精确显著性(2 端)
皮尔逊卡方	6.655a①	1	0.010	0.020
持续更正 b	4.216	1	0.040	
概似比	7.921	1	0.005	0.020
费雪精确检验				0.020
有效观察值个数	80			

① 2 资料格(50.0%)预期计数小于 5。预期的计数下限为 1.55。

第七章　词汇变异、语法变异

词汇是语言系统中最为活跃的要素，也是最容易受到影响的要素。从我国目前的语言生活现状来看，方言词汇很少能够进入普通话词汇系统，而大量的普通话词语不断充实着方言词汇系统，成为方言词汇之外的词汇新变式，这些新旧形式的交替并用是语言自身演变过程中的过渡状态。对于方言词汇的知晓是方言词汇使用的前提。一些方言词汇在老一辈看来是司空见惯的，但对于年轻一代来说却早已不知所云。还有一些方言词汇虽为人所知，但却早已在使用中逐渐被普通话词汇所替代。也有一些方言词汇生命力顽强，依然活跃于方言区人们的语言使用中。尽管汉语方言在语法层面的变异与语音、词汇相比要少，但方言语法变异仍是语言变异研究的一个视角。本章我们就来考察方言词汇以及方言语法的变异情况。

第一节　方言词汇知晓与使用情况

一、研究设计

在前期的预调查中，我们发现不同人群在奇台方言词汇的知晓与使用程度上存在的差异较为明显。本节将重点考察方言词汇知晓与使用程度的差异，关注奇台方言词汇共时与历时的变化方向，了解词汇变项与社会变量之间的关系，探讨社会因素是怎样影响奇台方言词汇的知晓与使用程度的。

(一)问卷编制、调查词项删选

本部分主要通过问卷调查形式来获取被调查者对方言词汇的知晓与使用情况。本部分问卷由两部分组成：第一部分是基本信息，主要包括年龄、性别、受教育程度、职业、出生地、居住地等；第二部分内容是方言词汇的知晓及使用情况。词汇筛选部分分两个步骤:第一步是选定方言词汇。在参照中国社会科学院语言研究所方言组所编制的《方言查词汇表》(《方言》1981年第3期)的基础上,参考了陈汝立、周磊、王燕的《新疆汉语方言词典》、董印其的《新疆汉语方言研究》、曾缇的博士论文《奇台方言词汇研究》中有关新疆汉语方言词汇和奇台方言词汇前期研究成果,从中选出方言词汇220条。第二步是筛选奇台方言词汇。选择三位常年居住在奇台县的方言母语人对上述方言词汇进行了初步的筛选,剔除两位以上方言母语人不知晓的词汇,将剩余的词汇作为奇台方言词汇。本部分选定11个天文词汇、10个地理词汇、12个农事词汇、10个时间时令词汇、11个植物词汇、17个动物词汇、15个器具用品词汇、17个称谓词汇、14个身体词汇、12个衣服穿戴词汇、12个日常生活词汇,共计11类141个方言词汇。

(二)调查方法

采用社会语言学的方法,选择被调查者进行一对一访谈形式的问卷调查。我们让被调查者按照不知道、知道但已被替代、知道还在使用三种情况对这些方言词汇的知晓与使用情况作出判断。调查员逐词提问,被调查对象根据使用情况进行回答,调查员根据回答情况在问卷上勾选答案。

(三)调查对象

本部分调查对象与本书第六章语音变异的调查对象相同。80名被调查者中,中老年、中年、青年、青少年各20人;男性41人,女性39人;农牧业生产人员16人,商业、服务人员8人,企事业单位工作人员18人,教师18人,学生20人;小学及以下11人,初中24人,高中(中专、技校)13人,大专16人,本科及以上16人;居住地在县城的49人,居住地在农村的31人;出生地在县城的15人,出生地在农村的65人。每一组内分组编号记录被调查者的方言词汇知晓与使用情况。本部分共考察了11类141个方言词汇。所选词汇在不同人群中的知晓与使用情况存在较明显的差异。

二、方言词汇知晓与使用情况

(一)方言词汇知晓与使用的总体情况

我们将调查结果进行了分类整理,计算出每一种情况所占的百分比。通过表7-1可以看出奇台方言词汇的知晓与使用的总体情况。

表 7-1　　方言词汇知晓与使用情况统计表

	不知道		知道但已经被替代		知道也在使用	
	采用数	百分比	采用数	百分比	采用数	百分比
1. 天文词汇	206	23.4	245	27.8	429	48.8
2. 地理词汇	91	11.4	178	22.3	531	66.4
3. 农事词汇	136	14.2	88	9.2	736	76.7
4. 时间、时令词汇	60	7.5	216	27.0	524	65.5
5. 植物词汇	74	8.4	87	9.9	719	81.7
6. 动物词汇	252	18.5	289	21.3	819	60.2
7. 器具用品词汇	182	15.2	258	21.5	760	63.3
8. 称谓词汇	170	12.5	338	24.9	852	62.6
9. 身体词汇	101	9.0	227	20.3	792	70.7
10. 衣服穿戴词汇	130	13.5	294	30.6	536	55.8
11. 日常生活词汇	76	7.9	291	30.3	593	61.8

如表 7-1 所示:11 类方言词汇中,知晓率最低的是天文词汇,知晓率最高的是时间、时令词汇。替代率最高的是衣服穿戴词汇,最低的是农事词汇。使用率最高的是植物词汇,最低的是天文词汇。整体来看,奇台方言词汇的知晓程度较高,虽然 11 类各有差异,但总体偏差不大。从替代率来看,数值有高有低,但基本在 30%以下。从使用率来看,总体有 60%以上的方言词汇还在使用之中,也就是说,奇台方言词汇的生命力依然比较旺盛,使用频率总体较高。

(二)方言词汇知晓与使用频率分析

为了考察 141 个方言词汇各自知晓率与使用的情况,我们对这些词汇的知晓率与使用率进行了统计分析。将知道并使用的词汇按照频率高低分为高、中、低三类。将统计结果在 40%以下(包括 40%)的词汇视为低频词汇,将统计结果在 41%～60%的词汇视为中频词汇,将统计结果在 61%～100%的视为高频词汇。

1. 天文词汇

分析表 7-2 可知，高频词汇有“雨星星子、冷子、拉雾、扬风搅雪、溅湿了”5 个词，中频词汇有“老风”1 个词，低频词汇有“晚韶云、杠、亮明星、呼雷爷、冰吊吊子”5 个词。

表 7-2　　天文词汇知晓与使用频率统计表

	不知道		知道但已经被替代		知道也在使用	
	采用数	百分比	采用数	百分比	采用数	百分比
1. 老风	9	11.3	36	45.0	35	43.8
2. 晚韶云	25	31.3	23	28.8	32	40.0
3. 呼雷爷	37	46.3	33	41.3	10	12.5
4. 杠	34	42.5	17	21.3	29	36.3
5. 雨星星子	12	15.0	16	20.0	52	65.0
6. 亮明星	35	43.8	21	26.3	24	30.0
7. 冰吊吊子	16	20.0	58	72.5	6	7.5
8. 冷子	15	18.8	15	18.8	50	62.5
9. 拉雾	2	2.5	5	6.3	73	91.3
10. 扬风搅雪	13	16.3	13	16.3	54	67.5
11. 溅湿了	8	10.0	8	10.0	64	80.0

2. 地理词汇

分析表 7-3 可知，高频词汇有“高头、澄土、捷路、咋咋些、地上、沙窝子、东帮个”7 个词，中频词汇有“笸坡子、缁泥”2 个词，低频词汇只有“砖包皮”1 个词。

表 7-3　　地理词汇知晓与使用频率统计表

	不知道		知道但已经被替代		知道也在使用	
	采用数	百分比	采用数	百分比	采用数	百分比
1. 澄土	7	8.8	6	7.5	67	83.8
2. 沙窝子	8	10.0	12	15.0	60	75.0
3. 缁泥	20	25.0	23	28.8	37	46.3
4. 砖包皮	26	32.5	40	50.0	14	17.5
5. 笸坡子	15	18.8	20	25.0	45	56.3

续表

	不知道		知道但已经被替代		知道也在使用	
	采用数	百分比	采用数	百分比	采用数	百分比
6. 捷路	8	10.0	8	10.0	64	80.0
7. 东帮个	2	2.5	25	31.3	53	66.3
8. 咋咋些	0	0.0	17	21.3	63	78.8
9. 地上	5	6.3	15	18.8	60	75.0
10. 高头	0	0.0	12	15.0	68	85.0

3. 农事词汇

分析表 7-4 可知，除了“抬笆子”是中频词汇，其余词汇均为高频词汇。

表 7-4　　农事词汇知晓与使用频率统计表

	不知道		知道但已经被替代		知道也在使用	
	采用数	百分比	采用数	百分比	采用数	百分比
1. 刨锄	7	8.8	19	23.8	54	67.5
2. 镘叶子	11	13.8	5	6.3	64	80.0
3. 水缸子	2	2.5	13	16.3	65	80.0
4. 涝坝	7	8.8	12	15.0	61	76.3
5. 麻绳子	3	3.8	5	6.3	72	90.0
6. 笤帚疙瘩	6	7.5	0	0.0	74	92.5
7. 抬笆子	34	42.5	0	0.0	46	57.5
8. 尖子	15	18.8	0	0.0	65	81.3
9. 摇把子	2	2.5	4	5.0	74	92.5
10. 圈子	23	28.8	5	6.3	52	65.0
11. 仓子	25	31.3	3	3.8	52	65.0
12. 机子	1	1.3	22	27.5	57	71.3

4. 时间、时令词汇

分析表 7-5 可知，高频词汇有“那乎子、一阵阵、三十黑里、将头、这乎子、赶早、一老”7 个词，中频词汇有“夜天”1 个词，低频词汇有“年巳、一外夕”2 个词。

表 7-5　　时间、时令词汇知晓与使用频率统计表

	不知道		知道但已经被替代		知道也在使用	
	采用数	百分比	采用数	百分比	采用数	百分比
1.三十黑里	10	12.5	13	16.3	57	71.3
2.那乎子	0	0.0	6	7.5	74	92.5
3.年巳	12	15.0	36	45.0	32	40.0
4.夜天	5	6.3	33	41.3	42	52.5
5.赶早	4	5.0	24	30.0	52	65.0
6.一外夕	15	18.8	36	45.0	29	36.3
7.这乎子	2	2.5	24	30.0	54	67.5
8.将头	2	2.5	17	21.3	61	76.3
9.一阵阵	4	5.0	5	6.3	71	88.8
10.一老	6	7.5	22	27.5	52	65.0

5.植物词汇

分析表 7-6 可知，除了“葱秧子”一词为中频词汇，其余词汇均为高频词汇。

表 7-6　　植物词汇知晓与使用频率统计表

	不知道		知道但已经被替代		知道也在使用	
	采用数	百分比	采用数	百分比	采用数	百分比
1.树秧子	2	2.5	5	6.3	73	91.3
2.皮牙子	1	1.3	7	8.8	72	90.0
3.葱秧子	14	17.5	20	25.0	46	57.5
4.洋柿子	4	5.0	14	17.5	62	77.5
5.包包菜	0	0.0	6	7.5	74	92.5
6.黄萝卜	8	10.0	8	10.0	64	80.0
7.果子	2	2.5	9	11.3	69	86.3
8.月菊花儿	14	17.5	12	15.0	54	67.5
9.狗尿苔	19	23.8	0	0.0	61	76.3
10.刺牙子	0	0.0	6	7.5	74	92.5
11.地瓈儿	10	12.5	0	0.0	70	87.5

6. 动物词汇

分析表 7-7 可知，高频词汇有“屎爬牛、癞瓜子、蛛蛛、鞠梠、雀(qiao)娃子、燕鸡子、包包吃、扑腾罗罗子、麻蛇鼠子”9 个词，中频词汇有“呲叫子、黑老哇、长虫、蛤蟆骨都子、花媳妇”5 个词，低频词汇有“长脖子雁、恶老鹰、蝅蝙蝠”3 个词。

表 7-7 动物词汇知晓与使用频率统计表

	不知道		知道但已经被替代		知道也在使用	
	采用数	百分比	采用数	百分比	采用数	百分比
1. 鞠梠	9	11.3	8	10.0	63	78.8
2. 包包吃	16	20.0	9	11.3	55	68.8
3. 呲叫子	26	32.5	13	16.3	41	51.3
4. 黑老哇	13	16.3	25	31.3	42	52.5
5. 雀(qiao)娃子	2	2.5	20	25.0	58	72.5
6. 燕鸡子	8	10.0	16	20.0	56	70.0
7. 长脖子雁	20	25.0	29	36.3	31	38.8
8. 恶老鹰	33	41.3	25	31.3	22	27.5
9. 蛤蟆骨朵子	25	31.3	19	23.8	36	45.0
10. 长虫	11	13.8	25	31.3	44	55.0
11. 花媳妇	16	20.0	21	26.3	43	53.8
12. 扑腾罗罗子	9	11.3	14	17.5	57	71.3
13. 癞瓜子	6	7.5	9	11.3	65	81.3
14. 蛛蛛	7	8.8	14	17.5	59	73.8
15. 蝅蝙蝠	32	40.0	24	30.0	24	30.0
16. 麻蛇鼠子	14	17.5	9	11.3	57	71.3
17. 屎爬牛	5	6.3	9	11.3	66	82.5

7. 器具用品词汇

分析表 7-8 可知，高频词汇有“画张子、炕围子、折页子、蒸把子、气揣子、电把子、搓板子、车子、溜子、帕帕子”10 个词，中频词汇有“潮脑”1 个词，低频词汇有“碟碟子、风呼噜、胰子、雾土子水”4 个词。

表 7-8　　器具用品词汇知晓与使用频率统计表

	不知道		知道但已经被替代		知道也在使用	
	采用数	百分比	采用数	百分比	采用数	百分比
1. 胰子	12	15.0	56	70.0	12	15.0
2. 炕围子	17	21.3	5	6.3	58	72.5
3. 画张子	0	0.0	8	10.0	72	90.0
4. 潮脑	31	38.8	4	5.0	45	56.3
5. 碟碟子	15	18.8	35	43.8	30	37.5
6. 折页子	2	2.5	9	11.3	69	86.3
7. 蒸把子	7	8.8	2	2.5	71	88.8
8. 气揣子	3	3.8	10	12.5	67	83.8
9. 电把子	3	3.8	17	21.3	60	75.0
10. 车子	20	25.0	10	12.5	50	62.5
11. 搓板子	5	6.3	8	10.0	67	83.8
12. 溜子	15	18.8	8	10.0	57	71.3
13. 雾土子水	27	33.8	21	26.3	32	40.0
14. 帕帕子	11	13.8	14	17.5	55	68.8
15. 风呼噜	14	17.5	51	63.8	15	18.8

8. 称谓词汇

分析表 7-9 可知，高频词汇有“月婆子、大肚子、贼娃子、二转子、结壳子、犟板筋、双双、外爷、外奶、丫头子、娃子”11 个词，中频词汇有“背锅子、半壳子、要搭吃、货郎子”4 个词，低频词汇有“户儿家、大(爹)”2 个词。

表 7-9　　称谓词汇知晓与使用频率统计表

	不知道		知道但已经被替代		知道也在使用	
	采用数	百分比	采用数	百分比	采用数	百分比
1. 月婆子	11	13.8	11	13.8	58	72.5
2. 大肚子	5	6.3	9	11.3	66	82.5
3. 半壳子	17	21.3	22	27.5	41	51.3
4. 要搭吃	18	22.5	29	36.3	33	41.3
5. 户儿家	34	42.5	30	37.5	16	20.0

续表

	不知道		知道但已经被替代		知道也在使用	
	采用数	百分比	采用数	百分比	采用数	百分比
6. 贼娃子	2	2.5	15	18.8	63	78.8
7. 二转子	14	17.5	15	18.8	51	63.8
8. 结壳子	13	16.3	18	22.5	49	61.3
9. 背锅子	9	11.3	25	31.3	46	57.5
10. 犟板筋	9	11.3	10	12.5	61	76.3
11. 双双	6	7.5	25	31.3	49	61.3
12. 货郎子	26	32.5	6	7.5	48	60.0
13. 外爷	0	0.0	18	22.5	62	77.5
14. 外奶	0	0.0	18	22.5	62	77.5
15. 大(爹)	0	0.0	52	65.0	28	35.0
16. 娃子	5	6.3	23	28.8	52	65.0
17. 丫头子	1	1.3	11	13.8	68	85.0

9. 身体词汇

分析表 7-10 可知，除去 3 个中频词汇“牙叉骨、围围子、风旋皮”，其余 11 个词均为高频词汇。

表 7-10　　身体词汇知晓与使用频率统计表

	不知道		知道但已经被替代		知道也在使用	
	采用数	百分比	采用数	百分比	采用数	百分比
1. 天门梁	4	5.0	7	8.8	69	86.3
2. 眼眨毛	0	0.0	10	12.5	70	87.5
3. 牙叉骨	6	7.5	33	41.3	41	51.3
4. 鬓肩	11	13.8	19	23.8	50	62.5
5. 围围子	28	35.0	19	23.8	33	41.3
6. 风旋皮	16	20.0	18	22.5	46	57.5
7. 波膝盖子	0	0.0	19	23.8	61	76.3
8. 胳捞洼	6	7.5	14	17.5	60	75.0

续表

	不知道		知道但已经被替代		知道也在使用	
	采用数	百分比	采用数	百分比	采用数	百分比
9.牙花子	6	7.5	17	21.3	57	71.3
10.咽舌子	16	20.0	14	17.5	50	62.5
11.眼角屎	1	1.3	6	7.5	73	91.3
12.沟蛋子	3	3.8	10	12.5	67	83.8
13.肚母脐子	4	5.0	16	20.0	60	75.0
14.比斗	0	0.0	25	31.3	55	68.8

10.衣服穿戴词汇

分析表7-11可知，高频词汇有“皮褂子、皮窝子、褙子、耳坠子、围脖子、涎水帘帘子、尿切子”7个词，中频词汇有“搐褡子、裤袋绳”2个词，低频词汇有“撩襟、主腰子、汗褂子”3个词。

表7-11　衣服穿戴词汇知晓与使用频率统计表

	不知道		知道但已经被替代		知道也在使用	
	采用数	百分比	采用数	百分比	采用数	百分比
1.皮褂子	10	12.5	20	25.0	50	62.5
2.撩襟	26	32.5	40	50.0	14	17.5
3.皮窝子	17	21.3	9	11.3	54	67.5
4.搐褡子	4	5.0	33	41.3	43	53.8
5.主腰子	12	15.0	41	51.3	27	33.8
6.汗褂子	15	18.8	38	47.5	27	33.8
7.褙子	20	25.0	8	10.0	52	65.0
8.耳坠子	2	2.5	18	22.5	60	75.0
9.围脖子	0	0.0	25	31.3	55	68.8
10.涎水帘帘子	8	10.0	20	25.0	52	65.0
11.裤袋绳	5	6.3	31	38.8	44	55.0
12.尿切子	11	13.8	11	13.8	58	72.5

11. 日常生活词汇

分析表7-12可知，高频词汇有“嚷仗、打锤、尿葳、喧慌儿、浪门、涮嘴、搞娃娃”7个词，中频词汇有“缭、恶嗦、藏道道家”3个词，低频词汇有“粮折子、猜话”2个词。

表7-12　　日常生活词汇知晓与使用频率统计表

	不知道		知道但已经被替代		知道也在使用	
	采用数	百分比	采用数	百分比	采用数	百分比
1. 缭	8	10.0	32	40.0	40	50.0
2. 嚷仗	2	2.5	14	17.5	64	80.0
3. 打锤	2	2.5	14	17.5	64	80.0
4. 尿葳	5	6.3	24	30.0	51	63.8
5. 恶嗦	7	8.8	31	38.8	42	52.5
6. 喧慌儿	1	1.3	9	11.3	70	87.5
7. 浪门	4	5.0	14	17.5	62	77.5
8. 涮嘴	3	3.8	22	27.5	55	68.8
9. 藏道道家	8	10.0	26	32.5	46	57.5
10. 猜话	21	26.3	31	38.8	28	35.0
11. 搞娃娃	2	2.5	19	23.8	59	73.8
12. 粮折子	13	16.3	55	68.8	12	15.0

综合上述11个表，我们统计出共有“晚韶云、杠、亮明星、呼雷爷、冰吊吊子、砖包皮、年巳、一外夕、长脖子雁、恶老鹰、鸳蝙蝠、碟碟子、风呼噜、胰子、雾土子水、户儿家、大(爹)、撩襟、主腰子、汗褂子、粮折子、猜话”22个低频词汇，共有“老风、筐坡子、缁泥、抬笆子、夜天、葱秧子、呲叫子、黑老哇、长虫、蛤蟆骨都子、花媳妇、潮脑、背锅子、半壳子、要搭吃、货郎子、牙叉骨、围围子、风旋皮、搐褡子、裤袋绳、缭、恶嗦、藏道道家”24个中频词汇，其余95个词汇为高频词汇。141个方言词汇中，低频词汇的占比为15.6%，中频词汇的占比为17.0%，高频词汇的占比为67.4%。

由此可见，超过60%的方言词汇依然在使用之中，约有17%左右的方言词汇使用活力下降，约有15%左右的方言词汇使用活力很低。我们预测，在未来很长一段时间内，大部分奇台方言词汇还会继续保留自己的使用空间，保持较为旺盛的生命力。但部分低频方言词汇会逐渐被普通话词汇所替代，部分中频方言词汇会在实际的语言使用中降级为低频方言词汇。

第二节　影响方言词汇知晓与使用的社会因素分析

为了考察奇台方言词汇的知晓与使用情况与哪些社会因素相关，我们采用了均值分析的方法，计算出每个被调查者的方言词汇的知晓率、替代率、使用率的平均值。为了进一步验证社会因素是否对方言词汇的知晓与使用产生显著影响，我们又进行了交叉卡方检验。我们主要考察了年龄、性别、出生地、居住地、受教育程度、职业对方言词汇知晓与使用情况的影响。

一、年龄与方言词汇的知晓与使用

(一)总体情况(见表7-13)

依据表7-13中“不知道”“知道但已被替代”“知道也在使用”三种情况的人均数可以画出“年龄与方言词汇知晓与使用情况的相关性”图，见图7-1。

表7-13　　年龄与方言词汇知晓与使用数量对比统计表

		年龄			
		青少年	青年	中年	中老年
1.天文词汇	不知道(个)	120	64	22	0
	知道已被替代(个)	63	74	56	50
	知道也在使用(个)	37	82	142	170
2.地理词汇	不知道(个)	75	16	0	0
	知道已被替代(个)	66	62	32	18
	知道也在使用(个)	59	122	168	182
3.农事词汇	不知道(个)	98	32	6	0
	知道已被替代(个)	44	28	10	6
	知道也在使用(个)	98	180	224	234
4.时间、时令词汇	不知道(个)	60	0	0	0
	知道已被替代(个)	64	76	46	30
	知道也在使用(个)	76	124	154	170

续表

		年龄			
		青少年	青年	中年	中老年
5.植物词汇	不知道(个)	68	6	0	0
	知道已被替代(个)	53	24	6	4
	知道也在使用(个)	99	190	214	216
6.动物词汇	不知道(个)	186	56	10	0
	知道已被替代(个)	91	120	58	58
	知道也在使用(个)	63	164	272	282
7.器具用品词汇	不知道(个)	140	40	0	0
	知道已被替代(个)	82	76	72	28
	知道也在使用(个)	78	184	228	272
8.称谓词汇	不知道(个)	142	26	0	0
	知道已被替代(个)	115	144	58	20
	知道也在使用(个)	83	170	282	320
9.身体词汇	不知道(个)	83	12	6	0
	知道已被替代(个)	87	98	34	8
	知道也在使用(个)	110	170	240	272
10.衣服穿戴词汇	不知道(个)	104	26	0	0
	知道已被替代(个)	70	100	82	42
	知道也在使用(个)	66	114	158	198
11.日常生活词汇	不知道(个)	68	8	0	0
	知道已被替代(个)	75	100	60	56
	知道也在使用(个)	97	132	180	184
不知道总个数(个)		1144	286	44	0
知道已被替代总个数(个)		810	902	514	320
知道也在使用总个数(个)		866	1632	2262	2500
组人数(人)		20	20	20	20
不知道平均数(个)		57.2	14.3	2.2	0
知道已被替代平均数(个)		40.5	45.1	25.7	16
知道也在使用平均数(个)		43.3	81.6	113.1	125

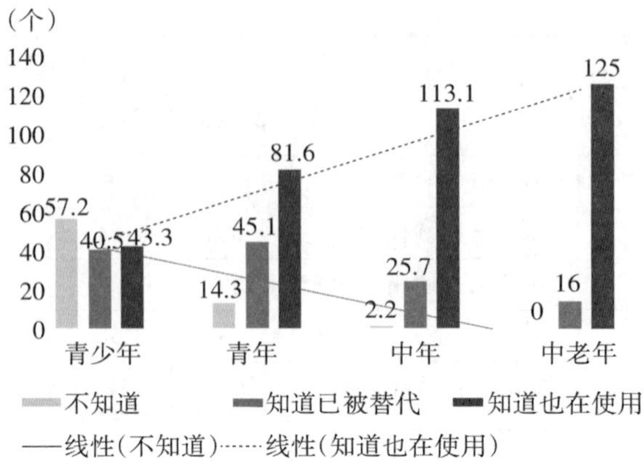

图 7-1 年龄与方言词汇知晓与使用程度的相关性

根据表 7-13 和图 7-1，我们能够清晰地看出：年龄与方言词汇的知晓数量呈反比，年龄越大知道的方言词汇越多，年龄越小知道的方言词汇越少。年龄与方言词汇的使用数量呈正比，年龄越大使用方言词汇的数量越多，年龄越小使用方言词汇的数量越少。青年被替代的方言词汇的数量最多，中老年被替代的方言词汇的数量最少。

(二)年龄与方言词汇知晓与使用相关性分析

为了进一步考察年龄与方言词汇的知晓与使用是否存在明显相关性，我们挑选出“杠、年巳、恶老鹰、胰子、大(爹)、主腰子、粮折子”7 个低频词汇和“夜天、牙叉骨、围围子、风旋皮、恶嗦、藏道道家”6 个中频词汇来加以分析(见表 7-14)。

表 7-14　　年龄与方言词汇交叉分析统计表[①]

年龄	杠	年巳	恶老鹰	胰子	大(爹)	主腰子	粮折子
	+	+	+	+	+	+	+
	夜天	牙叉骨	围围子	风旋皮	恶嗦	藏道道家	
	+	+	+	+	+	+	

通过分析表 7-14 可知，13 个方言词汇在年龄分布上均表现出显著差异。下面以“恶老鹰、大(爹)”两个词为例来进行说明。

① 此表中用“+”表示具有显著影响，用“—”表示不具有显著影响。

1.“恶老鹰”与年龄交叉分析

分析表 7-15 可知,“恶老鹰”一词在年龄分布上具有明显的差异性。年龄越大,知晓率越高,使用率也越高。在替代率上,中年组最高,青年组最低。

表 7-16 显示的卡方检验结果中,皮尔逊卡方检验的 P 值为 0.000,小于 0.05,也说明“恶老鹰”一词在年龄的分布上具有显著性差异。

表 7-15　　　　“恶老鹰”与年龄交叉表

			恶老鹰			合计
			不知道	知道已被替代	知道也在用	
年龄	青少年	采用数	15	5	0	20
		百分比	75.0	25.0	0.0	100.0
	青年	采用数	14	4	2	20
		百分比	70.0	20.0	10.0	100.0
	中年	采用数	4	10	6	20
		百分比	20.0	50.0	30.0	100.0
	中老年	采用数	0	6	14	20
		百分比	0.0	30.0	70.0	100.0
合计		采用数	33	25	22	80
		百分比	41.3	31.3	27.5	100.0

表 7-16　　　　“恶老鹰”与年龄交叉分析

	数值	df	渐进显著性(2 端)	精确显著性(2 端)
皮尔逊卡方	44.199a[①]	6	0.000	0.000
概似比	53.218	6	0.000	0.000
费雪精确检验	46.155			0.000
有效观察值个数	80			

① 0 资料格(0.0%)预期计数小于 5。预期的计数下限为 5.50。

2.“大(爹)”与年龄交叉分析。

分析表7-17可知,“大(爹)”一词在年龄分布上具有明显的差异性。青少年组、青年组已经百分之百使用新说法“爸爸”。中年组旧变式的使用率占40%,中老年组则百分之百地使用旧变式。

表7-18显示的卡方检验结果中,皮尔逊卡方检验的 P 值为0.000,小于0.05,也说明“大(爹)”一词在年龄的分布上具有显著性差异。

表7-17　“大(爹)”与年龄交叉表

			大(爹)		合计
			知道已被替代	知道也在用	
年龄	青少年	采用数	20	0	20
		百分比	100.0	0.0	100.0
	青年	采用数	20	0	20
		百分比	100.0	0.0	100.0
	中年	采用数	12	8	20
		百分比	60.0	40.0	100.0
	中老年	采用数	0	20	20
		百分比	0.0	100.0	100.0
合计		采用数	52	28	80
		百分比	65.0	35.0	100.0

表7-18　“大(爹)”与年龄交叉分析

	数值	df	渐进显著性(2端)	精确显著性(2端)
皮尔逊卡方	58.901a①	3	0.000	0.000
概似比	76.671	3	0.000	0.000
费雪精确检验	66.685			0.000
有效观察值个数	80			

① 0资料格(0.0%)预期计数小于5。预期的计数下限为7.00。

二、性别与方言词汇的知晓与使用

（一）总体情况（见表 7-19）

表 7-19　　性别与方言词汇知晓与使用数量对比统计表

		性别	
		男性	女性
1. 天文词汇	不知道（个）	122	84
	知道已被替代（个）	104	141
	知道也在使用（个）	225	204
2. 地理词汇	不知道（个）	53	38
	知道已被替代（个）	76	102
	知道也在使用（个）	281	250
3. 农事词汇	不知道（个）	79	57
	知道已被替代（个）	33	55
	知道也在使用（个）	380	356
4. 时间、时令词汇	不知道（个）	36	24
	知道已被替代（个）	92	124
	知道也在使用（个）	282	242
5. 植物词汇	不知道（个）	42	32
	知道已被替代（个）	44	43
	知道也在使用（个）	365	354
6. 动物词汇	不知道（个）	142	110
	知道已被替代（个）	119	170
	知道也在使用（个）	436	383
7. 器具用品词汇	不知道（个）	100	82
	知道已被替代（个）	121	137
	知道也在使用（个）	394	366

续表

		性别	
		男性	女性
8. 称谓词汇	不知道(个)	105	65
	知道已被替代(个)	155	182
	知道也在使用(个)	437	416
9. 身体词汇	不知道(个)	68	33
	知道已被替代(个)	106	121
	知道也在使用(个)	400	392
10. 衣服穿戴词汇	不知道(个)	85	45
	知道已被替代(个)	121	173
	知道也在使用(个)	286	250
11. 日常生活词汇	不知道(个)	47	29
	知道已被替代(个)	129	162
	知道也在使用(个)	316	277
不知道总个数(个)		879	599
知道已被替代总个数(个)		1100	1410
知道也在使用总个数(个)		3802	3490
组人数(人)		41	39
不知道平均数(个)		21.4	15.4
知道已被替代平均数(个)		26.8	36.2
知道也在使用平均数(个)		92.7	89.5

依据表 7-19 中“不知道”“知道但已被替代”“知道也在使用”三种情况的人均数可以画出“性别与方言词汇知晓与使用情况的相关性”图，见图 7-2。

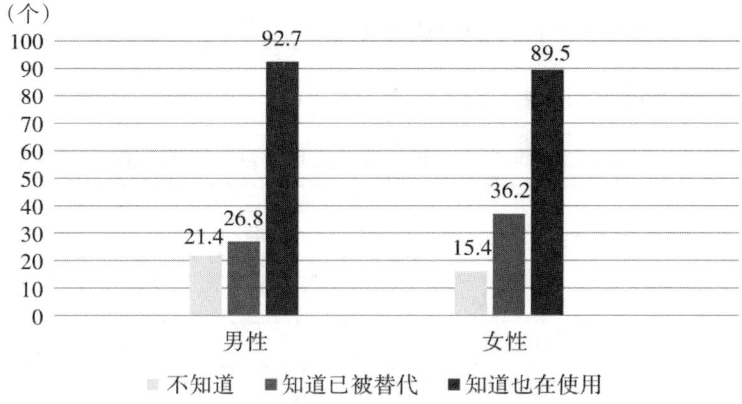

图 7-2　性别与方言词汇知晓与使用程度的相关性

根据表 7-19 和图 7-2，我们能够清晰地看出：总体来看，男性不知道的方言词汇的数量高于女性，女性知道已经被替代的方言词汇的数量高于男性，男性知道也在使用的方言词汇的数量略高于女性。

(二)性别与方言词汇知晓与使用相关性分析

为了进一步考察性别对方言词汇的知晓与使用是否具有显著影响，我们挑选出“杠、年巳、恶老鹰、胰子、大(爹)、主腰子、粮折子”7 个低频词汇和“夜天、牙叉骨、围围子、风旋皮、恶嗦、藏道道家”6 个中频词汇来加以分析。如表 7-20 所示，经过交叉卡方分析，我们发现 13 个方言词汇在性别分布上的差异均不明显。由此可见，虽然总体数据表现出方言词汇在性别分布上具有一定的差异性，但这些差异性远没有达到统计学意义上明显的差异。也就是说，这些词汇在性别分布上的差异不明显。

表 7-20　　性别与方言词汇交叉分析统计表[①]

性别	杠	年巳	恶老鹰	胰子	大(爹)	主腰子	粮折子
	—	—	—	—	—	—	—
	夜天	牙叉骨	围围子	风旋皮	恶嗦	藏道道家	
	—	—	—	—	—	—	

① 此表中用“＋”表示具有显著影响，用“—”表示不具有显著影响。

三、出生地与方言词汇的知晓与使用

(一)基本情况(见表7-21)

表7-21　　出生地与方言词汇知晓与使用数量对比统计表

		出生地	
		县城	农村
1.天文词汇	不知道(个)	75	131
	知道已被替代(个)	48	197
	知道也在使用(个)	42	387
2.地理词汇	不知道(个)	38	53
	知道已被替代(个)	54	124
	知道也在使用(个)	58	473
3.农事词汇	不知道(个)	52	84
	知道已被替代(个)	30	58
	知道也在使用(个)	98	638
4.时间、时令词汇	不知道(个)	30	30
	知道已被替代(个)	55	161
	知道也在使用(个)	65	459
5.植物词汇	不知道(个)	33	41
	知道已被替代(个)	34	53
	知道也在使用(个)	98	621
6.动物词汇	不知道(个)	104	148
	知道已被替代(个)	67	222
	知道也在使用(个)	84	735
7.器具用品词汇	不知道(个)	72	110
	知道已被替代(个)	60	198
	知道也在使用(个)	93	667
8.称谓词汇	不知道(个)	78	92
	知道已被替代(个)	73	264
	知道也在使用(个)	104	749

续表

		出生地	
		县城	农村
9.身体词汇	不知道(个)	47	54
	知道已被替代(个)	58	169
	知道也在使用(个)	105	687
10.衣服穿戴词汇	不知道(个)	62	68
	知道已被替代(个)	55	239
	知道也在使用(个)	63	473
11.日常生活词汇	不知道(个)	39	37
	知道已被替代(个)	53	238
	知道也在使用(个)	88	505
不知道总个数(个)		630	848
知道已被替代总个数(个)		587	1923
知道也在使用总个数(个)		898	6394
组人数(人)		15	65
不知道平均数(个)		42	13.0
知道已被替代平均数(个)		39.1	29.6
知道也在使用平均数(个)		59.9	98.4

依据表 7-21 中“不知道”“知道但已被替代”“知道也在使用”三种情况的人均数可以画出“出生地与方言词汇知晓与使用情况的相关性”统计图，见图 7-3。

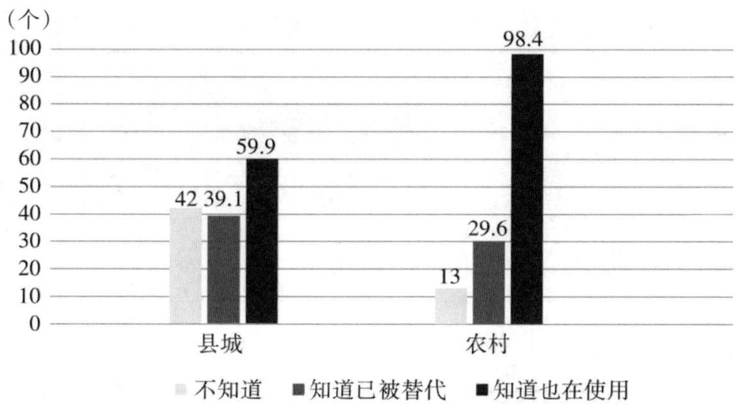

图 7-3　出生地与方言词汇知晓与使用情况的相关性

根据上述表 7-21 和图 7-3，我们能够清晰地看出：总体来看，县城出生者不知道的方言词汇的数量高于农村出生者，农村出生者知道也在使用的方言词汇的数量远高于县城出生者。县城出生者知道已被替代的词汇数量高于农村出生者。

（二）出生地与方言词汇知晓与使用相关性分析

为了进一步考察出生地与方言词汇的知晓与使用是否具有显著相关性，我们挑选出“杠、年巳、恶老鹰、胰子、大(爹)、主腰子、粮折子”7 个低频词汇和“夜天、牙叉骨、围围子、风旋皮、恶嗦、藏道道家”6 个中频词汇来加以分析。如表 7-22 所示，经过交叉卡方分析，我们发现除了“杠、恶老鹰”在出生地分布上的差异不明显，其余 11 个词汇在出生地分布上均表现出明显的差异性。

表 7-22　　出生地与方言词汇交叉分析统计表①

<table>
<tr><td rowspan="4">出生地</td><td>杠</td><td>年巳</td><td>恶老鹰</td><td>胰子</td><td>大(爹)</td><td>主腰子</td><td>粮折子</td></tr>
<tr><td>－</td><td>＋</td><td>－</td><td>＋</td><td>＋</td><td>＋</td><td>＋</td></tr>
<tr><td>夜天</td><td>牙叉骨</td><td>围围子</td><td>风旋皮</td><td>恶嗦</td><td>藏道道家</td><td></td></tr>
<tr><td>＋</td><td>＋</td><td>＋</td><td>＋</td><td>＋</td><td>＋</td><td></td></tr>
</table>

1.“大(爹)与出生地交叉分析

分析表 7-23 可知，“大(爹)”一词在出生地分布上具有明显的差异性。县城出生者百分之百地使用新变式“爸爸”，农村出生者旧变式的使用率仍有 43.1%。

表 7-24 显示的卡方检验结果中，皮尔逊卡方检验的 P 值为 0.002，小于 0.05，也说明“大(爹)”在出生地的分布上具有显著性差异。

表 7-23　　“大(爹)”与出生地交叉表

<table>
<tr><td colspan="3" rowspan="2"></td><td colspan="2">大(爹)</td><td rowspan="2">合计</td></tr>
<tr><td>知道已被替代</td><td>知道也在用</td></tr>
<tr><td rowspan="4">出生地</td><td rowspan="2">县城</td><td>采用数</td><td>15</td><td>0</td><td>15</td></tr>
<tr><td>百分比</td><td>100.0</td><td>0.0</td><td>100.0</td></tr>
<tr><td rowspan="2">农村</td><td>采用数</td><td>37</td><td>28</td><td>65</td></tr>
<tr><td>百分比</td><td>56.9</td><td>43.1</td><td>100.0</td></tr>
<tr><td colspan="2" rowspan="2">合计</td><td>采用数</td><td>52</td><td>28</td><td>80</td></tr>
<tr><td>百分比</td><td>65.0</td><td>35.0</td><td>100.0</td></tr>
</table>

① 此表中用“＋”表示具有显著影响，用“－”表示不具有显著影响。

表 7-24　　　　　　“大(爹)”与出生地交叉分析

	数值	df	渐进显著性(2 端)	精确显著性(2 端)
皮尔逊卡方	9.941a①	1	0.002	0.002
持续更正 b	8.138	1	0.004	
概似比	14.732	1	0.000	0.001
费雪精确检验				0.001
有效观察值个数	80			

2.“夜天”与出生地交叉分析

分析表 7-25 可知,“夜天”一词在出生地分布上具有明显的差异性。在知晓率上,农村出生者的知晓率明显高于县城出生者。替代率上,县城出生者的替代率远高于农村出生者。在使用率上,农村出生者的使用率远高于县城出生者。

表 7-26 显示的卡方检验结果中,费雪精确检验的 P 值为 0.005,小于 0.05,也说明“夜天”一词在出生地的分布上具有显著性差异。

表 7-25　　　　　　“夜天”与出生地交叉表

			夜天			合计
			不知道	知道已被替代	知道也在用	
出生地	县城	采用数	3	9	3	15
		百分比	20.0	60.0	20.0	100.0
	农村	采用数	2	24	39	65
		百分比	3.1	36.9	60.0	100.0
合计		采用数	5	33	42	80
		百分比	6.3	41.3	52.5	100.0

表 7-26　　　　　　“夜天”与出生地交叉分析

	数值	df	渐进显著性(2 端)	精确显著性(2 端)
皮尔逊卡方	10.872a②	2	0.004	0.006
概似比	10.195	2	0.006	0.006

① 0 资料格(0.0%)预期计数小于 5。预期的计数下限为 5.25。

② 2 资料格(33.3%)预期计数小于 5。预期的计数下限为 0.94。

续表

	数值	df	渐进显著性(2端)	精确显著性(2端)
费雪精确检验	10.251			0.005
有效观察值个数	80			

四、居住地与方言词汇的知晓与使用

(一)基本情况(见表7-27)

表7-27　　居住地与方言词汇知晓与使用数量对比统计表

		居住地	
		县城	农村
1.天文词汇	不知道(个)	133	73
	知道已被替代(个)	163	82
	知道也在使用(个)	243	186
2.地理词汇	不知道(个)	51	40
	知道已被替代(个)	122	56
	知道也在使用(个)	317	214
3.农事词汇	不知道(个)	84	52
	知道已被替代(个)	65	23
	知道也在使用(个)	439	297
4.时间、时令词汇	不知道(个)	32	28
	知道已被替代(个)	167	49
	知道也在使用(个)	291	233
5.植物词汇	不知道(个)	42	32
	知道已被替代(个)	55	32
	知道也在使用(个)	442	277
6.动物词汇	不知道(个)	158	94
	知道已被替代(个)	187	102
	知道也在使用(个)	488	331
7.器具用品词汇	不知道(个)	110	72
	知道已被替代(个)	172	86
	知道也在使用(个)	453	307

续表

		居住地	
		县城	农村
8. 称谓词汇	不知道(个)	101	69
	知道已被替代(个)	232	105
	知道也在使用(个)	500	353
9. 身体词汇	不知道(个)	57	44
	知道已被替代(个)	165	62
	知道也在使用(个)	464	328
10. 衣服穿戴词汇	不知道(个)	80	50
	知道已被替代(个)	206	88
	知道也在使用(个)	302	234
11. 日常生活词汇	不知道(个)	46	30
	知道已被替代(个)	202	89
	知道也在使用(个)	340	253
不知道总个数(个)		894	584
知道已被替代总个数(个)		1736	774
知道也在使用总个数(个)		4279	3013
组人数(人)		49	31
不知道平均数(个)		18.2	18.8
知道已被替代平均数(个)		35.4	25.0
知道也在使用平均数(个)		87.3	97.2

根据表 7-27,我们能够清晰地看出:总体来看,在方言词汇的知晓率方面,县城居住者与农村居住者的差异不大。在替代率方面,县城居住者的平均数大于农村居住者。在使用率方面,农村居住者的平均数大于县城居住者。

(二)居住地与社会因素差异分析

为了进一步考察居住地对方言词汇的知晓与使用是否具有显著影响,我们挑选出“杠、年巳、恶老鹰、胰子、大(爹)、主腰子、粮折子”7 个低频词汇和“夜天、牙叉骨、围围子、风旋皮、恶嗦、藏道道家”6 个中频词汇加以分析。

如表 7-28 所示,经过交叉卡方分析,我们发现除了“夜天、牙叉骨”两个词在居住地的分布上具有显著差异性,其余 11 个词在居住地的分布上不具有明显的差异性。

表 7-28　　居住地与方言词汇交叉分析统计表[①]

<table>
<tr><td rowspan="4">居住地</td><td>杠</td><td>年巳</td><td>恶老鹰</td><td>胰子</td><td>大(爹)</td><td>主腰子</td><td>粮折子</td></tr>
<tr><td>—</td><td>—</td><td>—</td><td>—</td><td>—</td><td>—</td><td>—</td></tr>
<tr><td>夜天</td><td>牙叉骨</td><td>围围子</td><td>风旋皮</td><td>恶嗦</td><td>藏道道家</td><td></td></tr>
<tr><td>+</td><td>+</td><td>—</td><td>—</td><td>—</td><td>—</td><td></td></tr>
</table>

分析表 7-29 可知,“牙叉骨”一词在居住地分布上具有明显的差异性。在知晓率上,县城居住者的知晓率略低于农村居住者。在替代率上,县城居住者的替代率远高于农村居住者。在使用率上,农村居住者大部分还在使用,县城居住者的使用率不足 40%。

表 7-30 显示的卡方检验结果中,费雪精确检验的 P 值为 0.012,小于 0.05,也说明“牙叉骨”一词在居住地的分布上具有显著性差异。

表 7-29　　“牙叉骨”与居住地交叉表

<table>
<tr><td colspan="3" rowspan="2"></td><td colspan="3">牙叉骨</td><td rowspan="2">合计</td></tr>
<tr><td>不知道</td><td>知道已被替代</td><td>知道也在用</td></tr>
<tr><td rowspan="4">居住地</td><td rowspan="2">县城</td><td>采用数</td><td>4</td><td>26</td><td>19</td><td>49</td></tr>
<tr><td>百分比</td><td>8.2</td><td>53.1</td><td>38.8</td><td>100.0</td></tr>
<tr><td rowspan="2">农村</td><td>采用数</td><td>2</td><td>7</td><td>22</td><td>31</td></tr>
<tr><td>百分比</td><td>6.5</td><td>22.6</td><td>71.0</td><td>100.0</td></tr>
<tr><td colspan="2" rowspan="2">合计</td><td>采用数</td><td>6</td><td>33</td><td>41</td><td>80</td></tr>
<tr><td>百分比</td><td>7.5</td><td>41.3</td><td>51.3</td><td>100.0</td></tr>
</table>

表 7-30　　“牙叉骨”与居住地交叉分析

	数值	df	渐进显著性(2 端)	精确显著性(2 端)
皮尔逊卡方	8.190a[②]	2	0.017	0.013
概似比	8.456	2	0.015	0.019
费雪精确检验	8.214			0.012
有效观察值个数	80			

① 此表中用“+”表示具有显著性影响,用“—”表示不具有显著性影响。

② 2 资料格(33.3%)预期计数小于 5。预期的计数下限为 2.33。

五、受教育程度与方言词汇的知晓与使用

(一)基本情况(见表 7-31)

表 7-31　　受教育程度与方言词汇交叉分析统计表

		受教育程度		
		初中及以下	高中(中专、技校)	大专及以上
1. 天文词汇	不知道(个)	86	36	84
	知道已被替代(个)	83	45	117
	知道也在使用(个)	216	62	151
2. 地理词汇	不知道(个)	53	17	21
	知道已被替代(个)	64	30	84
	知道也在使用(个)	233	83	215
3. 农事词汇	不知道(个)	70	28	38
	知道已被替代(个)	24	16	48
	知道也在使用(个)	326	112	298
4. 时间、时令词汇	不知道(个)	44	11	5
	知道已被替代(个)	55	31	130
	知道也在使用(个)	251	88	185
5. 植物词汇	不知道(个)	51	13	10
	知道已被替代(个)	40	15	32
	知道也在使用(个)	294	115	310
6. 动物词汇	不知道(个)	133	41	78
	知道已被替代(个)	77	59	153
	知道也在使用(个)	385	121	313
7. 器具用品词汇	不知道(个)	97	33	52
	知道已被替代(个)	98	52	108
	知道也在使用(个)	330	110	320
8. 称谓词汇	不知道(个)	103	28	39
	知道已被替代(个)	116	67	154
	知道也在使用(个)	376	126	351

续表

		受教育程度		
		初中及以下	高中(中专、技校)	大专及以上
9. 身体词汇	不知道(个)	69	14	18
	知道已被替代(个)	78	44	105
	知道也在使用(个)	343	124	325
10. 衣服穿戴词汇	不知道(个)	82	18	30
	知道已被替代(个)	106	59	129
	知道也在使用(个)	232	79	225
11. 日常生活词汇	不知道(个)	56	6	14
	知道已被替代(个)	102	59	130
	知道也在使用(个)	262	91	240
不知道总个数(个)		844	245	389
知道已被替代总个数(个)		843	477	1190
知道也在使用总个数(个)		3248	1111	2933
组人数(人)		35	13	32
不知道平均数(个)		24.1	18.8	12.2
知道已被替代平均数(个)		24.1	36.7	37.2
知道也在使用平均数(个)		92.8	85.5	91.7

根据表 7-31,我们能够清晰地看出:总体来看,在知晓率方面,不同受教育程度的差异较大,初中及以下程度不知道的平均数最高,大专及以上程度的最低。在替代率方面,大专及以上程度知道已被替代的平均数最高,初中及以下程度的最低。在使用率方面,初中程度知道也在使用的平均数最高。综合来看,方言词汇的知晓与使用情况并没有像我们事先所预想的那样,与受教育程度呈现明显的正相关。

(二)受教育程度与社会因素差异分析

为了进一步验证受教育程度对方言词汇知晓与使用是否具有显著性影响,我们挑选出"杠、年巳、恶老鹰、胰子、大(爹)、主腰子、粮折子"7 个低频词汇和"夜天、牙叉骨、围围子、风旋皮、恶嗦、藏道道家"6 个中频词汇来加以分析。如表 7-32 所示,经过交叉卡方分析,我们发现仅"大(爹)"这个词在受教育程度分布上具有明显的差异性,其余 12 个词在受教育程度分布上均不具有明显的差异性。

表 7-32　　受教育程度与方言词汇交叉分析统计表[1]

<table>
<tr><td rowspan="4">受教育程度</td><td>杠</td><td>年巳</td><td>恶老鹰</td><td>胰子</td><td>大(爹)</td><td>主腰子</td><td>粮折子</td></tr>
<tr><td>—</td><td>—</td><td>—</td><td>—</td><td>+</td><td>—</td><td>—</td></tr>
<tr><td>夜天</td><td>牙叉骨</td><td>围围子</td><td>风旋皮</td><td>恶嗦</td><td>藏道道家</td><td></td></tr>
<tr><td>—</td><td>—</td><td>—</td><td>—</td><td>—</td><td>—</td><td></td></tr>
</table>

1."大(爹)"与受教育程度交叉分析

分析表 7-33 可知,"大(爹)"一词在受教育程度分布上具有明显的差异性。从替代率上看,大专及以上程度的最高,初中及以下程度的最低。从使用率上看,初中及以下程度的最高,大专及以上程度的最低。

表 7-34 显示的卡方检验结果中,费雪精确检验的 P 值为 0.008,小于 0.05,也说明"大(爹)"一词在受教育程度的分布上具有显著性差异。

表 7-33　　"大(爹)"与受教育程度交叉表

<table>
<tr><td colspan="3" rowspan="2"></td><td colspan="2">大(爹)</td><td rowspan="2">总计</td></tr>
<tr><td>知道已被替代</td><td>知道也在用</td></tr>
<tr><td rowspan="6">受教育程度</td><td rowspan="2">初中及以下</td><td>采用数</td><td>19</td><td>16</td><td>35</td></tr>
<tr><td>百分比</td><td>54.3</td><td>45.7</td><td>100.0</td></tr>
<tr><td rowspan="2">高中(中专、技校)</td><td>采用数</td><td>9</td><td>4</td><td>13</td></tr>
<tr><td>百分比</td><td>69.2</td><td>30.8</td><td>100.0</td></tr>
<tr><td rowspan="2">大专及以上</td><td>采用数</td><td>24</td><td>8</td><td>32</td></tr>
<tr><td>百分比</td><td>75.0</td><td>25.0</td><td>100.0</td></tr>
<tr><td colspan="2" rowspan="2">总计</td><td>采用数</td><td>52</td><td>28</td><td>80</td></tr>
<tr><td>百分比</td><td>65.0</td><td>35.0</td><td>100.0</td></tr>
</table>

表 7-34　　"大(爹)"与受教育程度交叉分析

	值	自由度	渐进显著性(双侧)	精确显著性(双侧)
皮尔逊卡方	12.861a[2]	4	0.012	0.011
概似比	15.384	4	0.004	0.006
费雪精确检验	12.820			0.008
有效观察值个数	80			

① 此表中用"+"表示具有显著性影响,用"—"表示不具有显著性影响。

② 2 资料格(20.0%)预期计数小于 5。预期的计数下限为 3.85。

六、职业与方言词汇

(一)基本情况(见表7-35)

表7-35　　职业与方言词汇交叉分析统计表

		职业				
		农牧业生产人员	商业、服务人员	企事业单位工作人员	教师	学生
1.天文词汇	不知道(个)	6	18	28	34	120
	知道已被替代(个)	44	18	62	58	63
	知道也在使用(个)	126	52	108	106	37
2.地理词汇	不知道(个)	0	6	6	4	75
	知道已被替代(个)	20	6	42	44	66
	知道也在使用(个)	140	68	132	132	59
3.农事词汇	不知道(个)	0	12	14	12	98
	知道已被替代(个)	2	0	20	22	44
	知道也在使用(个)	190	84	182	182	98
4.时间、时令词汇	不知道(个)	0	0	0	0	60
	知道已被替代(个)	10	18	60	64	64
	知道也在使用(个)	150	62	120	116	76
5.植物词汇	不知道(个)	0	0	4	2	68
	知道已被替代(个)	4	4	14	12	53
	知道也在使用(个)	172	84	180	184	99
6.动物词汇	不知道(个)	4	14	28	20	186
	知道已被替代(个)	34	24	72	68	91
	知道也在使用(个)	234	98	206	218	63
7.器具用品词汇	不知道(个)	0	8	18	16	140
	知道已被替代(个)	34	28	58	56	82
	知道也在使用(个)	206	84	194	198	78
8.称谓词汇	不知道(个)	2	8	10	8	142
	知道已被替代(个)	44	26	86	66	115
	知道也在使用(个)	226	102	210	232	83

续表

		职业				
		农牧业生产人员	商业、服务人员	企事业单位工作人员	教师	学生
9. 身体词汇	不知道(个)	4	4	8	2	83
	知道已被替代(个)	18	16	56	50	87
	知道也在使用(个)	202	92	188	200	110
10. 衣服穿戴词汇	不知道(个)	2	8	8	8	104
	知道已被替代(个)	50	20	88	66	70
	知道也在使用(个)	140	68	120	142	66
11. 日常生活词汇	不知道(个)	0	2	4	2	68
	知道已被替代(个)	32	22	102	60	75
	知道也在使用(个)	160	72	110	154	97
不知道总个数(个)		18	80	128	108	1144
知道已被替代总个数(个)		292	182	660	566	810
知道也在使用总个数(个)		1946	866	1750	1864	866
组人数(人)		16	8	18	18	20
不知道平均数(个)		1.1	10	7.1	6	57.2
知道已被替代平均数(个)		18.3	22.8	36.7	31.4	40.5
知道也在使用平均数(个)		121.6	108.3	97.2	103.5	43.3

根据表 7-35,我们能够清晰地看出:总体来看,在知晓率上,不同职业差异较大,学生不知道的平均数最高,农牧业生产人员的平均数最低。在替代率上,学生知道已被替代的平均数最高,农牧业生产人员的平均数最低。在使用率上,农牧业生产人员知道也在使用的平均数最高,学生的平均数最低。

(二)职业与社会因素差异分析

为了进一步考察职业与方言词汇知晓与使用上是否具有相关性,我们挑选出“杠、年巳、恶老鹰、胰子、大(爹)、主腰子、粮折子”7 个低频词汇和“夜天、牙叉骨、围围子、风旋皮、恶嗦、藏道道家”6 个中频词汇来加以分析。如表 7-36 所示,经过交叉卡方分析,我们发现这 13 个词在职业分布上均具有明显的差异性。

表 7-36　　方言词汇与社会因素交叉分析统计表①

	杠	年巳	恶老鹰	胰子	大(爹)	主腰子	粮折子
职业	+	+	+	+	+	+	+
	夜天	牙叉骨	围围子	风旋皮	恶嗦	藏道道家	
	+	+	+	+	+	+	

1.“杠”与职业交叉分析

分析表 7-37 可知,“杠”一词在职业分布上具有明显的差异性。学生的知晓率最低,农牧业生产人员的知晓率最高。企事业单位工作人员的替代率最高,这一部分调查者更倾向于使用“彩虹”。农牧业生产人员的使用率最高,学生的使用率最低。

表 7-38 显示的卡方检验结果中,费雪精确检验的 P 值为 0.001,小于 0.05,也说明“杠”一词在职业的分布上具有显著性差异。

表 7-37　　“杠”与职业交叉表

			杠			合计
			不知道	知道已被替代	知道也在用	
职业	农牧业生产人员	采用数	2	4	10	16
		百分比	12.5	25.0	62.5	100.0
	商业、服务业人员	采用数	4	0	4	8
		百分比	50.0	0.0	50.0	100.0
	企事业单位工作人员	采用数	6	6	6	18
		百分比	33.3	33.3	33.3	100.0
	教师	采用数	6	4	8	18
		百分比	33.3	22.2	44.4	100.0
职业	学生	采用数	16	3	1	20
		百分比	80.0	15.0	5.0	100.0
合计		采用数	34	17	29	80
		百分比	42.5	21.3	36.3	100.0

① 此表中用“+”表示具有显著性影响,用“-”表示不具有显著性影响。

表 7-38　　　　　　　　“杠”与职业交叉分析

	数值	df	渐进显著性(2 端)	精确显著性(2 端)
皮尔逊卡方	23.464a①	8	0.003	0.002
概似比	27.545	8	0.001	0.001
费雪精确检验	24.125			0.001
有效观察个数	80			

2.“大(爹)”与职业交叉分析

分析表 7-39 可知,“大(爹)”一词在职业分布上具有明显的差异性。学生、商业和服务业人员的替代率均为百分之百,这部分被调查者均已使用新变式“爸爸”。农牧业生产人员的使用率最高,还有 70%的被调查者使用旧变式“大(爹)”这一用法。

表 7-40 显示的卡方检验结果中,费雪精确检验的 P 值为 0.000,小于 0.05,也说明“大(爹)”一词在职业的分布上具有显著性差异。

表 7-39　　　　　　　　“大(爹)”与职业交叉表

			大(爹)		合计
			知道已被替代	知道也在用	
职业	农牧业生产人员	采用数	4	12	16
		百分比	25.0	75.0	100.0
	商业、服务业人员	采用数	8	0	8
		百分比	100.0	0.0	100.0
	企事业单位工作人员	采用数	10	8	18
		百分比	55.6	44.4	100.0
职业	教师	采用数	10	8	18
		百分比	55.6	44.4	100.0
	学生	采用数	20	0	20
		采用数	100.0	0.0	100.0
合计		百分比	52	28	80
		采用数	65.0	35.0	100.0

① 7 资料格(46.7%)预期计数小于 5。预期的计数下限为 1.70。

表 7-40　　“大(爹)”与职业交叉分析

	数值	df	渐进显著性(2 端)	精确显著性(2 端)
皮尔逊卡方	27.741a[①]	4	0.000	0.000
概似比	36.136	4	0.000	0.000
费雪精确检验	30.411			0.000
有效观察个数	80			

第三节　方言语法变异情况

方言中的语音变异和词汇变异引起了许多研究者的关注，这两个方面取得的研究成果也较为丰硕，但对于语法中是否存在着变异，语言学界曾有过不一致的观点：一种观点认为，变异普遍存在于语言结构的各个阶层中，句法也不例外。另一种观点则或多或少地否定句法变异的存在，认为所谓的“句法变异”，往往并不是受句法因素的制约，而是语用或语义因素造成的。[②] 董印其认为：“新疆话的语法与普通话的语法总的情况是一致的，有相同的词类，相同的结构关系，相同的句型、句式、句类，这是主流。但也是有差异的，这种差异是局部的、个别的。”[③]我们知道，普通话是以北方方言作为基础方言的，作为西北方言分支的新疆汉语方言的代表点之一的奇台话在语法上与普通话差异较小，一致性更高，故本节在考察奇台话语法的变异情况时仅选出三项典型语法项进行考察，且仅分析影响语法变项使用的年龄因素，对其他社会因素不再分章赘述。

一、调查概述

普通话中的介词“比”在奇台话中常常被说成“赶”，如：“我赶你大。”“他赶我高。”普通话中的连词“和、跟”在奇台话中往往被说成“连”，如：“我连小王是同学。”“我连你一起去。”普通话中的连词“一边……一边……”在奇台话中常常被“带……带……”替代，如：“我们一路上带走带看，不知道买啥好。”“你带吃带拿好意思吗？”本次调查中我们选出介词“赶”、连词“连”、连词“带……带……”这三个具有典型性特点的语法项，设计了三个句子来考

① 1 资料格(10.0%)预期计数小于 5。预期的计数下限为 2.80。

② 参见徐大明：《社会语言学实验教程》，第 27 页。

③ 董印其：《新疆汉语方言研究》，第 318 页。

察被调查者语法项变异的使用情况。

1. 我赶你大/我比你大

2. 我连小红是好朋友/我和(跟)小红是好朋友

3. 我们一路上带走带看/我们一路上一边走一边看

在调查问卷中列出以上三组六个句子，请被调查者选出自己常用的说法。为方便统计，将方言说法记为旧变式，将与普通话一致的说法记为新变式，将兼用方言用法与普通话用法记为新旧变式并用。

二、语法各变式使用情况

分析表 7-41 可以看出：介词“赶”，旧变式使用上，中老年组最高，青少年组最低；新变式使用上，青少年组最高，中老年组最低；新旧变式并用上，青年组最高，青少年组最低。连词“连”，旧变式使用上，中老年组最高，青年、青少年组均为零；新变式使用上，青少年组最高，中老年组最低；新旧变式并用上，中年组最低。连词“带……带……”，旧变式使用上，中老年组最高，青少年组最低；新变式使用上，青少年组最高，中老年组和青年组持平；新旧变式并用上，中老年组最低。

表 7-41　　各年龄组语法各变式使用情况

	我赶你大/我比你大			我连小红是好朋友/我和(跟)小红是好朋友			一路上我们带走带看/一路上我们一边走一边看		
	旧变式(%)	新变式(%)	新旧变式并用(%)	旧变式(%)	新变式(%)	新旧变式并用(%)	旧变式(%)	新变式(%)	新旧变式并用(%)
中老年	50	20	30	50	40	10	90	10	0
中年	20	70	10	30	70	0	40	20	40
青年	20	40	40	0	90	10	60	10	30
青少年	0	95	5	0	95	5	0	60	40

总体来看，语法三个变项，中老年组的旧变式使用率最高，青少年组的新变式使用率最高。年龄越小，越容易使用新变式；年龄越大，越不容易改变旧说法。

在此我们只结合年龄因素进行分析，对其他社会因素就不再做分析。

第八章　启示与思考

第一节　宏观语言生活情况

通过问卷调查，我们从宏观方面了解与掌握了奇台县语言生活的实态，其主要呈现出如下特点。

一、从语言习得上看

大多数被调查者小时候最先习得的是奇台话，只有较小一部分被调查者从小最先习得的是普通话或奇台话和普通话双语，这反映出奇台话的语言基础比较牢固，在当地人的语言生活中占有比较重的份量。

二、从语言能力和普通话学习上看

第一，能兼用奇台话与普通话交流的人越来越多，还有少部分被调查者仅能用奇台话与人交流。不会说方言，只能用普通话与人交流的也占一定比例。由数据可知，奇台居民中同时具备奇台话与普通话双语能力的人越来越多，只有少部分人依然固守方言，掌握普通话单语的以年轻一代为主，虽然人数不多，但具有一定的代表性。

第二，被调查者的语言能力在年龄、性别、出生地、居住地、受教育程度、职业、是否有外出经历几个社会因素的分布上具有显著性差异。被调查者的普通话程度与上述几个社会因素具有显著相关性。

第三，在普通话的学习途径上，学校学习仍旧是最重要的一个途径。除此之外，受周围人影响、看电视或听广播、受家里人影响都是必要的途径。普通话的学习途径在年龄、受教育程度、职业、是否具有外出经历的分布上具有明显的差异。

第四，在普通话的学习动机上，为了和更多人交往是最重要的一个学习原因。除此之外，工作和业务需要、学习的要求、找工作的需要、个人兴趣也是必不可少的原因。学习普通话的动机与年龄、居住地、受教育程度、职业、是否有外出经历几个社会因素密切相关。

第五，在学习普通话遇到的问题上，说的机会不多是最突出的问题。除此之外，还会遇到受方言影响大或担心会被人笑话等问题。当然，也有个别的被调查者认为没有什么问题。学习普通话遇到的问题仅在年龄、出生地两个社会因素的分布上具有显著性差异。

三、从语言使用上看

第一，奇台话、普通话的使用与各语域的正式程度有关。普通话常常被用于去政府部门办事、去医院看病、在单位谈工作等正式场合。与家人在一起、去集贸市场购物、和朋友在一起等非正式场合，奇台话占有绝对的优势。

第二，在家庭语言的使用上，年龄、出生地、居住地、职业几个因素对其具有显著影响。

第三，在去政府部门办事时的语言使用上，年龄、性别、出生地、居住地、受教育程度、职业、是否有外出经历几个因素均对其具有显著影响。

第四，在集贸市场购物时的语言使用上，年龄、性别、出生地、职业几个因素对其具有显著影响。

第五，在和朋友在一起时的语言使用上，年龄、出生地、职业、是否有外出经历几个因素对其具有显著影响。

第六，在去医院看病时的语言使用上，年龄、性别、出生地、职业、是否有外出经历几个因素对其具有显著影响。

第七，在单位工作时的语言使用上，年龄、性别、居住地、职业、是否有外出经历几个因素对其具有显著影响。

四、从语言态度上看

第一，从语言评价方面看，除了亲切程度外，奇台话在好听、有用、有地位三个维度上的得分均低于普通话相应维度上的得分。在亲切程度上，奇台话的得分高于普通话的得分。年龄因素对奇台话与普通话的四个维度的评价分数的影响均不显著，性别因素仅对普通话的好听程度和有用程度的影响显著，出生地因素仅对普通话的有地位程度、奇台话的好听程度和有用程度有显著影响，居住地因素仅对普通话的亲切程度有显著影响，受教育程度因素仅对普通话的有用程度有显著影响，职业因素对普通话的有地位程度以及奇台话的好听程度、有用程度、有地位程度有显著影响。

第二，从语言喜好方面看，在是否喜欢奇台话上，年龄、职业两个因素的影响显著，而性别、出生地、居住地、受教育程度、是否有外出经历5个因素的影响不明显；在是否喜欢普通话上，年龄、职业、有无外出经历3个因素的影响显著，而其他因素的影响不显著。

第三，从语言变异与变化的感受方面看，大多数被调查者认为奇台话有变化，少数人认为没有变化，也有较少一部分选择“无法回答”；年龄、职业2个社会因素对奇台话变异与变化的感受有显著影响，而性别、出生地、居住地、受教育程度、有无外出经历5个因素的影响不明显。

第四，在对自己的普通话水平期待上，被调查者希望自己的普通话水平达到“能流利准确地使用”和“能熟练地使用”的比例达到了79.8%，“能进行一般交际即可”的占比较低，只有极少数人对自己的普通话水平“没有什么要求”。年龄、性别、出生地、居住地、职业、是否有外出经历6个因素对被调查者对自己的普通话水平的期待有显著影响，而受教育程度的影响不显著。

第五，在对后代学习普通话的期待上，大多数的被调查者非常希望自己的后代学好普通话，只有少数人对此持无所谓的态度。希望孩子会说普通话在各社会因素的分布上差异不大，仅在职业分布上具有显著性差异。

第六，在是否希望后代保持奇台话的态度上，被调查者希望后代继续保持奇台话的比例过半，只有一部分人态度消极。希望孩子保持奇台话的理由中占比最多的是“便于与家乡人沟通”，其次是“有利于奇台地方文化的传承”，“说方言才能证明自己是奇台人”也有一定的比例。年龄、性别、出生地、居住地、受教育程度、职业、有无外出经历几个社会因素对希望孩子继续保持说奇台话的影响均不显著。

第七，在不希望后代继续保持说奇台话的理由中，占比最多的是“没有使用价值”和“听起来很土”，“会被认为是没有文化的表现”也是一个重要理由。年龄、性别、出生地、居住地、受教育程度、职业、有无外出经历几个社会因素对不希望后代继续保持说奇台话不具有显著性影响。

第八，对奇台话消失的态度上，认为“很可惜”占比超过了一半，还有相当一部分人选择“很正常，能接受”，认为“无所谓”“巴不得”的占比较低。由此可见，人们对于奇台话的忠诚度还是比较高的。年龄、职业、有无外出经历对奇台话消失的态度存在显著影响，而性别、出生地、居住地、受教育程度几个因素对其影响不显著。

第二节　微观语言变异情况

“众所周知，语音是语言的物质外壳，词汇是语言的建筑材料，语法是语言的结构规律，他们在语言系统中相互影响、相互制约、协调发展、缺一不可。”[①]通过对80名被调查者语音、词汇、语法使用情况的调查，我们将奇台话微观语言变异的特点总结为以下两点：

一、从语音变异上看

第一，不送气音发成送气音的变异中新变式发音占比超过70%，旧变式发音约占20%，新、旧变式并用发音有少量占比。

第二，零声母开口字大多数发音以新变式发音为主。

第三，声母“n[n]、x[ɕ]、j[tɕ]、q[tɕʻ]”所属字的发音中新、旧变式并用的情况十分明显。

第四，韵母“e[ɤ]”所属字的发音中旧变式发音的数量占比较低，新变式发音的占比超过60%，新、旧变式并用的发音占近30%。

第五，韵母“ai[ai]”所属字的发音中新变式使用率普遍不高，新旧变式并用率很高。

第六，韵母“[ei]”与“l”相拼时的发音中旧变式发音的数量占比较低，新变式发音的占比超过90%，有少量新、旧变式并用的发音，只有少部分年龄较大的被调查者还保留着这一发音习惯。

第七，奇台话语音六变项的变异与年龄、性别、出生地、居住地、受教育程度、职业、是否有外出经历几个社会因素密切相关。

二、从词汇、语法变异上看

第一，141个方言词汇中低频词汇与中频词汇的总数共计46个，高频词汇共计95个。整体来看，被调查者使用方言词汇的频率比较高，奇台方言词汇还具有比较旺盛的生命力。

第二，通过平均数分析和卡方检验，我们得出了部分方言词汇的使用在年龄、性别、出生地、居住地、受教育程度、职业的分布上具有显著性差异，而部分方言词汇的差异不显著。年龄因素在各因素中的作用最强，表现得最

① 冯广义：《语言生态学引论》，第33页。

为明显。受教育程度的影响表现得并没有我们想象的那么明显。

第三,从语法变异上看,奇台方言语法与普通话语法差异不大。通过考察年龄与三个语法变项的使用情况发现,年龄对语法各变项的使用具有显著影响。

第四,奇台话语音、词汇、语法的变异是语言结构内部调整的结果,也是语言外部社会动力影响的结果。

第三节 方言变异的特点及原因分析

一、变异特点

(一)语音上

通过奇台话语音六变项的变异可以看出,语音六变项的变异呈现出如下特征:(1)语音六变项的不同变式因社会因素不同而在使用频率上表现出差异,并呈现出不同的社会分布,方言变式使用的减少和普通话变式使用的增加是总体趋势,但新旧变式并用的情况仍然十分明显。(2)奇台话语音六变项变异是进行中的语音变化。年龄对语音六变项各变式使用的影响最为显著,年龄越小使用新变式的比例越高,年龄越大使用旧变式的比例越高。(3)女性使用新变式的比率略高于男性;受教育程度越高使用新变式的比率越高;教师使用新变式的比率较高,在读学生使用新变式的比率最高,从事开放性职业的商业、服务业人员使用新变式的比率较高;居住地在县城的被调查者使用新变式的比率高于居住地在农村的被调查者。

(二)词汇上

通过考察141个奇台方言词汇知晓、替代、使用情况,可以看出:(1)奇台方言词汇具有较高的知晓率,高频率词汇在使用中占据的百分比较大,在未来一段时间内,奇台方言词汇还具有比较旺盛的生命力,其在奇台人民语言生活中的分量还是比较重的。(2)奇台方言词汇的知晓情况、替代情况、使用情况因不同社会因素而呈现出不同的社会分布,方言变式的逐渐减少与普通话变式的逐渐增多是词汇变化的趋势。(3)年龄越小,方言词汇的知晓率越低,标准变式的使用率越高。年龄越大,方言词汇的知晓率越高,标准变式的使用率越低。女性的方言词汇的知晓率高于男性,女性的方言词汇的替代率高于男性,男性的方言词汇的使用率略高于女性;县城出生者不知道的方言词汇的数量多于农村出生者,农村出生者知道也在使用的方言词汇的数量远多于县城出生者;县城出生者知道已被替代的方言词汇的数量高于农村居住者，县城居住者被替代的方言词汇的数量大于农村居住者；农村居住者还在使用的方言词汇的数量大于县城居住者；从事农牧业生产的被调查者，其方言词汇的知晓率较高，学生的知晓率较低。在替代率上，学生的平均数最高，农牧业生产人员的平均数最低。在使用率上，农牧业生产人员的平均数最高，学生的平均数最低。受教育程度在一定程度上影响了被调查者方言词汇的知晓与使用，但方言词汇的知晓与使用情况在受教育程度的分布上并没有表现出显著的正相关性。

(三)语法上

通过对奇台方言三项语法变异的考察，年龄对语法变异的影响体现在：年轻人较多使用新变式，年长者较多使用旧变式。新旧两种说法并用的情况在每个年龄段几乎都有。

二、变异原因分析

“语言变异的产生、发展与结果是由非语言要素和语言要素两方面构成的。”[①]“没有一种语言，能不受社会的影响而产生各种各样的变异。”[②]奇台话语音变异、词汇变异、语法变异是语言内部因素与语言外部社会因素协同作用的结果。

(一)语音变异原因分析

1. 内部因素分析

“语言系统中各子系统、各结构之间是相互作用的，一个结构单位的变化往往会引发相关结构单位的变化，并最终导致整个系统的变化。”[③]语言的内部因素决定了语言变异最终的变异形式。社会语言学的语言变异研究最终还是落脚到语言本身的变异过程与轨迹、变化结果与样式这一根本上。[④]先以声母变异中的零声母变异为例，奇台话语音中中古影、疑母所属字在新变式中“nŋ[ŋ]”声母消失，演变为零声母字这一结果是语言内部机制影响的结果。调查字都是以“[a]、[ɤ]、[o]”为主要元音的字，从发音条件上说，发成开口呼的零声母音比舌根音“nŋ[ŋ]”省力，发音时稍微一松动舌根音“nŋ[ŋ]”就容易脱落，造成这些字向零声母字的变异。再以韵母变异中“l”与“[ei]”相拼时读成“[uei]”的变异为例，新式发音将“[luei]”发成“[lei]”显然比老式发音省力，这正是发音时遵循了发音省力的原则，发音时主动将中间的“[u]”音丢弃的结果。

---

① 郭风岚：《语言变异：本质、因素与结果》，《语言教学与研究》2006 年第 5 期。

② 陈松岑：《语言变异研究》，第 45 页。

③ 郭风岚：《语言变异：本质、因素与结果》，《语言教学与研究》2006 年第 5 期。

④ 参见郭风岚：《语言变异：本质、因素与结果》，《语言教学与研究》2006 年第 5 期。

2.社会动力因素分析

语言变化的原因不仅与语言自身有关，还要结合社会原因去看。一项变异或变化的产生和发展必须借助社会力量的推波助澜。前面我们从微观方面分析了影响奇台话语音变异的内部因素，下面我们将结合访谈的情况从宏观方面分析激发奇台话语音变异的社会动力因素。

(1)人口流动的加速是引起奇台话语音变异的催化剂

“语言本身没有生命，不会扩散；它的扩散完全是由人员的流动造成的。”[①]奇台县曾是历史上新疆天山北坡经济带重要的交通枢纽与政治经济文化中心，在最新的《新疆城镇体系规划 2014～2030》中奇台县将被规划建设成为国家级煤电煤化能源基地的配套服务基地和乌鲁木齐都市东部圈次中心城市。[②] 伴随奇台县城镇化进程的推进，多年来沿袭的城乡二元体制被打破，横隔在农村与县城的壁垒被拆除，城镇化缩短了县城与农村的距离，加速了人口的自由流动，为农民实现身份的转变提供了机会。“人口是语言的基础，有了足够的人口基数，语言的基础就稳固了。”[③]由于工作、求学、居住地的改变，人们越来越趋向于使用普通话来满足沟通的需要。例如，史先生(45 岁，个体装修老板)几年前把土地承包给农业合作社，在县城从事装修。史先生在家和父母说奇台话，其他场合会根据情况选择语言变式。联系自己的经历，他认为：“正是因为有机会离开农村，可以接触更多的人，自己的语言生活才会发生改变。要是我一辈子不离开农村我也不会说普通话。”刘同学(16 岁，奇台一中高一学生)以前在乡镇学校上学时只会说奇台话，现在在县城上学，基本上说普通话，偶尔和家人说方言。他说：“自己会说普通话是因为来县城上学。”

吕叔湘说过：“一个人要是一辈子不离开家乡，自然不会发生语言问题。”明代学者陈第在论述人口的变动引起语言的变化时曾说：“自五胡乱华，驱中原之人入于江左。而河淮南北，间杂夷言，声音之变，或自此始。”[④]长期以来奇台话是奇台县人们交际的主要工具。随着城镇化进程的推进，城乡间人口流动加快，农民可以离开农村进城创业；农村学生有机会到县城上学，享受优质教育资源；近年来到奇台投资、旅游的人日渐增多；在外创业或求学后返乡的大学生越来越多，外地投资创业者的融入与从本地外出打工求学人员的回流，为奇台县营造了说普通话的浓厚氛围。在城市的人际

① 徐大明、陶红印、谢天蔚：《当代社会语言学》，第 112 页。

② 参见《新疆城镇体系规划(2012～2030 年)》，https://jz.docin.com/p-479482491.html。

③ 高莉琴、张新武：《新疆的语言状况及推广普通话方略研究》，第 35 页。

④ 洪诚：《中国历代语言文字学文选》，江苏人民出版社 1982 年版，第 210 页。

交往场景中，普通话扮演着不可或缺的角色，方言的地位受到了挑战。奇台的大街小巷除了浓厚的奇台乡音外，标准的普通话也不绝于耳。

(2)普通话的推广为奇台话语音变异提供了土壤

普通话的推广也间接促进了奇台话语音的变异。在不同语言或语言变体的接触过程中，强势语言影响弱势语言、低变体向高变体靠拢、方言向普通话靠拢是趋势。在政策背景与社会影响的双重因素作用下，奇台人对普通话的认同度较高。

从学校语言环境来看，近年来奇台县与国家大力推广普通话的步伐一致，明确要求各级学校的教师持有普通话证书方可上岗，教学中必须使用普通话。奇台县教育局网站公布的教师招聘条件中明确规定：语文教师的普通话水平要求二级甲等以上，其他各科可放宽至二级乙等。随着教师普通话水平的提高，学生受到了良好的语言教育。在对奇台一中、奇台一小的教师和学生的个案专访中，师生均表示现在校园中使用普通话已经成为一种自觉的语言习惯。奇台一小教师陶老师(45 岁)表示："响应国家推普的号召，学校对校园中使用国家通用语言的要求很高，老师和学生都养成了习惯。"另外，家住奇台半截沟镇的王同学(15 岁，奇台一中学生)说自己在家和父母会说奇台话，但在学校只说普通话，因为"现在校园里说方言的很少，基本上都说普通话，大家都习惯了，在这种环境中说方言会感觉很别扭"。

从社会语言环境来看，城乡一体化为普通话的推广提供了便利条件，再加上广播电视以及网络媒体的不断推广与普及，越来越多的操地域方言的人的普通话能力在不断增强，农民中同时具备方言与普通话两种语言能力的人也越来越多，尤其是对受过中高等教育或有过外出求学和打工经历的年轻人来说，普通话在其语言生活中的地位更加重要。以前说普通话是城里人的专利，现在农民说普通话在小县城也不觉得稀奇。语码转换与语码混用的现象频繁地发生于奇台人的日常交际之中，在与普通话的交替与混用中方言发生了变异，普通话的使用率在持续上升，人们使用方言的热情也逐渐被削减。本次进行录音调查的 80 人中不会说普通话的人只有 14 人，且基本集中于中老年或中年年龄段，以男性为主，以农民或退休人员为主。会说的有 34 人，以中年或青年为主。能熟练交流的有 32 人。访谈中我们了解到，为进一步树立城市发展形象，奇台县服务行业对普通话的使用也有明确要求。奇台县天河购物中心等几家档次较高的商场，明确要求迎宾与导购必须使用普通话，访谈中天河购物中心经理助理王先生(28 岁)说："我们商场将会不会说普通话作为面试应聘时一个必不可少的条件，毕竟我们是大商场，代表一个城市的形象。"

从家庭语言环境来看,家庭是方言使用的最后阵地。调查中我们了解到奇台话依然是中老年人家庭内部交流的语言,但也有一些中青年父母与孩子交流时越来越多地选择使用普通话,或者是根据需要在方言和普通话间进行切换。这种情况在县城多见,农村也不少。家住奇台县西地镇的赵女士(37岁)每个周末送儿子去县城学习跆拳道,她在家和丈夫说奇台话,和儿子说普通话,儿子很少说奇台话,许多奇台话中的词汇基本都不再使用了。尹女士(38岁,企业职工)和孩子住在县城,丈夫多半时间住在农村,平时和丈夫说奇台话,用普通话和孩子进行交流,因为"两个孩子都不会说奇台话"。可见,奇台话已然不再是奇台人语言生活中的独角戏,普通话悄然登上了奇台人语言生活的舞台,尤其年轻一代具备了良好的普通话能力,奇台话语音受到普通话的影响而产生变异也就成为一个不争的事实了。

(3)积极的语言态度为奇台话语音变异提供了动力支持

积极的语言态度也是影响奇台话语音变异的重要因素之一。语言态度会改变人们的语言行为和语言习惯。对某种语言的评价会直接影响个人对该语言的选择与使用。杨淇对奇台居民的语言态度调查显示:青年与青少年对普通话的态度较为积极,尤其是青少年平时很少使用方言对话。[①] 结合语言态度部分,我们对312位奇台居民开展了语言生活调查,在语音评价方面显示:好听程度上,奇台话的均值为3.25,普通话的均值为4.60;亲切程度上,奇台话的均值为4.31,普通话的均值为3.92;有用程度上,奇台话的均值为3.53,普通话的均值为4.64;有地位程度上,奇台话的均值为2.87,普通话的均值为4.37。可以看出,除了在亲切程度上奇台居民对奇台话的评价高于普通话以外,在其他三个方面的评价上普通话都遥遥领先。"是否希望后代说普通话"这一选项的调查结果显示:97%的人选择了"希望后代会说",只有3%的人选择了"无所谓"。"是否希望后代继续保持奇台话"这一选项的调查结果显示:50.7%的人选择了"希望保持",22.4%的人选择了"不希望保持",26.9%的人选择了"无所谓"。由此可见,被调查者对于希望后代会说普通话寄予厚望,而相对而言,在是否保留方言上有的人积极性却不高。本次访谈中得出的结果也基本印证了上述调查结果。在实际的语言选择中,奇台话的人文性逐渐让位于普通话的功能性与实用性。积极的语言态度使青少年更倾向于选择普通话变式,在语言使用上喜欢求新、求雅,以致慢慢摈弃了旧式用法。

(二)词汇变异原因分析

1. 内部因素

① 参见杨琪:《奇台话的变异研究》,新疆大学硕士学位论文,2019年。

(1)词汇双音节化的影响

“双音节化是词汇发展的趋势。”[①]双音节词汇代表着汉语词汇发展的主流趋势,代表着汉语词汇的发展方向。我们将所调查的141个方言词汇进行了统计,其中单音节词汇3个,双音节词汇45个,三音节词汇78个,多音节词汇15个。我们又将方言词汇被替代的情况进行了总结,发现其变化的方向基本上是向着双音节方向变化的。例如,“杠——彩虹”“蛤蟆骨都子——蝌蚪”“围围子——刘海”“风旋皮——头屑”等,这些方言词汇的变化方向恰是向着双音节化趋势演变。

(2)语言经济原则的作用

众所周知,交际是语言的基本功能,在日常交流中,人们总是希望语言这个交际工具既省时且省力。语言经济原则又叫“语言省力原则”,它是语言学的一个重要特征,最早是由语言学家马丁内提出的。无论是叶斯伯森的“省力说”,还是费莱的“经济需要”观点,以及帕西的“经济原则”,都表达了语言需要在保证语言信息传递正确的前提下,以最优化的形式表达意义的需要。

词汇是语言三要素中最活跃的因素,是快速反映社会生活变化的一个视窗。在方言词汇变异的过程中,语言经济原则起着很大的作用。“除夕”比“三十黑里”更简洁省力,“大雁”比“长脖子雁”更简洁省力,“捉迷藏”比“藏道道家”更简洁省力,“飞蛾”比“扑腾罗罗子”更简洁省力,“围嘴”比“涎水帘帘子”更简洁省力,这种经济省力的表达助推着方言词汇向普通话词汇的演变。

2.外部因素

(1)普通话的强烈影响

普通话的影响也是方言词汇发生变异的直接原因。“社会语言学家费希曼认为对语言运用的人为干预也是造成语言演变的一个不可忽视的因素。”[②]推广普通话几十年来,新疆北疆各县市的语言状况发生了巨大的变化,说普通话已然成为人们追求的新时尚。在日常交际中,一些新的词语代替旧的说法,一些方言词汇已经在年轻一代的语言生活中逐渐消失。

(2)生产方式、经营方式的影响

生产方式、经营方式的改变是导致方言词汇发生变异的根本原因。随着经济的快速发展,农村经济的重心逐渐由纯农业向其他行业转移。城镇化建设步伐的加快使越来越多的农民身份发生了改变,实现了由土生土长

① 刘静:《巢湖方言变异研究》,浙江财经大学硕士学位论文,2017年。

② 高莉琴、张新武:《新疆的语言状况及推广普通话方略研究》,第12页。

的庄稼汉向“城里人”的华丽转身。新的生产方式、经营模式使传统的农业生产模式受到挑战。非农化给农村的农业生产带来了一系列连锁反应。耕地越来越集中，不擅长耕种或人少地少的农民索性将耕地交给“农业合作社”打理，越来越多的年轻人选择进城打工，有经济头脑的农民开起了饭馆、超市或当上了司机。生产经营方式的改变也引起了人们语言生活的变化。由此我们不难理解为什么方言中一些与农业相关的词汇到了年轻一代正变得陌生，一些农村长大的年轻人，尤其是90后、00后，已经不知道“抬笆子、镘叶子、圈子、仓子”等他们的父辈所熟悉的农事词汇。

耕地相对集中及机械化的耕种模式，使许多农村人逐渐远离田间地头，农村的孩子也对以前的田间常客——“蛤蟆骨都子、包包吃、屎爬牛、吡叫子”等名称日渐陌生，就更别说县城长大的孩子了。

(3)生活环境与生活条件的影响

生活环境与生活条件的改变也是引起方言词汇变异的重要原因。生活领域日渐商品化，衣、食、住、行、用的变化也反映在方言词汇的变异上。有些方言词汇也随着它所记录的事物的远去而逐渐让人感到陌生。词汇的变化与变异在人们日常的衣食住行中都有体现。随着商品经济的繁荣，衣服、鞋子等再也不用自己缝制，“褙子、汗褂子、皮褂子”等与穿戴有关的词汇在许多青少年的记忆里已经消亡。随着互联网的发达，足不出户，网上购物在农村也不再觉得新鲜，“货郎子”①这个代表旧时代“行商”的词汇在不少人的语言生活中已经消亡。“要搭吃”②在以前生活相对贫困、经济不够繁荣的时代很常见，但伴随着乡村经济的振兴，我国已经取得脱贫攻坚战役的初步胜利，这个词汇在年轻一代的记忆中却几近空白。物质生活极大丰富，城乡差距日渐缩小，现代化的设施应有尽有，人们的生活发生了天翻地覆的变化，“炕围子、搓板子、风呼噜、砖包皮、粮折子、车子”等词也逐渐淡出了人们的语言生活。

(4)社会心理因素的影响

社会心理因素也是影响方言词汇变异的重要因素之一。人们的社会心理与语言态度密切相关。新疆地处西北一隅，交通不便，经济与内地其他地区相比相对落后，再加上当地居民粗犷豪放、性格直率、民风朴实，所以，在新疆汉语方言口语中，给人的感觉是“粗语”较多，温婉细腻的“雅言”较少。随着教育的普及，人们的文化素质越来越高，在语言使用上喜欢求雅、求新，慢慢摈弃了粗俗的用法，更倾向于选用文雅的说法。在一些人看来，“尿歳、比斗、沟蛋子、恶嗦”等词属于不太好听的词语，所以在语言使用中有意回

① “货郎子”指旧时挑着担子走村串户卖东西的小商人。

② “要搭吃”指乞丐。

避，渐渐地这些词就失去了“用武之地”。

（三）语法变异原因分析

由于汉语方言与共同语的语法差异并不大，我们前面分析语法变异时只是选取了三个语法项进行了简单分析，引起语法变异的外部因素与语音、词汇相比并没有较大差异。普通话的推广与普及、各社会因素的共同作用都是引起语法变异的原因。

第四节　启示

本书将微观语言变异置于宏观语言生活的大背景下，通过实地考察新疆奇台县语言生活状况以及语音、词汇、语法方面的点滴变化，映射出城镇化背景下西北部地区县域语言生活状况以及语言变异与变化的趋势，启发我们要正视城镇化进程所带来的语言问题，正确对待和处理普通话与方言的关系。

一、方言向普通话的靠拢是城镇化发展的必然趋势

城镇化建设步伐的加快，打破了长期以来阻隔在城市与乡村之间的鸿沟与壁垒，加速了人口的流动，转变了人们的思想观念，也触动了人们的语言生活。以前农村处处是乡音，现在农村人中同时具备方言与普通话“双言”能力的人越来越多，尤其是一些受教育程度较高或有过外出经历的年轻人更是走在了使用和推广普通话的前列。根据语言接触理论，在不同语言或语言变体的接触过程中，强势语言影响弱势语言、低变体向高变体靠拢，方言向普通话靠拢是趋势。在社会语言环境、家庭语言环境、学校语言环境的三重影响下，方言在与普通话的交替与混用中不知不觉地发生了变异，新的发音形式取代旧的发音形式，新的词语、语法形式代替旧的说法，方言向普通话转化是城镇化发展的必然。

二、方言变式与普通话变式的交替并用是方言向普通话演变过程中的特殊过程

通过考察奇台话语音、词汇、语法的使用情况，我们得出在奇台话向普通话演变的过程中各变式的使用主要有以下几种情况：一是只使用方言形式。二是使用方言形式的同时兼用普通话形式。三是只使用普通话形式。第一种情况表明说话人对方言的忠诚度高，对方言的态度积极，语言使用上没有任何变化。第二种情况表明说话人的语音、词汇、语法各变项处于变异

阶段，已经开始有意或无意地使用方言变式以外的新变式，但也没有抛弃旧变式。第三种情况表明说话人在语音、词汇、语法各变项的使用上已经发生了变化，对方言的态度转为消极，而全部转用普通话。“语言变化一定包括一个语言变异的阶段，也就是说语言是渐变的。而渐变就体现在变化基本完成之前存在着一个新旧形式并存被交替使用的阶段。”①方言变式与普通话变式的交替并用是方言与普通话竞争的必然表现。当这些兼用新旧变式的人在语言使用过程中逐渐剔除旧变式，在语言使用上完全向普通话靠拢，语言变异的过程就算完成了。

三、加大普通话的推广与传承保护方言是构建和谐语言生态的应然要求

“语言生态”的概念由豪根率先提出。他将“自然环境中的生物生态与人文环境中的语言生态进行隐喻类比，由自然生态环境中各种生物之间相互依赖、相互制约的复杂关系，得出语言生态系统中的各种语言也存在类似的互动关系，主张处于不同‘生态位’的语言只有在平等、健康、和谐的语言格局中协同发展，才能实现共生性与多样性”②。自 1956 年国务院发布《关于推广普通话的指示》后，大力推行和规范使用普通话成为我国语言文字工作中长期坚持的指导思想。历经几十年努力，普通话作为我国的民族共同语已在语言生活中确立了绝对地位。截至 2020 年 9 月，全国范围内普通话普及率为 80.72%，“三区三州”普通话普及率达到 61.56%。普通话的推广对方言产生了冲击。“随着普通话的大力倡导，人口流动的加速，方言环境（家庭、社会）的转变，方言的话语空间渐趋萎缩，方言的语言活力也不断减弱，一些方言土语逐步边缘化甚至濒临消亡，由此也导致了与方言紧密相连的地域文化的淡化。”③众所周知，方言是维系情感的纽带，是语言的化石，也是历史文化信息传递的重要载体。大力推广普通话与传承保护方言并不矛盾。在中国，中华民族的“共同语言”就是宪法规定的“全国通用的普通话”，大力推广和规范使用国家通用语言文字是我国的一项国策。在大力推广普通话的过程中，我们更要处理好推广普通话和传承与保护地域方言的关系，使二者和谐共处、合作共赢，以维护语言生态的平衡。语言不仅仅是交际工具，还是文化生态的一个重要组成部分。“文化生态系统不可能完全依靠自身的力量达到协调平衡，在文化生态系统的调整过程中，必须根据实际情况

① 徐大明、陶红印、谢天蔚：《当代社会语言学》，第 136 页。

② [美]埃纳·豪根著：斯坦福大学出版社，1971.19

③ 石琳：《语言生态视阈下的方言文化保护与传承》，《中华文化论坛》2017 年第 9 期。

对系统的调整进行强有力的人为干预，以使其朝着有利于民族社会繁荣稳定的方向发展。”[①]在新的时代背景下，如何进一步协调与处理好方言与普通话的关系，使二者各司其职、各显其能，积极维护语言生态的和谐是当下语言文字工作者需要面对的现实问题。

第一，要大力开展方言区的语言使用状况调查，为语言规划提供依据。第二，还要做好对地域方言的记录，尤其对行将消失的方言文化要及时进行记录与全力抢救。第三，要根据实际情况培养与提高方言区人们的“双言”能力。对普通话水平不高的群众，尤其是青壮年，要通过各种形式的培训帮助他们尽快提高普通话水平；而对于处于方言边缘化或断层期的青少年，则要重新唤起其传承与保护方言的意识，使推广普通话与传承方言文化两条路径并行不悖。

第五节　不足之处及研究展望

一、研究不足之处

本书的调查部分自 2019 年 9 月 10 日起，到如今成稿历时一年多时间。本书可以算作本人研究新疆汉语方言变异的初步尝试，也为本人后续进行相关研究积累了经验，奠定了基础。回想起本书的调查过程、数据分析以及对文稿的反复校对，感觉每一步都倍感艰难，但收获颇多。

本书将社会语言学与方言学相结合，宏观语言生活与微观语言变异相结合，将兰银官话北疆片的代表点之一——奇台话的变异与变化情况做了真实的记录。通过语音、词汇、语法三个视窗透视出城镇化大背景下奇台话与普通话的接触情况以及变化的轨迹。

虽然完成了预期的研究目标，但总体来说，本书存在以下不足之处：

第一，语言变异部分抽样人数不够多。由于时间、人力、财力等限制，本书的语言变异部分在抽取样本时采取判断抽样，抽取发音合作人 80 人。尽管受访者的语言同质化程度比较高，通过抽取的 80 名发音合作人的语音、词汇、语法使用情况已经可以反映出方言变异的全貌，但如果条件允许的话，抽取的样本数量可以再多一些，通过统计分析得出的数据就会更具体、更详细、更具有说服力。

① 曹志耘：《关于濒危汉语方言问题》，《语言教学与研究》2001 年第 1 期。

第二,语法部分研究不够透彻。在语音、词汇、语法三项中,语法的变异情况不明显。故本书选取了三个语法项进行考察。在联系社会因素进行分析时,也仅仅对影响显著的年龄因素进行了分析,如果能结合其他社会因素进行深入分析,对奇台话变异的全貌就能进行更为细致的考察。

第三,原因分析不够透彻。语言变异是语言内部自身因素与外部社会因素共同作用的结果。本书在分析变异原因时进行了较为细致的分析,但引起语言变异的外部因素较为繁杂,还应该联系具体的社会生活进行更透彻的分析。

二、今后研究展望

第一,语言变异是语言存在的常态。目前,新疆汉语方言研究中有关语言本体的研究成果较为丰富,但有关方言变异的研究成果却寥寥无几。语言变异又是语言研究中不可回避的话题。借助前期的研究积累,本人后续将选取代表地点,对新疆汉语方言变异进行更为细致的研究。

第二,大力使用与推广国家通用语言文字是一项国策。推广普通话60多年来,新疆各县市推广普通话的情况如何?尤其是在广大农村成效又怎样?高莉琴老师于2005年对新疆的语言状况以及推广普通话的方略进行过研究,但时间过去了十几年,在此期间情况又发生了怎样的变化?我们的推广普通话方略又该做怎样的调整?这都需要我们对新疆汉语方言区各县市的语言生活及语言变异与变化情况展开详细调查研究。

附　录

附录一　奇台县语言生活调查问卷[①]

尊敬的朋友，您好！此调查只是想了解您的语言使用状况，问卷的信息不涉及个人隐私且只用于学术研究之用，答案也无所谓对错，只希望您如实回答，非常感谢您的合作与支持！

问卷编号：____________________ 调查时间：____________________

调查地点：____________________ 被调查人联系电话：________________

一、个人基本信息

A1. 您的性别(　　)　①男性　②女性

A2. 您的年龄(请填写)(　　)

A3. 您的出生地是(　　)　①县城　②农村

A4. 您现在的居住地是(　　)　①县城　②农村

A5. 您的父亲是奇台出生的吗？(　　)　①是　②否(填写地点)________

A6. 您的母亲是奇台出生的吗？(　　)　①是　②否(填写地点)________

A7. 您是奇台出生的吗？(　　)　①是　②否(填写地点)__________

A8. 您是否有过离开家乡外出打工、工作、求学三年以上的经历？(　　)

①是(填写缘由及地点)____________________　②否

① 该附录借鉴参考了谢俊英《语言生活与语言分异——河间方言的社会语言学研究》中的部分内容，在此致谢。

A9.您的婚姻状况（　　） ①已婚 ②未婚

A10.您家中有没有过离开家乡外出工作或求学的人员？（　　）

①有（填写是谁，什么原因，去哪里）＿＿＿＿＿＿＿＿ ②没有

A11.您家中有没有说普通话的人员？（　　）

①有（填写是谁，什么职业）＿＿＿＿＿＿＿＿ ②没有

A12.您的文化程度是（　　）

①没上过学 ②小学 ③初中 ④高中/中专/技校 ⑤大专 ⑥本科及以上

A13.您的职业是（　　）

①农牧业生产人员 ②企业工人 ③教师 ④教师以外的专业技术人员 ⑤公务员 ⑥公司职员 ⑦个体商户 ⑧餐馆、商场服务人员 ⑨学生 ⑩不在业人员 ⑪其他（请注明）＿＿＿＿＿＿＿＿

二、语言习得和语言能力

B1.您小时候（入学前或五周岁前）最先学会是哪种话（语言）？（　　）（可多选）

①奇台话　　②普通话　　③其他方言＿＿＿＿

B2.您在家乡上学时，大部分老师用什么语言或话上课？（　　）（可多选）

①奇台话　　②普通话　　③老师的家乡话＿＿＿＿

B3.您小时候，父亲（或男性抚养人）跟您使用的语言或方言是什么？（　　）（可多选）

①奇台话　　②普通话　　③其他＿＿＿＿

B4.您小时候，母亲（或女性抚养人）跟您使用的语言或方言是什么？（　　）（可多选）

①奇台话　　②普通话　　③其他＿＿＿＿

B5.您现在可以用哪些话（语言）与人交谈？（　　）（可多选）

①奇台话　　②普通话　　③其他＿＿＿＿

B6.您是什么时候开始说普通话的？（　　）

①上小学前　　②小学　　③中学

④大学　　⑤工作以后　　⑥无此情况

B7.您的普通话水平怎么样？（　　）

①能流利准确地使用　　②能熟练使用，但有些音不准

③能熟练使用，但口音较重　　④基本能交谈，但不太熟练

⑤能听懂，但不太会说　　⑥能听懂一些，但不会说
⑦听不懂，也不会说

B8. 您学说普通话最主要的途径是？（　　）（可多选）
①通过学校学习　　②通过培训班学习
③通过看电视、听广播　　④受家里人的影响
⑤受周围人的影响（社会交往）　　⑥其他（请注明）________
⑦无此情况

B9. 您为什么要学（说）普通话？（　　）（可多选）
①工作、业务需要　　②为了同更多的人交往
③为了找工作的需要　　④学习的要求
⑤个人兴趣　　⑥其他（请注明）________
⑦无此情况

B10. 您认为您学（说）普通话遇到的最大的问题是什么？（　　）（可多选）
①周围的人都不说，说的机会不多　　②受方言影响，不好学
③说普通话会被别人笑话　　④其他（请注明）________

三、语言使用

C1. 您在家里常用哪种话（语言）？（　　）（可多选）
①奇台话　　②普通话　　③其他________

C2. 您在当地政府部门办事时常用哪种话（语言）？（　　）（可多选）
①奇台话　　②普通话　　③其他________④无此情况

C3. 您在当地集贸市场买东西时常用哪种话（语言）？（　　）（可多选）
①奇台话　　②普通话　　③其他________

C4. 您和朋友一起时常用哪种话（语言）？（　　）（可多选）
①奇台话　　②普通话　　③其他________④无此情况

C5. 您在当地医院看病时常用哪种话（语言）？（　　）（可多选）
①奇台话　　②普通话　　③其他________④无此情况

C6. 您在单位谈工作时常使用哪种话（语言）？（　　）（可多选）
①奇台话　　②普通话　　③其他________④无此情况

四、语言态度情况

D1. 请您从下列几方面给奇台话打分，1 分为最低，5 分为最高。
好听 1　2　3　4　5（　　）　　亲切 1　2　3　4　5（　　）
有用 1　2　3　4　5（　　）　　有地位 1　2　3　4　5（　　）

D2. 请您从下列几方面给普通话话打分，1 分为最低，5 分为最高。

好听 1　2　3　4　5(　　)　　亲切 1　2　3　4　5(　　)

有用 1　2　3　4　5(　　)　　有地位 1　2　3　4　5(　　)

D3. 您喜欢说家乡话吗？(　　)

①喜欢　②比较喜欢　③一般　④不喜欢　⑤很不喜欢

D4. 您喜欢说普通话吗？(　　)

①喜欢　②比较喜欢　③一般　④不喜欢　⑤很不喜欢

D5. 您希望自己的普通话达到什么程度？(　　)

①能够流利准确地使用　　②能熟练地使用

③能进行一般交际即可　　④能听懂就行

⑤没有什么要求

D6. 您希望自己的孩子会说普通话吗？(　　)

①非常希望　②很希望　③无所谓　④不太希望　⑤不希望

(D6 题选①和②项的做 D7 题)

D7. 如果您希望自己的孩子会说普通话，请您从下面的选项中选出 1 个您认为最重要的理由(　　)

①对以后的学习与工作有帮助　　②方便和更多的人交往、交流

③响应国家推广普通话的号召　　④其他(请注明)__________

D8. 您希望自己的孩子继续保持说奇台话吗？(　　)

①非常希望保持　②希望保持　③无所谓

④不太希望保持　⑤不希望保持

(D8 题选①和②项的做 D9 题)

D9. 如果您希望自己的孩子保持说奇台话，请您从下面选出您 1 个认为最重要的理由(　　)

①便于与家乡人沟通　　②说奇台话才能证明自己是奇台人

③有利于奇台地方文化的传承　　④其他(请注明)__________

(D8 题选④和⑤项的做 D10 题)

D10. 如果您不希望自己的孩子保持说奇台话，请您选出 1 个您认为最重要的理由(　　)

①没有实用价值　②听起来很土　③会被认为是没有文化的表现

④其他(请注明)__________

D11. 如果将来有一天奇台话消失了，您会有怎样的感受？(　　)

①很正常，能接受　②很可惜　③巴不得　④无所谓

D12. 您觉得现在的奇台话和以前相比变化大吗？(　　)
①有很大变化　②有变化，但不太大　③没有变化
④不知道
(D12 题选①和②项的做 D13 题)
D13. 您认为现在的奇台话和以前相化最大的变化是什么？(　　)
①发音上有变化　②词汇上有变化　③语法上有变化
④其他(请注明)__________

附录二　奇台话语音变异调查表

尊敬的朋友，您好！此调查只是想了解您的语音情况，问卷的信息不涉及个人隐私且只用于语言学研究之用，答案也无所谓对错，只希望您如实回答，非常感谢您的合作与支持！

一、基本信息

问卷号：____________________　姓名：____________________
调查地点：______________________________
1. 您的性别(　　)　①男性　②女性
2. 您的年龄(请填写)(　　)
3. 您的出生地是(　　)　①县城　②农村
4. 您现在的居住地是(　　)　①县城　②农村
5. 您是否有过离开家乡外出打工、工作、求学三年以上的经历？(　　)
①是　②否
6. 您的文化程度是(　　)
①没上过学　②小学　③初中　④高中/中专/技校
⑤大专　⑥本科及以上
7. 您的职业是(　　)
①农牧业生产人员　②企业工人　③教师　④教师以外的专业技术人员
⑤公务员　⑥公司职员　⑦个体商户　⑧餐馆、商场服务人员
⑨学生　⑩不在业人员　⑪其他 (请注明)________

二、声母调查表(注:平时有几种读音就读出几种读音,请按照您平时说话的习惯读出这些字或词,只记声母)

1.避　避免	2.哺　哺乳	3.捕　抓捕
4.波　波浪	5.倍　三倍	6.泊　停泊
7.族　民族	8.燥　干燥	9.躁　暴躁
10.堤　大堤	11.抖　抖一下	12.痹　麻痹
13.岸　河岸	14.案　案子	15.暗　黑暗
16.爱　热爱	17.挨　挨打	18.袄　棉袄
19.额　名额	20.鹅　天鹅	21.饿　饿死
22.恩　恩人	23.摁　摁住	24.欧　欧洲
25.藕　莲藕	26.怄　怄气	27.恶　恶心
28.安　西安	29.俄　俄罗斯	30.农　农民
31.糯　糯米	32.鞘　刀鞘	33.械　机械化
34.街　街上	35.解　解开	36.角　牛角
37.鞋　穿鞋	38.瞎　瞎子	39.下　底下
40.吓　吓人	41.下　下车	42.巷　巷子
43.杏　杏子	44.咸　咸菜	

三、韵母调查表(注:平时有几种读音就读出几种读音,请按照您平时说话的习惯读出这些字或词,只记韵母)

45.得　得到	46.德　品德	47.戈　戈壁
48.涩　涩的很	49.色　颜色	50.择　选择
51.隔　隔开	52.客　请客	53.这　这个
54.颗　一颗星	55.棵　一棵树	56.渴　渴了
57.饿　饿了	58.白　白色	59.百　一百
60.麦　小麦	61.摘　摘掉	62.拆　拆掉
63.窄　宽窄	64.塞　塞住	65.脉　把脉
66.泪　眼泪	67.累　劳累	68.类　种类
69.垒　木垒	70.磊　光明磊落	71.雷　打雷

附录三　奇台方言词汇知晓、使用情况调查词表

尊敬的朋友,您好!此调查只是想了解您的方言词汇使用情况,问卷的

信息不涉及个人隐私且只用于语言学研究之用，答案也无所谓对错，只希望您如实回答，非常感谢您的合作与支持！

一、基本信息

问卷号：____________________　姓名：____________________

调查地点：______________________________

1. 您的性别(　　　)　①男性　　②女性

2. 您的年龄(请填写)(　　　)

3. 您的出生地是(　　　)　①县城　　②农村

4. 您现在的居住地是(　　　)①县城　　②农村

5. 您是否有过离开家乡外出打工、工作、求学三年以上的经历？(　　)

①是　　②否

6. 您的文化程度是(　　　)

①没上过学　②小学　③初中　④高中/中专/技校

⑤大专　⑥本科及以上

7. 您的职业是(　　　)

①农牧业生产人员　②企业工人　③教师　④教师以外的专业技术人员

⑤公务员　⑥公司职员　⑦个体商户　⑧餐馆、商场服务人员

⑨学生　⑩不在业人员　⑪其他(请注明)________

二、方言词汇知晓、使用情况调查(前面为方言词汇，括号中为普通话注解)

(一)天文词汇(11个)

1. 老风(大风)____________

①不知道　　②知道但已不用或被替代　　③知道也在使用

2. 晚韶云(晚霞)____________

①不知道　　②知道但已不用或被替代　　③知道也在使用

3. 呼雷爷(打雷)____________

①不知道　　②知道但已不用或被替代　　③知道也在使用

4. 杠(彩虹)____________

①不知道　　②知道但已不用或被替代　　③知道也在使用

5. 雨星星子(雨点儿)____________

①不知道　　②知道但已不用或被替代　　③知道也在使用

6. 亮明星(启明星)____________

①不知道　　②知道但已不用或被替代　　③知道也在使用

7. 冰吊吊子(屋檐下或树枝上下垂的冰条)____________

①不知道　②知道但已不用或被替代　③知道也在使用

8. 冷子(冰雹)____________

①不知道　②知道但已不用或被替代　③知道也在使用

9. 拉雾(起雾)____________

①不知道　②知道但已不用或被替代　③知道也在使用

10. 扬风搅雪(暴风雪)____________

①不知道　②知道但已不用或被替代　③知道也在使用

11. 撇湿了(淋湿了)____________

①不知道　②知道但已不用或被替代　③知道也在使用

(二)地理词汇(10个)

12. 湟土(土路路面上的虚土)____________

①不知道　②知道但已不用或被替代　③知道也在使用

13. 沙窝子(沙漠)____________

①不知道　②知道但已不用或被替代　③知道也在使用

14. 缁泥(淤泥)____________

①不知道　②知道但已不用或被替代　③知道也在使用

15. 砖包皮(屋墙外面是砖,里面是土胚)____________

①不知道　②知道但已不用或被替代　③知道也在使用

16. 笪坡子(斜坡)____________

①不知道　②知道但已不用或被替代　③知道也在使用

17. 捷路(近路)____________

①不知道　②知道但已不用或被替代　③知道也在使用

18. 东帮个(东边、东面)____________

①不知道　②知道但已不用或被替代　③知道也在使用

19. 咋咋些(这里、这儿)____________

①不知道　②知道但已不用或被替代　③知道也在使用

20. 地上(农村)____________

①不知道　②知道但已不用或被替代　③知道也在使用

21. 高头(上面)____________

①不知道　②知道但已不用或被替代　③知道也在使用

(三)农事词汇(12个)

22. 刨锄(锄头)____________

①不知道　②知道但已不用或被替代　③知道也在使用

23. 镘叶子(抹泥用的抹子)____________

①不知道　②知道但已不用或被替代　③知道也在使用

24. 水缸子(水桶)____________

①不知道　②知道但已不用或被替代　③知道也在使用

25. 涝坝(池塘)____________

①不知道　②知道但已不用或被替代　③知道也在使用

26. 麻绳子(麻线,用来纳鞋底)____________

①不知道　②知道但已不用或被替代　③知道也在使用

27. 笤帚疙瘩(扫帚)____________

①不知道　②知道但已不用或被替代　③知道也在使用

28. 抬笆子(柳条编的,两个人抬的劳动工具)____________

①不知道　②知道但已不用或被替代　③知道也在使用

29. 尖子(十字镐)____________

①不知道　②知道但已不用或被替代　③知道也在使用

30. 摇把子(用来发动汽车或拖拉机的摇手)____________

①不知道　②知道但已不用或被替代　③知道也在使用

31. 圈子(用于车上做围栏放粮食等的工具)____________

①不知道　②知道但已不用或被替代　③知道也在使用

32. 仓子(在房子里用泥巴盘出盛放粮食的小房子)____________

①不知道　②知道但已不用或被替代　③知道也在使用

33. 机子(拖拉机)____________

①不知道　②知道但已不用或被替代　③知道也在使用

(四)时间、时令词汇(10个)

34. 三十黑里(除夕)____________

①不知道　②知道但已不用或被替代　③知道也在使用

35. 那乎子(那会儿)____________

①不知道　②知道但已不用或被替代　③知道也在使用

36. 年巳(去年)____________

①不知道　②知道但已不用或被替代　③知道也在使用

37. 夜天(昨天、昨日、昨夜)____________

①不知道　②知道但已不用或被替代　③知道也在使用

38. 赶早(早上)__________

①不知道　②知道但已不用或被替代　③知道也在使用

39. 一外夕(一晚上)__________

①不知道　②知道但已不用或被替代　③知道也在使用

40. 这乎子(这会儿、这时候)__________

①不知道　②知道但已不用或被替代　③知道也在使用

41. 将头(刚、刚才)__________

①不知道　②知道但已不用或被替代　③知道也在使用

42. 一阵阵(一会儿)__________

①不知道　②知道但已不用或被替代　③知道也在使用

43. 一老(经常)__________

①不知道　②知道但已不用或被替代　③知道也在使用

(五)植物词汇(11个)

44. 树秧子(小树苗)__________

①不知道　②知道但已不用或被替代　③知道也在使用

45. 皮牙子(洋葱)__________

①不知道　②知道但已不用或被替代　③知道也在使用

46. 葱秧子(葱叶子)__________

①不知道　②知道但已不用或被替代　③知道也在使用

47. 洋柿子(西红柿)__________

①不知道　②知道但已不用或被替代　③知道也在使用

48. 包包菜(莲花白)__________

①不知道　②知道但已不用或被替代　③知道也在使用

49. 黄萝卜(胡萝卜)__________

①不知道　②知道但已不用或被替代　③知道也在使用

50. 果子(苹果)__________

①不知道　②知道但已不用或被替代　③知道也在使用

51. 月菊花儿(月季花儿)__________

①不知道　②知道但已不用或被替代　③知道也在使用

52. 狗尿苔(一种柄细伞小的菌,不能食用)__________

①不知道　②知道但已不用或被替代　③知道也在使用

53. 刺牙子(刺儿)____________

①不知道　②知道但已不用或被替代　③知道也在使用

54. 地藨儿(野生草莓)____________

①不知道　②知道但已不用或被替代　③知道也在使用

(六)动物词汇(17个)

55. 鞠椙(山羊)____________

①不知道　②知道但已不用或被替代　③知道也在使用

56. 包包吃(布谷鸟)____________

①不知道　②知道但已不用或被替代　③知道也在使用

57. 呲叫子(猫头鹰)____________

①不知道　②知道但已不用或被替代　③知道也在使用

58. 黑老哇(乌鸦)____________

①不知道　②知道但已不用或被替代　③知道也在使用

59. 雀娃子(麻雀)____________

①不知道　②知道但已不用或被替代　③知道也在使用

60. 燕鸡子(燕子)____________

①不知道　②知道但已不用或被替代　③知道也在使用

61. 长脖子雁(大雁)____________

①不知道　②知道但已不用或被替代　③知道也在使用

62. 恶老鹰(老鹰)____________

①不知道　②知道但已不用或被替代　③知道也在使用

63. 蛤蟆骨都子(蝌蚪)____________

①不知道　②知道但已不用或被替代　③知道也在使用

64. 长虫(蛇)____________

①不知道　②知道但已不用或被替代　③知道也在使用

65. 花媳妇(七星瓢虫)____________

①不知道　②知道但已不用或被替代　③知道也在使用

66. 扑腾罗罗子(飞蛾)____________

①不知道　②知道但已不用或被替代　③知道也在使用

67. 癞瓜子(癞蛤蟆、蟾蜍)____________

①不知道　②知道但已不用或被替代　③知道也在使用

68. 蛛蛛(蜘蛛)__________

①不知道　②知道但已不用或被替代　③知道也在使用

69. 夜蝙蝠(蝙蝠)__________

①不知道　②知道但已不用或被替代　③知道也在使用

70. 麻蛇鼠子(蜥蜴)__________

①不知道　②知道但已不用或被替代　③知道也在使用

71. 屎爬牛(屎壳郎)__________

①不知道　②知道但已不用或被替代　③知道也在使用

(七)器具词汇(15个)

72. 胰子(香皂)__________

①不知道　②知道但已不用或被替代　③知道也在使用

73. 炕围子(围钉在炕旁边墙上的纸或布)__________

①不知道　②知道但已不用或被替代　③知道也在使用

74. 画张子(画)__________

①不知道　②知道但已不用或被替代　③知道也在使用

75. 潮脑(樟脑丸)__________

①不知道　②知道但已不用或被替代　③知道也在使用

76. 碟碟子(盘子)__________

①不知道　②知道但已不用或被替代　③知道也在使用

77. 折页子(合页)__________

①不知道　②知道但已不用或被替代　③知道也在使用

78. 蒸把子(箅子)__________

①不知道　②知道但已不用或被替代　③知道也在使用

79. 气揣子(打气筒)__________

①不知道　②知道但已不用或被替代　③知道也在使用

80. 电把子(手电筒)__________

①不知道　②知道但已不用或被替代　③知道也在使用

81. 车子(缝纫机)__________

①不知道　②知道但已不用或被替代　③知道也在使用

82. 搓板子(洗衣板)__________

①不知道　②知道但已不用或被替代　③知道也在使用

83. 溜子(漏斗)____________

①不知道　②知道但已不用或被替代　③知道也在使用

84. 雾土子水(温水)____________

①不知道　②知道但已不用或被替代　③知道也在使用

85. 帕帕子(手帕、手绢)____________

①不知道　②知道但已不用或被替代　③知道也在使用

86. 风呼噜(鼓风机)____________

①不知道　②知道但已不用或被替代　③知道也在使用

(八)称谓词汇(17 个)

87. 月婆子(产妇)____________

①不知道　②知道但已不用或被替代　③知道也在使用

88. 大肚子(孕妇)____________

①不知道　②知道但已不用或被替代　③知道也在使用

89. 半克子(中年人)____________

①不知道　②知道但已不用或被替代　③知道也在使用

90. 要搭吃(要饭的、乞丐)____________

①不知道　②知道但已不用或被替代　③知道也在使用

91. 户儿家(农民)____________

①不知道　②知道但已不用或被替代　③知道也在使用

92. 贼娃子(小偷)____________

①不知道　②知道但已不用或被替代　③知道也在使用

93. 二转子(混血儿)____________

①不知道　②知道但已不用或被替代　③知道也在使用

94. 结壳子(结巴、口吃)____________

①不知道　②知道但已不用或被替代　③知道也在使用

95. 背锅子(驼背)____________

①不知道　②知道但已不用或被替代　③知道也在使用

96. 犟板筋(脾气倔强的人)____________

①不知道　②知道但已不用或被替代　③知道也在使用

97. 双双(双胞胎)____________

①不知道　②知道但已不用或被替代　③知道也在使用

98.货郎子(旧时走街串巷卖东西的小商人)____________

①不知道　②知道但已不用或被替代　③知道也在使用

99.外爷(外祖父、姥爷)____________

①不知道　②知道但已不用或被替代　③知道也在使用

100.外奶(外祖母、姥姥)____________

①不知道　②知道但已不用或被替代　③知道也在使用

101.大/爹(爸爸)____________

①不知道　②知道但已不用或被替代　③知道也在使用

102.娃子(儿子)____________

①不知道　②知道但已不用或被替代　③知道也在使用

103.丫头子(女孩儿、女儿)____________

①不知道　②知道但已不用或被替代　③知道也在使用

(九)身体词汇(14个)

104.天门梁(额头)____________

①不知道　②知道但已不用或被替代　③知道也在使用

105.眼眨毛(睫毛)____________

①不知道　②知道但已不用或被替代　③知道也在使用

106.牙叉骨(下颌骨)____________

①不知道　②知道但已不用或被替代　③知道也在使用

107.鬓肩(太阳穴)____________

①不知道　②知道但已不用或被替代　③知道也在使用

108.围围子(刘海)____________

①不知道　②知道但已不用或被替代　③知道也在使用

109.风旋皮(头屑)____________

①不知道　②知道但已不用或被替代　③知道也在使用

110.波膝盖子(膝盖)____________

①不知道　②知道但已不用或被替代　③知道也在使用

111.胳涝哇(腋窝)____________

①不知道　②知道但已不用或被替代　③知道也在使用

112.牙花子(牙龈、牙床)____________

①不知道　②知道但已不用或被替代　③知道也在使用

113. 咽舌子(小舌)____________

①不知道　②知道但已不用或被替代　③知道也在使用

114. 眼角屎(眼屎)____________

①不知道　②知道但已不用或被替代　③知道也在使用

115. 沟蛋子(屁股)____________

①不知道　②知道但已不用或被替代　③知道也在使用

116. 肚母脐子(肚脐眼儿)____________

①不知道　②知道但已不用或被替代　③知道也在使用

117. 比斗(耳光)____________

①不知道　②知道但已不用或被替代　③知道也在使用

(十)衣服穿戴词汇(12 个)

118. 皮褂子(皮袄)____________

①不知道　②知道但已不用或被替代　③知道也在使用

119. 撩襟(前襟)____________

①不知道　②知道但已不用或被替代　③知道也在使用

120. 皮窝子(用生牛皮做的一种简易的鞋)____________

①不知道　②知道但已不用或被替代　③知道也在使用

121. 搐褡子(衣服口袋儿)____________

①不知道　②知道但已不用或被替代　③知道也在使用

122. 主腰子(棉袄)____________

①不知道　②知道但已不用或被替代　③知道也在使用

123. 汗褂子(外衣)____________

①不知道　②知道但已不用或被替代　③知道也在使用

124. 褙子(用旧布制成的做鞋材料)____________

①不知道　②知道但已不用或被替代　③知道也在使用

125. 耳坠子(耳环)____________

①不知道　②知道但已不用或被替代　③知道也在使用

126. 围脖子(围巾)____________

①不知道　②知道但已不用或被替代　③知道也在使用

127. 涎水帘帘子(围嘴儿)____________

①不知道　②知道但已不用或被替代　③知道也在使用

128. 裤袋绳(皮带)____________

①不知道　②知道但已不用或被替代　③知道也在使用

129. 尿切子(尿片)____________

①不知道　②知道但已不用或被替代　③知道也在使用

(十一)日常生活词汇(12个)

130. 缭(缝)____________

①不知道　②知道但已不用或被替代　③知道也在使用

131. 嚷仗(吵架)____________

①不知道　②知道但已不用或被替代　③知道也在使用

132. 打锤(打架)____________

①不知道　②知道但已不用或被替代　③知道也在使用

133. 尿崴(sui)(解小便)____________

①不知道　②知道但已不用或被替代　③知道也在使用

134. 恶嗦(垃圾)____________

①不知道　②知道但已不用或被替代　③知道也在使用

135. 喧慌儿(闲聊)____________

①不知道　②知道但已不用或被替代　③知道也在使用

136. 浪门(串门)____________

①不知道　②知道但已不用或被替代　③知道也在使用

137. 涮嘴(漱口)____________

①不知道　②知道但已不用或被替代　③知道也在使用

138. 藏道道家(捉迷藏)____________

①不知道　②知道但已不用或被替代　③知道也在使用

139. 猜话(谜语)____________

①不知道　②知道但已不用或被替代　③知道也在使用

140. 搞娃娃(带孩子、哄孩子)____________

①不知道　②知道但已不用或被替代　③知道也在使用

141. 粮折子(购粮证)____________

①不知道　②知道但已不用或被替代　③知道也在使用

附录四　奇台方言语法调查词表

一、基本信息

问卷号：＿＿＿＿＿＿＿＿＿＿　姓名：＿＿＿＿＿＿＿＿＿＿

调查地点：＿＿＿＿＿＿＿＿＿＿＿＿＿＿＿

1.您的性别(　　　)　①男性　②女性

2.您的年龄(请填写)(　　　)

3.您的出生地是(　　　)　①县城　②农村

4.您现在的居住地是(　　　)　①县城　②农村

5.您是否有过离开家乡外出打工、工作、求学三年以上的经历？(　　　)

①是　　②否

6.您的文化程度是(　　　)

①没上过学　②小学　③初中　④高中/中专/技校

⑤大专　⑥本科及以上

7.您的职业是(　　　)

①农牧业生产人员　②企业工人　③教师　④教师以外的专业技术人员

⑤公务员　⑥公司职员　⑦个体商户　⑧餐馆、商场服务人员

⑨学生　⑩不在业人员　⑪其他(请注明)＿＿＿＿＿＿

二、选出您平时最常用的说法(如果两种说法都用,两种说法都选)

①我赶你大/我比你大

②我连小红是好朋友/我和(跟)小红是好朋友

③我们一路上带走带看/我们一路上一边走一边看

参考文献

一、图书

1. 陈汝立、周磊、王燕:《新疆汉语方言词典》,新疆人民出版社 1991 年版。

2. 陈松岑:《语言变异研究》,广东教育出版社 1999 年版。

3. 陈章太:《语言规划研究》,商务印书馆 2005 年版。

4. 董印其:《新疆汉语方言研究》,新疆人民出版社 2016 年版。

5. 董印其:《语言专题研究》,新疆人民出版社 2003 年版。

6. 风笑天:《社会学研究方法》,中国人民大学出版社 2009 年版。

7. 冯广艺:《语言生态学引论》,人民出版社 2013 年版。

8. 付义荣:《言语社区和语言变化研究——基于安徽傅村的社会语言学调查》,北京大学出版社 2011 年版。

9. 高莉琴、张新武:《新疆的语言状况及推广普通话方略研究》,北京语言大学出版社 2006 年版。

10. 郭骏:《方言变异与变化:溧水街上话的调查研究》,北京大学出版社 2009 年版。

11. 洪诚:《中国历代语言文字学文选》,江苏人民出版社 1982 年版。

12. 李荣、周磊:《乌鲁木齐方言词典》,江苏教育出版社 1995 年版。

13. 李如龙主编:《汉语方言特征词研究》,厦门大学出版社 2002 年版。

14. 林端:《新疆汉语方言语法拾零》(《汉语方言语法类编》),青岛出版社 1996 年版。

15. 奇台县史志办编纂委员会:《奇台县志》,新疆生产建设兵团出版社 2009 年版。

16. 王士元、沈中伟:《词汇扩散的动态描写》,《王士元语言学论文集》,商务印书馆 2002 年版。

17. 王远新:《中国民族语言学理论与实践》,民族出版社 2002 年版。

18. 谢俊英:《语言生活与语言变异——河间方言的社会语言学研究》,中国社会科学出版社 2013 年版。

19. 徐大明、蔡冰:《语言变异与变化》,上海教育出版社 2006 年版。

20. 徐大明、陶红印、谢天蔚:《当代社会语言学》,中国社会科学出版社 1997 年版。

21. 徐大明:《社会语言学实验教程》,北京大学出版社 2010 年版。

22. 徐思益:《语言的接触与影响》,新疆人民出版社 1997 年版。

23. 张廷国、郝树壮:《社会语言学研究方法的理论与实践》,北京大学出版社 2008 年版。

24. 张兴权:《接触语言学》,商务印书馆 2012 年版。

25. 中国人民政治协商会议奇台县委员会文史资料研究委员会:《奇台文史》(第 25 辑),2015 年内部发行。

26. 中国社会科学院语言研究所:《方言调查字表》,商务印书馆 1981 年版。

27. 中国社会科学院语言研究所词典编辑室:《现代汉语词典》(第 7 版),商务印书馆 2019 年版。

28. 周雪、康建东:《应用语言学论文撰写及数据分析》,北京大学出版社 2012 年版。

29. [美]爱德华·萨丕尔:《语言论》,陆卓元译,商务印书馆 1985 年版。

30. [美]威廉·拉波夫:《纽约市百货公司(r)的社会分层》,祝畹瑾编:《社会语言学译文集》,北京大学出版社 1995 年版。

31. [瑞]费尔迪南·德·索绪尔:《普通语言学教程》,高明凯译,商务印书馆 1980 年版。

32. Labov, W., *Principles of Linguistic Change, Volume 1: Internal Factors*, Oxford and Cambeidge: Blackwell, 1994.

33. Milroy, L. and Gordon, M., *Sociolinguistics: Method and Interpretation*, Oxford and Cambridge: Blackwell, 2003.

二、期刊文献及学位论文

1. 曹志耘:《关于濒危汉语方言问题》,《语言教学与研究》2001 年第 1 期。

2. 单韵明:《进行中的方言语法变异实证研究——以广州话短暂体的变异为例》,《语言文字应用》2014 年第 2 期。

3. 董印其:《从语言特征看文化现象——奇台汉语言文化透视》,《新疆教育学院学报》2006 年第 4 期。

4. 付义荣:《论拉波夫的语言变化机制——以安徽无为县傅村父亲称谓变化为例》,《集美大学学报》(哲学社会科学版)2014 年第 1 期。

5. 高玉娟:《大连方言五项语音变化的社会语言学分析》,《南开语言学刊》2005 年第 1 期。

6. 高玉娟:《社会语言学视角下的庄河方言语音变异研究》,《大连海事大学学报》(社会科学版)2017 年第 5 期。

7. 葛爱华:《城镇化背景下农村方言变异探究——以新疆木垒县一家祖孙三代为例》,《宜宾学院学报》2020 年第 9 期。

8. 顾黔:《南京方言宕江两摄入声韵的共时变异及历时演变研究》,《语言科学》2015 年第 4 期。

9. 郭风岚:《语言变异:本质、因素与结果》,《语言教学与研究》2006 第 5 期。

10. 何菲菲、赵亚伟:《新疆奇台县半截沟话的两字组连读变调》,《新疆职业大学学报》2018 年第 1 期。

11. 赖先刚:《引致语法变异的一种诱因“脱落”——以四川方言中的语言事实为例》,《西南科技大学学报》(哲学社会科学版)2013 年第 3 期。

12. 李小凡:《释厦门、苏州、庆元(竹口)方言的声调变异》,《陕西师范大学学报》(哲学社会科学版)2004 年第 5 期。

13. 马睿颖:《方言接触与闽北建瓯方言入声调字的变异——清代中西两种闽北建瓯方言文献入声调字研究》,《汉语学报》2018 年第 3 期。

14. 亓海峰:《莱芜方言清入声归派的变化——一种正在进行中的声调变异现象》,《山东师范大学学报》(人文社会科学版)2009 年第 4 期。

15. 石琳:《语言生态视阈下的方言文化保护与传承》,《中华文化论坛》

2017年第9期。

16.万献初:《咸宁—武汉方言亲属称谓词的接触与变异——以“女称男化”的消变为例》,《长江学术》2009年第3期。

17.王非凡:《汉字和主观词频对接触引发语音变异的影响——以新派上海市区方言匣母细音字为例》,《中国语文》2019年第4期。

18.王立:《汉口话[ŋ]声母字读音变异及其原因探析》,《语言文字应用》2004年第1期。

19.王立:《汉口话表人体动作词语变异及其走向探析》,《语言文字应用》2007年第2期。

20.王宇枫:《从内蒙古集宁方言新老两派声调系统的变异看声调的演变》,《中国语文》2006年第1期。

21.夏俐萍:《结构变迁与音值变异——湖南韶山方言声母的演变》,《方言》2019年第2期。

22.邢向东:《秦晋两省黄河沿岸方言词汇中的语音变异》,《方言》2009年第1期。

23.徐通锵、王洪军:《说“变异”——山西祁县方言音系的特点及其对音变理论研究的启示》,《语言研究》1986年第1期。

24.杨天慧:《扬州方言核心词的新老变化》,《常熟理工学院学报》2012年第11期。

25.杨秀明:《“有没有句”在闽南方言区的结构变异——关于新兴问句“有没有+VP”产生依据的探析》,《漳州师范学院学报》(哲学社会科学版)2003年第3期。

26.游汝杰:《汉语方言学与社会语言学》,《中国社会语言学》2004年第1期。

27.袁庆珍:《桐城方言中的亲属称谓词特点》,《池州学院学报》2013年第10期。

28.刘俐李、周磊:《新疆汉语方言的分区》,《方言》1986年第3期。

29.林端:《新疆汉语的声调特点》,《新疆大学学报》(哲学人文社会科学版)1987年第1期。

30.林端:《新疆汉话的音韵特征》,《新疆大学学报》(哲学人文社会科学版)1988年第2期。

31. 刘俐李:《新疆汉语方言语音特点的扩散》,《新疆大学学报》(哲学社会科学版)1995 年第 1 期。

32. 马克章:《新疆汉语方言音系概况》,《乌鲁木齐成人教育学院学报》1999 年第 1 期。

33. 彭嬿:《新疆汉语方言声调减少之成因探析》,《喀什师范学院学报》2005 年第 5 期。

34. 马克章:《新疆汉语方言兰银官话北疆片的代表话刍议》,《乌鲁木齐成人教育学院学报》2006 年第 1 期。

35. 董印其:《新疆汉语方言语音系统研究》,《语言与翻译》2013 年第 4 期。

36. 周呈武:《新疆汉语方言词汇和语法的特点》,《丝路学刊》1996 年第 1 期。

37. 孟毅:《伊犁汉语方言词语特性探析》,《伊犁师范学院学报》1997 年第 2 期。

38. 张洋:《论新疆汉语方言的维吾尔语借词》,《新疆师范大学学报》(哲学社会科学版)1998 第 2 期。

39. 刘俐李:《焉耆话的借词系统和人文背景》,《民族语文》2000 年第 1 期。

40. 董印其:《新疆汉语方言词汇与新疆地域民俗文化》,《新疆师范大学学报》(哲学社会科学版)2001 年第 2 期。

41. 周磊:《乌鲁木齐方言借词研究》,《方言》2004 年第 4 期。

42. 廖冬梅:《新疆汉语方言中维吾尔语借词的读音》,《民族语文》2005 年第 1 期。

43. 廖冬梅:《新疆汉语方言中的维吾尔语借词所体现的语言文化交流》,《新疆大学学报》(社会科学版)2005 年第 6 期。

44. 张洋、王玲:《新疆汉语方言构词法》,《新疆社科论坛》2006 年第 3 期。

45. 董印其:《试论新疆地名中的地域文化因素》,《乌鲁木齐成人教育学院学报》2008 年第 1 期。

46. 李志忠:《新疆汉语方言词语拾遗》,《语言与翻译》2010 年第 1 期。

47. 何春香:《新疆汉语方言词汇中的借词与文化意蕴》,《佳木斯职业学院学报》2016 年第 10 期。

48. 吴若愚、陈如铁:《新疆汉语方言词汇本字小考》,《伊犁师范学院学报》2017 年第 2 期。

49. 吴若愚、陈如铁:《刘亮程作品中的新疆汉语方言语用特点与审美意蕴》,《昌吉学院学报》2020 年第 4 期。

50. 陈汝立:《新疆汉语方言语法述要》,《新疆师范大学学报》(哲学社会科学版)1992 年第 2 期。

51. 刘斌:《浅议新疆汉语方言中的形容词重叠及叠音后缀》,《新疆社科论坛》1999 年第 3 期。

52. 王景荣:《新疆汉语方言的"把"字句》,《新疆大学学报》(哲学人文社会科学版)2002 年第 2 期。

53. 王景荣:《新疆汉语方言"把+人+VP"结构中"人"的指称研究》,《语言与翻译》2002 年第 3 期。

54. 王景荣:《乌鲁木齐方言起始体貌助词"开"浅谈》,《语言与翻译》2003 年第 4 期。

55. 董印其:《新疆汉语方言虚词特点分析》,《语言与翻译》2004 年第 1 期。

56. 彭嬿:《新疆汉语方言中的"把"字句——兼论阿尔泰语对西北汉语方言的影响》,《新疆大学学报》(哲学社会科学版)2005 年第 4 期。

57. 周磊:《乌鲁木齐方言的体貌标记"底"的语法功用》,《方言》2006 年第 3 期。

58. 郭玮、董印其:《新疆汉语方言形容词结构方式特点分析》,《新疆大学学报》(哲学人文社会科学版)2007 年第 1 期。

59. 王玲:《新疆汉语方言偏正复句类型》,《新疆大学学报》(哲学人文社会科学版)2011 年第 5 期。

60. 王玲:《新疆汉语方言联合复句类型》,《新疆大学学报》(哲学人文社会科学版)2012 年第 6 期。

61. 马敏:《新疆汉语方言"把"字结构中的"过"》,《伊犁师范学院学报》(社会科学版)2013 年第 1 期。

62. 李霞:《奇台话与普通话的声、韵、调比较》,《乌鲁木齐成人教育学院学报》2005 年第 2 期。

63. 曾缇:《奇台方言音系与普通话音系的比较》:《昌吉学院学报》2014年第5期。

64. 曾缇:《奇台方言音系及其演变规律》,《新疆大学学报》(哲学人文社会科学版)2015年第1期。

65. 曾缇、董印其:《新疆汉语方言词汇系统的构成》,《语言与翻译》2015年第2期。

66. 曾缇:《奇台方言中的文白异读及新老异读》,《昌吉学院学报》2016年第2期。

67. 何菲菲、何苗苗:《新疆奇台总场话语音特点探析》,《语言与翻译》2017年第2期。

68. 中国社会科学院语言研究所方言组编:《方言调查词汇表》,《方言》1981年第3期。

69. 曾缇:《奇台方言语音研究》,山东大学硕士学位论文,2011年。

70. 刘静:《巢湖方言变异研究》,浙江财经大学硕士学位论文,2017年。

71. 杨琪:《奇台话的变异研究》,新疆大学硕士学位论文,2019年。

72. 刘永华:《新疆汉语方言特征词研究》,华中师范大学硕士学位论文,2007年。

73. 白如银:《昌吉汉语方言谚语研究》,新疆师范大学硕士学位论文,2007年。

74. 郭凤岚:《宣化方言变异与变化研究》,北京语言大学博士学位论文,2005年。

75. 吴芳:《湖南省湘乡市金石镇亲属称谓的社会语言学研究》,湖南师范大学硕士学位论文,2011年。

76. 李洁:《城市化进程中的农村语言变异研究 ——以山东省乐陵市李村为个案》,汕头大学硕士学位论文,2013年。

77. 刘雅兰:《伊川方言变异研究》,浙江财经大学硕士学位论文,2018年。

78. 吴伟:《大麦屿方言词汇变异研究》,浙江财经大学硕士学位论文,2019年。

79. 郭迪迪:《濉溪方言变异研究》,伊犁师范大学硕士学位论文,2020年。

80. 何巍:《新疆生产建设兵团农八师一四七团语言变异的分析研究》,陕西师范大学硕士学位论文,2011 年。

81. 李琼:《西安市城中村语言使用状况调查研究——以北山门口村为例》,陕西师范大学博士学位论文,2015 年。

82. 曾缇:《奇台方言词汇研究》,山东大学博士学位论文,2015 年。

83. 刘萱:《奇台青少年对奇台方言和普通话的语言态度和语言使用情况研究》,新疆师范大学硕士学位论文,2017 年。

84. 盖青:《河北石家庄市城中村语言使用状况调查研究》,河北师范大学硕士学位论文,2018 年。